U0605761

西南大学工商管理学科建设系列丛书（第一辑）

大股东异质、亏损逆转性与公司价值

Heterogeneity of Major Shareholders, Reversibility of Loss and Corporate Value

杜　勇　陈建英　鄢　波　著

本专著受到中央高校基本科研业务费专项资金一般项目“宽松货币政策下制造业企业房地产投资对企业业绩的影响机理研究”（XDJK2019C006）、西南大学人文社会科学校级研究项目重大培育项目“新常态下正式与非正式制度性因素对公司亏损逆转稳定性的影响研究”（SWU1909031）的资助。

科学出版社

北　京

内 容 简 介

　　本书以中国亏损上市公司为研究对象，围绕亏损上市公司大股东异质、亏损逆转性、亏损公司价值三者之间的关系展开研究。基于大股东监督力度不同、亏损偏好程度等角度，研究大股东异质与亏损逆转性和公司价值的关系，研究各类大股东对亏损上市公司扭亏以及公司价值的影响，分别从规范和实证两条路径对其进行深入分析。对我国如何增强亏损上市公司进行亏损逆转的能力、正确识别亏损公司价值、完善公司治理机制、提升公司价值等提出合理化的建议。

　　本书适合普通高等学校经济学、管理学专业硕士生、博士生以及财务会计类研究人员使用。志向远大的高年级大学生以及政策官员和研究人员也能从本书中受益。

图书在版编目 (CIP) 数据

大股东异质、亏损逆转性与公司价值 / 杜勇，陈建英，鄢波著. —北京：科学出版社，2019.7

（西南大学工商管理学科建设系列丛书. 第一辑）

ISBN 978-7-03-060176-6

Ⅰ. ①大… Ⅱ. ①杜… ②陈… ③鄢… Ⅲ. ①上市公司－亏损－研究－中国 Ⅳ. ①F279.246

中国版本图书馆 CIP 数据核字（2018）第 291103 号

责任编辑：陈会迎 郝 悦 / 责任校对：贾娜娜
责任印制：张 伟 / 封面设计：无极书装

科 学 出 版 社 出版
北京东黄城根北街 16 号
邮政编码：100717
http://www.sciencep.com

北京盛通商印快线网络科技有限公司 印刷
科学出版社发行 各地新华书店经销
*
2019 年 7 月第 一 版 开本：720×1000 1/16
2019 年 7 月第一次印刷 印张：11
字数：225 000

定价：88.00 元
（如有印装质量问题，我社负责调换）

前　　言

　　因为中国资本市场处于转轨经济时期，所以中国上市公司的经营业绩不太稳定，许多曾经属于行业领头羊的优质上市公司也频繁发生亏损的现象。一旦上市公司陷入亏损境地，作为掌握公司控制权和现金流权的各类大股东，出于保护自身利益的角度会做出什么样的行为？不同类型的大股东在产权关系与配置、持股动机、股权的行使方式与效果、代理方式以及行为方式上有何不同？这些异质性对上市公司以后的亏损逆转是否会产生影响以及如何产生影响？其最终对公司价值又会带来哪些影响？对这些问题的探究能够帮助投资者对上市公司的亏损逆转性做出科学合理的预测，将提高亏损公司股票价格反映市场信息的效率，同时为进一步完善我国上市公司的退市制度和信息披露制度提供合理的政策建议。对这些问题的回答正是本书要重点分析的内容。

　　截至目前，已有的文献先后分析了亏损公司的亏损历史、当期的财务和业绩情况、公司股利支付情况、宏观经济环境、营业外损失、销售增长策略、研发支出及其持续性等因素对亏损逆转性的影响。这些研究尽管发现了上市公司亏损逆转的一些影响因素，但均未考虑到股东异质性对亏损逆转的影响，而且是结合国外资本市场进行的研究，不能完全适合于国内资本市场。就亏损逆转性与公司价值的关系研究而言，国外学者得出的结论都是以国外上市公司为样本对象，并没有考虑到我国处于转型经济时期的现实状况，而且先前学者对亏损逆转问题的研究仅仅关注的是亏损上市公司是否会在以后发生亏损逆转的情形，忽视了其发生亏损逆转的真实性和亏损逆转的程度大小。回顾国内的相关文献，并未直接研究股东异质性对上市公司亏损逆转的影响，而且其对股东性质的划分角度过于狭窄，没有考虑到其他控股股东和非控股股东的性质差异。鉴于先前学者对亏损逆转问题的研究仅仅关注的是亏损上市公司是否会在以后发生亏损逆转的情形，忽视了其发生亏损逆转的真实性和亏损逆转的程度大小，也没有考虑到不同性质的大股东在亏损偏好程度、扭亏动机和支持程度以及扭亏途径的选择上存在的差异，本书考虑到亏损上市公司大股东的异质性，首先对公司大股东从多个角度进行了更为全面和细致的划分，然后研究各类大股东对亏损上市公司扭亏以及公司价值的影响，分别从规范和实证两条路径对其进行深入分析，对我国如何增强亏损上市公司进行亏损逆转的能力、正确识别亏损公司价值、完善公司治理机制、提升公司价值等提出合理化的建议。

本书结合中国制度背景，理论推演和揭示大股东异质、亏损逆转性与亏损公司价值之间的关系及作用机理，并建立实证模型进行实证检验，以拓展和充实中国现有的研究，丰富现代公司治理和公司财务理论体系。同时，本书将弥补盈余持续性研究中对亏损持续性研究的不足，完善和丰富盈余管理理论，进一步深化和拓展财务预警管理理论和风险控制理论，从而为完善公司盈余预警机制、公司应急预案、公司风险补偿保障机制等提供理论上的指导。在实践中，对于公司管理层而言，明确大股东异质对上市公司亏损逆转性及亏损公司价值的驱动机理，有利于管理层采取有效的亏损弥补方案，迅速调整他们的投资、融资、资本配置、股利分配及兼并重组等财务行为，以增强公司对财务危机的预警能力和抵御财务风险的能力，也为国有企业和其他非上市公司寻求摆脱亏损困境的途径提供建议和参考。对于证券监管部门而言，对亏损公司价值的研究将降低政府部门与公司之间信息不对称的幅度，为政府监管部门加强对亏损上市公司在内部运营、公司治理、财务制度以及并购重组等重要领域的监督和管理提供实质性的帮助，为进一步完善我国上市公司的退市制度和信息披露制度提供合理的政策建议。

本专著受到国家自然科学基金面上项目"社会资本视域下的中国上市公司亏损逆转质量：结果特征、驱动机理与经济后果"（71572153）、教育部人文社会科学研究项目"投资者预期、亏损逆转性与负权益亏损公司价值"（12YJC630010）、中央高校基本科研业务费专项资金项目重大培育项目"新常态下管理者亏损风险感知对公司金融化行为偏差的影响机理及经济后果研究"（SWU1709201）、重庆市社会科学规划项目"跨境电子商务企业经营风险预警与防范机制研究"（2017YBGL159）、重庆市社会科学规划项目"非金融上市公司金融化的同伴效应研究"（2018PY61）的资助。

作　者

2019 年 1 月 10 日

目　　录

第1章 导　　论

1.1　研究背景与问题的提出

近年来，随着信息技术的更新、市场竞争的加剧、商业模式的变化及次贷危机的发生，许多业绩较好的上市公司也不可避免地陷入了亏损甚至破产的境地（如贝尔斯登公司黯然破产、"两房"①被美国政府接管、雷曼兄弟公司破产、美林证券被收购等）。事实上，从近些年各国资本市场的现实数据来看，各年度的亏损上市公司占各国上市公司的比例逐年上升，而且亏损的幅度和持续性也比以前有所增长。那么，如何将已经陷入亏损困境的公司解救于危难之际，如何缩短它们的亏损持续性（loss persistence）使其尽快扭亏为盈并保持其扭亏的稳定性？带着对这些问题的疑问，学者对亏损持续性展开了专门的研究。亏损持续性的研究是从盈余持续性的反面展开，完成的是公司从亏损到盈利的过程研究，可以说是盈利持续性的对立研究。从实质内容来看，已有的关于亏损持续性的研究重点关注的是亏损的不可持续性，即亏损逆转的可能性以及影响公司亏损逆转可能性的因素。从理论上来讲，亏损不应该持续，因为扭亏为盈是满足持续经营假设下财务报告得以披露的前提（Joos and Plesko，2005），而且亏损公司可以通过清算那些引发亏损的资产等（Hayn，1995）、执行放弃期权来剥离低效率投资（Pinnuck and Lillis，2007）以及通过并购其他企业来终止亏损甚至是扭亏为盈。

具体到处于转轨经济时期的中国资本市场，内有政府部门的行政干预，外有经营环境的剧烈动荡，使得中国的上市公司经营业绩也极为不稳定。盘点中国上市公司财务年报可以发现，李宁体育用品有限公司继 2012 年、2013 年亏损后在2014 年又亏损 8.2 亿元，被誉为"亚洲最佳航运公司"的中国远洋运输（集团）总公司在 2013 年以 95.6 亿元的巨额亏损位居中国上市公司的亏损之首。为此，许多国内学者（薛爽，2008，2010；张昕和胡大源，2008；杜勇等，2014；李传宪，2014）从发生亏损的原因、扭亏的途径及其效果等方面对中国上市公司的亏损问题进行了研究。然而，除了类似于国外资本市场中出现的优质上市公司陷入亏损境地的情况，中国上市公司的年度报告盈余还普遍呈现出"二一二一"反复性亏损的特殊现象，即许多上市公司连续两年亏损，第三年扭亏为盈，接着再连

---

① "两房"是联邦国民抵押协会（简称房利美）和联邦住房贷款抵押公司（简称房地美）的简称。

续两年亏损，下一年又扭亏为盈，一直反复下去，这样公司不仅能规避退市风险，就连"暂停上市"的风险也规避了，最终使得一些业绩较差的上市公司成了"股市不死鸟"（杜勇等，2013；张美霞和李增泉，2014）。这一现象引发了本项目组的思考：在中国，为什么许多亏损上市公司在经过短暂的扭亏为盈后又陷入亏损境地？这些反复性亏损的上市公司还具有投资价值吗？从上市公司自身的角度来看，这种反复性亏损现象的出现表明上市公司之前的扭亏行为更多的是为了规避中国证券监督管理委员会规定的连续三年亏损而强制退市的风险，并未从根本上改善上市公司的经营业绩（Kevin，2011；干胜道和孙维章，2013），投资者仅以财务报表上的盈余数字变化难以准确识别上市公司的真实业绩。特别是对于那些连续两年亏损的上市公司，为了保住上市的壳资源，很可能在第三年采取各种手段进行盈余管理来粉饰会计报表数字（薛爽，2008；张昕和姜艳，2010；李传宪，2014），从而确保上市公司在会计账面上扭亏为盈。显然，这种扭亏为盈的行为只能"治标不治本"，并未从实质上改善亏损上市公司的经营业绩（杜勇等，2012；张天舒等，2014），投资者据此做出的投资决策也是不理智的。造成这种现象的原因主要有两个：其一，中国现有的上市公司信息披露制度和股票退市制度的不健全，给上市公司通过盈余管理手段来操控应计利润提供了空间，应计利润本身的不可靠使得投资者和政府监管部门难以根据财务信息的变化去识别上市公司扭亏的真实性，最终导致他们对亏损上市公司的价值判断失误；其二，处于转型经济时期的中国是典型的关系型社会，各种社会关系的存在为亏损上市公司借助于非经营性项目扭亏提供了捷径，这使得上市公司自然会将资源过多地用于建立和维护与政府、银行等相关利益主体的关系上（倪昌红，2012；肖兴志和王伊攀，2014），忽视了对自身的业务调整和竞争能力的培育。

最近几年，我国资本市场中频繁出现上市公司大股东将其在上市公司的股份质押以求融资或者股权被冻结等现象，由此引发了一些严重的经济后果和资本市场参与各方的热议。大股东的股权质押或冻结现象将为我们在上市公司报表之外提供关于大股东自身财务状况的重要信息，这个现象为学术界研究公司治理和企业价值等问题提供了一个重要的研究话题与场景。对上市公司大股东来说，股权质押会在一定程度上限制大股东基于所有权的部分权利（如获得股息和再融资的权利），而且由于股权质押必须向投资者公告，后者可能会向市场传递大股东资金紧张等负面信息，从而导致上市公司股价跳水等现象的发生。根据 WIND 数据库的统计，2003～2011 年沪、深 A 股上市公司共发生 6301 次质押行为，平均每年700 次，涉及 999 家公司。当大股东以股权质押的方式向金融机构融资时，可能说明其资金链紧张且融资能力有限，这是大股东面临财务约束的重要信号。相对于股权质押，股权被冻结更可能反映大股东较严重的财务约束。WIND 数据库显示，2003～2011 年沪、深 A 股上市公司共发生 1840 次股权冻结行为，平均每年

204 次，涉及 354 家公司。此时，大股东对其所在的亏损上市公司实施扭亏的能力被极大程度的削弱。此外，股权质押在一定程度上也反映大股东受到更多的财务约束，进而引发大股东对上市公司更多的资金占用。在股权质押期间，被质押的股权产生的现金流量收益从本质上不属于大股东，而属于拥有质押股权的债权人。进一步看，无论是提前收回投资还是降低现金流量权收益，都会带来一个问题，就是大股东在上市公司的所有权激励下降，即存在"弱化激励效应"。这是因为，同样的股权比例，股权质押与否会影响大股东对其在上市公司中各种长短期激励来源的敏感度，发生股权质押的大股东与上市公司的利益联合效应被弱化，而利益冲突可能被强化，从而催生大股东侵占上市公司资金。

经典的股权制衡理论认为，股权适度集中且具有一定股权制衡特点的所有权结构，既能对大股东产生正向激励效应，从而解决股权高度分散的问题，又能在一定程度上抑制大股东侵害中小股东利益的行为（如利益攫取或掏空行为），有利于提升公司的经营业绩和市场价值，因此股权制衡是一种有效的公司治理机制。然而，之前学者的研究都是基于盈利性样本数据或者是盈利和亏损混合性样本数据分析，对于处于亏损状态下的上市公司（这里称为独立的亏损样本数据）而言，这种股权制衡效力能否正常发挥其治理作用，还有待于进一步的分析和检验。上市公司的各类大股东在产权关系与配置、持股动机、股权的行使方式与效果、代理方式以及行为方式等方面的差异性，使得他们在上市公司的股权制衡力度和公司治理效果方面呈现出较大差异，即大股东异质性。当上市公司发生亏损时，大股东异质性主要表现在亏损偏好程度上的不同、扭亏的动机和支持程度上的差异以及扭亏途径选择上的差异等方面。显然，这种异质性不仅会影响亏损上市公司发生亏损逆转的可能性，还会对亏损上市公司在未来发生亏损逆转的真实性和亏损逆转的程度产生影响。根据代理理论，大股东作为解决"搭便车"问题的方法，应该可以降低代理成本，提高公司价值。因此大股东与公司价值之间可能存在联系。

本书正是基于此，试图重点回答以下几个问题：①在中国现实情景下，上市公司发生亏损的原因有哪些，不同的上市公司发生亏损后的亏损逆转性有何不同？②上市公司的各类大股东在产权关系与配置、持股动机、股权的行使方式与效果、代理方式以及行为方式等方面具体有哪些异质性？这些异质性在上市公司发生亏损后，是如何体现在亏损偏好程度上的不同、扭亏的动机和支持程度上的差异以及扭亏途径选择上的差异的？③第一大股东在股权影响力、政府影响力以及控制影响力三个方面的特质对亏损上市公司在短期和长期内亏损逆转性会产生怎样的影响？④考虑到亏损上市公司相比于盈利上市公司的异质性，股权质押是否能够帮助亏损上市公司在亏损后发生亏损逆转？其作用机制是怎样的？其是否会受到不同产权性质的影响？⑤大股东不同的产权性质对上市公司的亏损逆转性及其公司价值会产生怎样的影响？其传递路径和影响机理又是怎样的？⑥大股东控股地位的不同是否会对上市公司的亏损逆转性产生影响？其产生的经济后果如何？

1.2 研究目标与研究意义

1.2.1 研究目标

大股东对公司治理、公司业绩的影响一直是研究的热点，早期的很多文献只是大股东的持股数量对公司治理、业绩等方面的研究，目前已经有学者认识到大股东并不是同质的，不同类型的大股东对公司治理有不同的影响，因此目前有部分文献开始研究大股东的异质性对上市公司产生的影响。随着上市公司逐渐实现全流通，许多公司、自然人，以及合格的境外投资者都能够在二级市场上，通过股票交易获得更多的股权，这些投资者也不断加入了大股东行列，丰富了大股东的类型。由于各类大股东不仅持有股份不同，而且他们的组织属性也不同，他们对上市公司的监督力度存在着差异。大股东的异质性导致不同性质的股东对亏损公司的扭亏产生不同的影响，同时，对公司价值也会产生不同程度上的影响。因此本书试图从不同的大股东对上市公司的亏损逆转性与公司价值的影响进行研究。本书要实现的研究目标包括以下几方面。

（1）分析上市公司的各类大股东在产权关系与配置、持股动机、股权的行使方式与效果、代理方式以及行为方式等方面的异质性，弄清楚这些异质性在上市公司的亏损偏好程度、扭亏的动机和支持程度上以及扭亏途径选择上产生的影响。

（2）分析第一大股东在股权影响力、政府影响力以及控制影响力三个方面的特质对亏损上市公司在短期和长期内亏损逆转性的影响。

（3）结合亏损上市公司的财务特征，分析股权质押对亏损上市公司在亏损以后发生亏损逆转程度的影响，比较不同产权性质对两者关系的影响。

（4）深入分析大股东产权性质对公司业绩的影响机理和传导路径，比较不同的大股东控股地位对公司业绩的影响结果及其作用机理。

1.2.2 研究意义

本书借鉴国内外研究，参照国内外已有的文献并结合国内对大股东的研究文献的实际情形，基于直接控股和间接控股的视角，对大股东控股层级异质性、亏损逆转性与公司价值进行分析。本书基于大股东监督力度不同、亏损偏好程度等角度，研究大股东与亏损逆转性和公司价值的关系，研究各类大股东对亏损上市公司扭亏以及公司价值的影响，具有一定理论和现实意义。

在理论上，本书的研究将弥补盈余持续性研究中对亏损持续性研究的不足，完善和丰富盈余管理理论，进一步深化与拓展财务预警管理理论和风险控制理论，从而为完善公司盈余预警机制、公司应急预案、公司风险补偿保障机制等提供理论上的指导。同时，本书结合中国制度背景，理论推演和揭示大股东异质、亏损逆转性与亏损公司价值之间的关系及作用机理，并建立实证模型进行实证检验，以拓展和充实中国现有的研究，丰富现代公司治理和公司财务理论体系。此外，本书将行为经济学、预期理论等其他学科知识融入证券投资领域的研究中，拓宽财务金融研究工作者的研究视野，使其研究结论更加符合现代金融市场的实际；本书还将行为财务理论运用于亏损上市公司的财务问题研究中，进一步拓展和延伸行为财务理论在实践中的应用领域。

在实践中，随着我国股票市场的日趋成熟和国内国际竞争环境的日益激烈，中国股市中发生亏损的上市公司有增无减，本书的研究对于上市公司的三类主体而言都有极其重要的指导意义。

对于公司管理层而言，明确大股东异质对上市公司亏损逆转性及亏损公司价值的驱动机理，有利于管理层采取有效的亏损弥补方案，迅速调整他们的投资、融资、资本配置、股利分配及兼并重组等财务行为，以增强公司对财务危机的预警能力和抵御财务风险的能力，也将为完善上市公司治理结构、防止上市公司业绩"变脸"、提升上市公司业绩提出可行的解决方案和措施，同时，也可为国有企业和其他非上市公司寻求摆脱亏损困境的途径提供建议与参考。

对于公司投资者而言，明确大股东异质对上市公司亏损逆转性及亏损公司价值的驱动机理，有利于及时披露有关亏损上市公司重组、高层变更及股权转移等信息，降低亏损公司信息在投资者与公司之间的不对称幅度，帮助投资者对上市公司的亏损逆转性做出科学合理的预测，这将提高亏损公司股票价格反映市场信息的效率，帮助投资者对亏损上市公司的真实价值做出合理判断，以做出有利于自身的投资决策。

对于政府监管部门而言，对亏损公司价值的研究将降低政府部门与公司之间信息不对称的幅度，为政府监管部门加强对亏损上市公司在内部运营、公司治理、财务制度以及并购重组等重要领域的监督和管理提供实质性的帮助，为进一步完善我国上市公司的退市制度和信息披露制度提供合理的政策建议。同时也有助于政府部门对亏损上市公司的价值进行合理的判断，使得上市公司壳资源得到优化配置，以维护中国证券市场的正常秩序，促进中国股市的健康发展。

1.3　研究内容与框架

1.3.1　研究内容

本书的研究内容分为八个部分。

第一部分（第 2 章）是对有关大股东异质性、亏损逆转性与公司价值相关文献的梳理。通过对已有文献的梳理和研读，本书发现，已有学者对亏损逆转问题的研究仅仅关注的是亏损上市公司是否会在以后发生亏损逆转的情形，忽视了其发生亏损逆转的真实性和亏损逆转的程度大小，也没有考虑到不同性质的大股东在亏损偏好程度、扭亏动机和支持程度以及扭亏途径的选择上存在的差异。本书考虑到亏损上市公司大股东的异质性，首先对公司大股东从多个角度进行了更为全面和细致的划分，然后从亏损偏好程度、扭亏动机和支持程度、扭亏途径的选择等方面分析各类大股东之间的异质性，以及他们对上市公司亏损逆转程度的影响以及最终对亏损公司价值的影响。

第二部分（第 3 章）是对有关大股东控股、股权质押以及亏损公司监管的制度背景和理论基础进行梳理与阐述。通过对相关制度背景的梳理和分析，本书充分认识我国近些年对有关亏损上市公司退市制度由松到紧、日趋严格的演变规律，把握国家政府监管对大股东股权质押行为的约束特征，分析大股东产权性质、股权质押以及大股东控股地位对上市公司扭亏行为产生影响的理论依据，为后续的实证研究奠定理论基础。

第三部分（第 4 章）是分析第一大股东在股权影响力、政府影响力以及控制影响力三个方面的特质对亏损上市公司在短期和长期内亏损逆转性的影响。具体内容包括：首先分析亏损上市公司第一大股东在股权影响力、政府影响力和控制影响力三个方面存在的异质性，然后从亏损偏好程度、扭亏动机差异、扭亏意愿强烈程度以及扭亏途径选择差异等方面就第一大股东特质对上市公司亏损逆转可能性及以后再次发生亏损的影响进行理论分析，再结合中国亏损上市公司的经验数据对其影响机理进行实证检验，最后得出相关的结论和政策建议。

第四部分（第 5 章）是结合亏损上市公司的财务特征，分析股权质押对亏损上市公司在亏损以后发生亏损逆转程度的影响。具体内容包括：选取我国 2003～2012 年发生亏损的上市公司为研究对象，首先比较产权性质不同的亏损上市公司发生股权质押行为的差异，然后分析股权质押行为对亏损上市公司发生亏损逆转程度的影响，并进一步分析产权性质对股权质押行为与亏损上市公司亏损逆转程度关系的调节效应，并得出相关的结论和提出相关政策建议。

第五部分（第 6 章）是深入分析大股东产权性质对公司业绩的影响机理和传

导路径。鉴于已有文献都没有考虑到上市公司所处的盈亏状态，或者干脆排除了亏损公司，仅仅分析不同产权性质的大股东对盈利公司业绩的影响，忽视了亏损公司。事实上，处于亏损状态的公司更有动力和意愿通过大股东来获得各种帮助，此时，国有产权性质的大股东与民营产权性质的大股东在帮助亏损公司在亏损后实施亏损逆转的动力和能力上都可能存在明显差异，因此，该部分较为深入地分析了不同产权性质的大股东对亏损上市公司在亏损后发生亏损逆转程度及其公司价值的影响，并得出相关的结论和提出相关政策建议。

第六部分（第7章）是深入分析大股东控股地位对公司业绩的影响机理和传导路径。大股东的控股地位差异会导致其在帮助亏损公司在亏损后实施亏损逆转的动力和能力上存在差异，本部分将结合亏损上市公司的特征，重点分析大股东控股地位异质、亏损逆转程度与公司价值三者之间的关系。进一步的拓展性分析是考虑到大股东产权性质的差异，分析大股东的国有产权属性对大股东的控股地位在影响亏损逆转程度与公司价值关系的过程中产生的调节效应。

第七部分（第8章）以亏损上市公司为研究对象，分析和检验亏损上市公司的政治关联、资本结构与亏损逆转程度之间的关系，首先探讨政治关联对亏损逆转程度的直接影响，区分中央政治关联与地方政治关联，比较分析他们对亏损逆转程度的影响差异，然后分析资本结构对亏损逆转程度的影响，最后验证政治关联对资本结构与亏损逆转程度之间的调节效应。

第八部分（第9章）提出和界定亏损逆转质量这一概念，从上市公司在亏损以后发生亏损逆转的概率和亏损逆转的程度两个方面较为全面地反映上市公司发生亏损逆转的真实情况，并且就上市公司的亏损逆转质量、投资者信心与公司价值三者之间的关系进行实证检验，深入剖析亏损逆转质量通过投资者信心影响公司价值的内在机理，从而丰富有关投资者信心和公司价值评估的理论。

1.3.2　研究框架

本书的研究框架如图 1.1 所示。

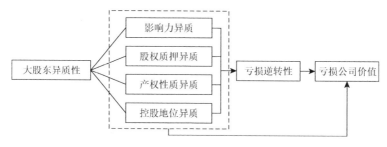

图 1.1　大股东异质性、亏损逆转性与亏损公司价值之间的关系

1.4　研究思路与研究方法

1.4.1　研究思路

本书以中国亏损上市公司为研究对象，围绕亏损上市公司大股东异质性、亏损逆转性、亏损公司价值三者之间的关系展开研究，分别从规范和实证两条路径对其进行深入分析。其中，规范分析主要从现有各种有关大股东异质性、亏损逆转性及公司价值的文献出发，提出并运用公司治理理论、价值驱动理论等工具对反映大股东异质性的四类指标与亏损上市公司的亏损逆转性及亏损公司价值之间的关系进行理论分析；实证分析则结合中国亏损上市公司2003～2012年的财务数据，分别从第一大股东在股权影响力、政府影响力以及控制影响力三个方面的特质，对亏损上市公司在短期和长期亏损逆转性的影响进行检验，结合亏损上市公司的财务特征分析股权质押对亏损上市公司在亏损以后发生亏损逆转程度的影响，分析不同产权性质的大股东对亏损上市公司在亏损后发生亏损逆转程度及其公司价值的影响，并验证大股东的国有产权属性对大股东的控股地位在影响亏损逆转程度与公司价值关系的过程中产生的调节效应。

1.4.2　研究方法

本书在研究过程中将逻辑推理的定性分析和数量统计的计量分析方法相结合。具体而言，在建立亏损逆转性综合评价指标时用到主成分特征分析方法；在分析亏损偏好程度、扭亏动机差异、扭亏意愿强烈程度以及扭亏途径选择差异等反映大股东异质性的四类度量指标对亏损上市公司亏损逆转性的影响以及它们对亏损公司价值的影响程度时，同时用到演绎推理法和灰色关联度评价法；在验证亏损逆转性在四个维度的大股东异质性度量指标对上市公司亏损逆转性的驱动过程中是否存在中介效应时，用到中介效应分析法和结构方程模型法。

1.5　研究数据来源与筛选

1.5.1　数据来源

本书实证研究过程中使用的数据主要来源于RESSET数据库、巨潮资讯网、中国金融网、WIND数据库，部分数据来自中国证券监督管理委员会网站、和讯网及金融界网的个股资料。本书数据处理所用的软件为EXCEL、SPSS17.0和

STATA12.0。考虑到中国证券监督管理委员会于 2003 年 3 月 18 日颁布并实施了《关于执行〈亏损上市公司暂停上市和终止上市实施办法（修订）〉的补充规定》，这项补充规定对亏损股本身在当年及以后年度造成的影响较大，因此，本书选取了 2003～2012 年我国亏损上市公司为研究样本，因为部分变量取下一期的值，所以样本实际跨度区间为 2003～2013 年共 11 个年度。在剔除了金融类上市公司和相关财务数据缺失的样本后，共得到 1284 个亏损上市公司样本（包括深市[①]、沪市[②]全部 A 股）。样本公司股权质押相关的数据与基础财务数据来源于 CSMAR 数据库、RESSET 数据库以及上海证券交易所、深圳证券交易所披露的股权质押公告。

1.5.2 选择标准

为了保证实证检验的可行性和可靠性，本书按照如下标准对样本进行了筛选。

（1）为确保数据的完整和准确性，本书在研究中剔除了亏损逆转数据无法获得和数据不全的样本，保证每个样本均有自变量以及因变量能够计算。

（2）从混合性样本中剔除了每个质量特征值在均值±4[*]标准差范围外的异常样本。

（3）考虑到财务数据和管制性质的特殊性，本书在研究中剔除了银行、证券、投资、保险等金融保险类（Ⅰ类）公司。

研究样本的筛选过程如表 1.1 所示。

表 1.1　研究样本的筛选过程（样本期间：2003～2012 年）

观测年度	2003	2004	2005	2006	2007	2008	2009	2010	2011	2012	合计
筛选后的样本量	87	107	195	90	53	203	159	80	125	185	1284

需要说明的是，由于本书实证部分各章节选取的变量根据章节的主题有差异，在第 4～7 章基于这个基本样本又进一步进行了筛选，具体如下。

在第 4 章研究第一大股东特征、影响力异质与亏损逆转程度三者关系时，考虑到中国证券监督管理委员会于 2003 年 3 月 18 日颁布并实施了《关于执行〈亏损上市公司暂停上市和终止上市实施办法（修订）〉的补充规定》，这项补充规定对亏损股本身在当年及以后年度造成的影响较大，因此，本章选择了 2003～2010年 8 年间发生亏损的上市公司作为研究总样本。另外，由于在计算长期亏损逆转可能性变量时要用到亏损后第一年、第二年以及第三年的数据，实际在计算各变

---

① 深市是指在深圳证券交易所挂牌交易的上市公司。

② 沪市是指在上海证券交易所挂牌交易的上市公司。

量时跨越了 2003～2013 年的 11 个会计年度的亏损上市公司数据。具体样本筛选的过程是：首先，由于外资公司控股的上市公司占上市公司总数的比例较小（不到 4%），不具有代表性，考虑从样本总体中剔除由外资公司控股的上市公司；其次，考虑到财务报表和管制性质的特殊性，金融保险行业的上市公司也被剔除；最后，我们还剔除了关键指标数据无法获得和数据异常的样本。此外，为消除极端值的影响，对于本书所使用到的主要连续变量，均按 1%进行了缩尾（winsorize）处理，以避免异常值影响。经过上述处理之后，我们的研究样本包括 1149 家公司年度观测值。由于样本是由不同公司在不同年度组成的混合数据，给定公司的年度观察值不满足独立性要求，这可能导致回归结果的统计显著性被高估，为了避免此问题，本书对全样本按照公司进行了聚类调整。

在第 5 章研究大股东产权性质、股权质押异质与亏损逆转程度时，本书选取 2003～2012 年我国亏损上市公司为研究样本，因为部分变量取下一期的值，所以样本实际跨度区间为 2003～2013 年共 11 个年度。在剔除了金融类上市公司和相关财务数据缺失的样本后，共得到 1284 个亏损上市公司样本（包括深市、沪市全部 A 股）。样本公司股权质押相关的数据与基础财务数据来源于 CSMAR 数据库、RESSET 数据库以及上海证券交易所、深圳证券交易所披露的股权质押公告。为克服极端值的影响，本章对主要连续变量进行了上下 1%的缩尾处理。此外，本书对所有回归系数的标准差都在公司层面上进行聚类处理，以控制回归分析中可能存在的异方差和序列相关问题。

在第 6 章研究大股东控制身份异质、亏损逆转程度与公司价值三者关系以及第 7 章研究大股东控制地位异质、亏损逆转程度与公司价值三者关系时，选取 2003～2012 年我国亏损上市公司为研究样本，因为部分变量取下一期的值，所以样本实际跨度区间为 2003～2013 年共 11 个年度。在剔除了金融类上市公司和相关财务数据缺失的样本后，共得到 1234 个亏损上市公司样本（包括深市、沪市全部 A 股）。样本公司股权质押相关的数据与基础财务数据来源于 CSMAR 数据库、RESSET 数据库。为克服极端值的影响，本书对主要连续变量进行了上下 1%的缩尾处理。

第 2 章 文 献 综 述

2.1 大股东异质性的相关文献梳理

2.1.1 大股东概念

现有的文献没有明确定义大股东的含义，很多文献研究中都把控股股东与大股东视作同一概念。《中华人民共和国公司法》中对控股股东的定义从持股比例和表决权两方面来界定，把持股比例在股本总额中超过 50%的控股股东，或者持股比例虽然在 50%以下的，但享有的表决权对股东大会的决议能够产生重大影响的控股股东称为大股东。

一些文献中认为，交叉持股形成的"金字塔"式的股权结构，出现实际控制人，他们虽然持股比例不高，但实际已经控制了公司，他们本质上已经是大股东了。现有的文献对大股东的界定还有多种，一些文献以持股排名来划分大股东，排名第一或者排名前三的，也有将排名前十的股东作为大股东展开研究，没有具体限定持股比例。一些文献依据《公开发行证券的公司信息披露内容与格式准则第 3 号——半年度报告的内容与格式（2016 年修订）》《公开发行证券的公司信息披露内容与格式准则第 25 号——上市公司非公开发行股票预案和发行情况报告书》规定的应当披露报告期期末持有公司股份达 5%以上（含 5%）的股东全称、当期股份增减变动、冻结或托管等情况，以持有 5%及以上股份的股东作为大股东进行相关研究。还有一些文献中以直接控股股东或者间接控股股东作为大股东进行研究，他们的持有股份比例一般限定在 30%以上。

本章所指的大股东，是依据第三种方式来认定的，即以直接控股股东和间接控股股东作为本章研究的大股东。

2.1.2 大股东异质性概念

现有的文献对于大股东异质性没有明确定义，一般认为大股东异质性是指大股东在对上市公司的监督能力方面存在的差异性。这种差异性与大股东拥有的股份多少有关，也与大股东的组织属性有关。Holderness 和 Dennis（1988）在研究美国的所有权结构时，发现大股东是普遍存在的，同时发现不同类型的大股东对公司价值的影响不同，认为大股东是具有异质性的，并指出这种大股东异质性可能是不同类型的大股东在激励机制和专业知识方面存在的差异。Harris 等（2010）认为，大股东对上市公司的监督积极性上存在的差异就是大股东的异质性。我国学者鄢波和杜勇（2011）对大股东异质性的描述更为详细：大股东异质性就是指上市公司的各类大股东在产权关系与配置、持股动机、股权的行使方式与效果、代理方式以及行为方式等方面的差异性，使得他们在上市公司的股权制衡力度和公司治理效果方面呈现出较大的差异。国内外学者对大股东异质性的研究经历了从股东异质性研究到大股东异质性探索的历程。

1. 国外研究

大股东的异质性研究源于股东异质性（shareholder heterogeneity）的研究，国外早期对股东异质性的研究主要集中于研究内部股东与外部股东之间存在的差异，如 Jensen 和 Meckling（1976）、Mcconnell 和 Servaes（1990）、Nickell 等（1997）都认为内部股东拥有公司的实际控制权。Lucas 和 Mcdonald（1998）的研究指出，他们在研究股东逆向选择和支付政策时，再次认为内部股东与外部股东是存在差异的。Mello 和 Parsons（1998）在研究投资者对新上市公司的管理能力研究中，也发现投资者是不同质的，有着较多人数但持股比例低的外部股东几乎没有监督能力。随后 Panzarasa 等（2001）在研究投资者在公开市场中出售所持股份时发现了投资者的异质性（investors heterogeneity）。随着 Shleifer 和 Vishny（1986）、La Porta 等（1999）发现股权集中并认为公司中普遍存在着大股东，人们逐渐转向研究大股东的异质性（large shareholder heterogeneity）。

国外文献对大股东异质性主要是从持股比例和大股东性质两个方面来界定的。前期对大股东异质性的研究都是侧重于持股比例大小带来的差异性方面，大股东由于拥有的股份不同，持有大量股份的大股东在公司经营决策中有很强的干预能力，与公司业绩、公司治理有着密切关系。而持有较少股份的那部分股东，他们对上市公司的影响力微不足道。因此这些研究认为，大股东存在异质性是因为持有的股份不同，所以大股东对上市公司的影响力存在差异。基于这种特性，研究者往往将股东分为大股东与中小股东、内部股东与外部股东、控股股东与其他股东。如 Shleifer 和 Vishny（1986）根据股东的持股比例不同，将股东分为大股东和小股东，研究他们对公司业绩的影响程度，发现大股东对公司业绩影响非常显著。Shleifer 和 Vishny（1986）、Denis 等（2003）研究大股东和小股东对公司治理的影响，发现大股东对公司治理产生的影响更大。Pagano 和 Roell（1998）、Barclay 和 Holderness（1989）、Johnson 等（2000）的研究结果显示，控股股东和非控股股东对公司利益侵占时，发现控股股东比非控股股东更会进行利益转移。

La Porta 等（1999）则以股东的持股排名，根据排名先后将股东分为第一大股东、第二大股东等，研究大股东与公司业绩的关系，发现第一大股东与第二大股东对公司业绩影响程度不一样。Lee 和 Xiao（2002）把股东分为大股东与中小股东，发现大股东会更多地干预股利政策。

近年来有学者开始认识到大股东由于组织属性的不同，对公司的监督能力和公司治理水平上存在差异。因此他们认为大股东的异质性就是大股东组织属性的不同对上市公司的监督能力存在的差异。他们把监督能力强、积极监督上市公司的大股东称为活跃分子或者积极监控的大股东；把对上市公司的经营情况不闻不问或者监督不积极的大股东称为不活跃分子或者平和监控的大股东。例如，Cronqvist 和 Fahlenbrach（2009）根据大股东的不同组织属性将它们分为以下几种类型，分别是：养老基金、公司、个人、共同基金、保险公司及基金经理、对冲基金、杠杆收购公司、风险投资公司、银行、信托和大学，研究它们对公司价值的影响，认为不同的大股东有其独特的投资和领导方式。Klein 和 Zur（2009）在研究对冲基金、其他私人投资者等不同属性的大股东对公司治理影响时，发现对冲基金以更有利可图的公司为目标，同时通过直接的或受托的代理权获得董事会代表席位，表现出更为积极的参与行为，因此把大股东分为活跃分子和不活跃分子。Harris 等（2010）研究不同大股东对收购融资的决策时发现，大股东的监督能力存在差异，他们把大股东分为积极的监督者（aggressive monitors）和平和的监督者（moderate monitors）两大类。

2. 国内研究

国内文献通常将大股东的异质性称为大股东特征（刘红娟和唐齐鸣，2004）或大股东特质。也有直接称为大股东异质性的，如李先瑞（2008，2009）、王婧等（2018）、鄢波和杜勇（2011）等。

国内对大股东的异质性主要从三个角度来描述，第一种是依据股东所持的股份不同，将大股东分为绝对控股、相对控股及其他股东。如吴刚和刘丹（2008）把大股东分为绝对控股、相对控股两大类，从持股比例研究大股东对公司业绩、公司价值的影响，研究结果表明，持股比例与公司价值有显著的相关关系，而且第一大股东的性质也与公司价值相关。国内对大股东持股比例与公司价值的研究非常多，但结论都不一致。

第二种是依据上市公司的组织属性不同，分为国有股、国有法人股、社会法人股和自然人股。许小年（1997）、Xu 和 Wang（1999）、杜莹和刘立国（2002）、徐晓东和陈小悦（2003）、白重恩等（2005）把股东分为国有股、法人股和个人股三类来研究不同大股东属性与上市公司业绩的关系。这些研究都证明了我国上市公司的不同股权性质对公司业绩的影响不同，大多数的研究结论认为国有股与公司业绩负相关，而法人股与公司业绩正相关，个人股则与公司业绩不相关。

第三种是基于大股东对公司监督作用不同，把大股东分为积极监督者和消极监督者两类。对基于股东监督差异与上市公司关系的研究结论也是五花八门，各执一词。对机构投资者的研究，如刘芍佳等（2003）、张晓倩和张习鹏（2006）对机构投资者进行了研究。陈共荣和徐巍（2011）从投资效率角度来考察不同大股东的股权制衡度，将大股东分为国有企业和非国有企业，最后实证研究认为国有企业是消极监督者，而非国有企业是积极监督者。邓德强（2011）对大股东类型与获取控制权私益进行研究，他把大股东分为国有资产管理机构、国有企业和民营企业三类，认为国有资产管理机构是不积极的监督者，而民营企业是积极的监督者，而国有企业则居中。张语恩和杨思静研究大股东类型与费用操控关系时，将大股东分为国有和非国有两类，发现国有大股东对费用操控更为显著。国内大部分的研究集中在对大股东的组织属性和持股数量对上市公司的影响，对大股东制衡作用的研究文献屈指可数。

本章中所指的大股东异质性，就是指不同大股东因其持股数量不同或组织属性不同，而在公司监督力度和公司治理效果中存在的差异性。现有的关于股东异质性研究的文献主要集中在分析上市公司的各类股东在产权关系与配置、持股动机、股权的行使方式与效果、代理方式以及行为方式等方面的差异，多数学者的研究认为，异质性股东对上市公司的股权制衡力度和公司治理方式等存在较大差异，从而导致不同的股东性质（特别是不同类型的控股股东）对公司业绩的影响有所不同。Xu 和 Wang（1999）以市值与账面价值之比、股权回报率和资产回报率衡量公司业绩，检验了所有权集中度、国有股、法人股和个人股东与公司业绩之间的关系，研究结果表明，股权集中度与企业效益正相关，法人股所占比例对公司业绩有显著的正面影响，国家股所占比例越高、劳动生产率越低。刘芍佳等（2003）应用终极产权论（the principle of ultimate ownership）对中国上市公司的控股主体重新进行分类，结果发现：政府间接控制的上市公司在年利润、净资产利润率、投资资本的经济增值率、销售增长四项业绩指标上显著优于政府直接控股的公司；投资管理公司控股的上市公司的业绩显著低于实业公司控股的上市公司；由专业化经营的实业公司作为控股的上市公司的业绩显著优于由多元化经营的大型企业作为控股的上市公司。宾国强和舒元（2003）的研究发现，公司的业绩与非流通股（国家股、法人股）比例呈显著的"U"形关系，非流通股独大或独小并没有对公司业绩产生不利影响。Wei 和 Gelos（2005）发现，外资股与公司业绩正相关，而法人股与公司业绩非线性且负相关。朱明秀（2005）的研究表明，国有法人股比例、国有股比例、流通股比例与公司业绩显著负相关，境内法人股比例与公司业绩显著正相关。李平生和史煜筠（2006）的研究表明，第一大股东为国有股（包括国家股和国家法人股）的上市公司的业绩显著高于第一大股东为非国有股的上市公司。张晓倩和张习鹏（2006）的研究表明，不同性质外部大股东的制衡作用效果有明显差别，国有股和境内法人股性质的外部大股东的存在对公司价值有负面影响，没能真正发挥控股股东的监督和制衡作用；当外部大股东为社会公众股东时，制衡作用的正面效果显著，自然人和机构投资者在股权制衡中发挥着积极的作用。王鹏和秦宛顺（2006）从最终控制人的角度研究了不同类型的控股股东的控制权和分离水平对公司业绩的影响，他们发现：控制权与公司业绩负相关，体现出"侵占效应"；分离水平对公司业绩总体影响为负，但对不同控股类型有不同的体现，对高校和中央控股的上市公司负向影响较大，对私人和地方国有控股的上市公司负向影响较小。徐莉萍等（2006）通过追溯中国上市公司控股股东的实际控制人和股权性质，将中国的上市公司分为四组，即国有资产管理机构控股的上市公司、中央直属国有企业控股的上市公司、地方所属国有企业控股的上市公司和私有产权控股的上市公司，他们发现，不同的国有产权行使主体对上市公司经营业绩的影响有明显的不同。国有企业控股的上市公司要比国有资产管理机构控股的上市公司有更好的业绩表现，中央直属国有企业控股的上市公司要比地方所属国有企业控股的上市公司有更好的业绩表现，私有产权控股的上市公司的业绩表现仅与一般水平的国有产权控股的上市公司的业绩表现相当。韩亮亮和李凯（2007）的研究表明，在竞争程度低的行业，第一大股东持股比例与公司业绩相关性较弱，当第一大股东为国有股股东时，公司业绩较高。张宏（2009）通过单因素分析和多元线性回归分析相结合的方法，得出不同类型的国有上市公司的业绩不存在显著差别的结论。

2.2　大股东持股对公司价值的影响

2.2.1　国内理论方面的研究

我国的国情使得国内有关大股东理论方面的研究主要集中在国有股"一股独大"以及国有控股公司内部人控制方面，青木昌彦和钱颖一（1995）与费方域（1996）认为，对转轨制经济来说，存在内部人控制的现象。郭春丽（2002）认为"政府行政干预下的内部人控制"是我国企业法人治理结构存在的主要问题，问题的形成有公司股权结构、融资体制、国有资产管理体制等多方面的原因。叶祥松（2002）认为我国国有公司产生内部人控制的现象既有发达国家的共性，也有其他转轨国家的特性，更主要的是我国经济转轨过程中的股权不合理、缺乏现代公司治理观念以及政府对企业在行政上的"超强控制"和在产权上的"超弱控制"等特殊原因。王永顺（2002）认为国有股"一股独大"的股权结构与内部人控制是导致公司治理结构失效、资本所有者权益受损的深层次原因。

而对于非国有控股的上市公司，国内大量学者通过研究发现公司价值与大股东控制权与所有权的分离度负相关，而与股权结构的制衡水平正相关。

根据现代金融理论的观点，分散化投资能够降低风险。然而，是什么促使了个体和机构投资者放弃分散化投资的好处，而将大量的财富集中投资到一个公司的股权呢？大量的研究认为，获取控制权共享收益和控制权私人收益是股权集中与大股东出现的根本动力。因此，在股权集中背景下，控制权收益（包括共享收益和私人收益）在理解大股东治理行为中发挥着重要作用。一方面，与中小投资者的"搭便车"行为不同，大股东既有动力也有能力对管理者进行积极的监督，因而能够提高公司的价值，带来了控制权的共享收益，即所谓的"监督效应"；另一方面，控制权与所有权的高度分离同样也激励着大股东利用其掌握的超额控制权去攫取控制权私人收益，损害了中小股东的利益和公司的价值，即所谓的"侵占效应"。因而，在集中型股权结构背景下，公司治理需要解决的最基本问题是如何在激励大股东监督管理者和保护中小投资者利益之间取得良好的平衡，即大股东持股机制对公司价值的影响效果如何取决于大股东的监督和侵占这两种行为的孰消孰长。

然而，Shleifer 和 Vishny（1986）的研究指出，当大股东的持股比例达到一定程度后，大股东几乎能够完全控制整个公司。此时，掌握着实际控制权的大股东，由于自利天性和机会主义行为倾向的驱使，将很有可能运用超强的控制权来掠夺公司的整体利益，因为大股东掠夺的成本将由全体股东承担，而掠夺的收益则由其个人所有。而且当大股东的控制权大大超过其所有权时，大股东持股的"侵占效应"将变得特别强。因此，当大股东拥有较小的所有权却掌握着企业的超强控制权时，大股东持股机制的治理效应将主要体现为"侵占效应"，即大股东攫取私人收益行为将是其主导的治理行为，从而降低了公司价值。

而随着大股东持股比例的进一步提高（特别是当其的持股比例超过51%时），大股东侵占行为的大部分成本将由自己承担，且攫取控制权私人收益的行为本身又是无效率的，因而大股东将会变得更倾向于积极地监督管理者，从而提高公司价值，获取控制权共享收益，即大股东持股机制的治理效应此时又将主要体现为"监督效应"。

总之，由于我国的国情所决定，大部分学者研究的是国有控股公司中国家对企业财务价值的影响，而对于非国有控股公司，其研究主要源于以内部人持股（包括高管和董事）为特征的公司，而针对以外部大股东持股为特征的新兴市场经济国家公司的研究则主要分析了控制性股东持股比例与公司价值的关系，而忽视了大股东在持股比例相对较小时对公司价值的影响。

2.2.2 国内实证方面的研究

国内关于大股东与公司业绩的实证研究主要是关于大股东持股比例对公司业绩的影响和大股东股权性质对公司业绩的影响。

1. 大股东持股比例对公司业绩的影响

许小年和王燕（2000）以前十名大股东所占比例以及 H 指数来衡量所有权集中度，并考察了两者与资产报酬率（return of asset，ROA）、权益报酬率（return of equity，ROE）、市净率（market-book-ratio，MBR）的关系，认为股权集中度与公司业绩有显著正相关关系，但它与利润率的相关关系较弱；张红军（2000）分析了前五大股东持股比例与托宾 Q 值的关系，得出股权集中度与公司业绩之间存在显著正相关关系的结论。陈小悦和徐晓东（2001）发现第一大股东持股比例在保护性行业与公司业绩显著正相关。孔爱国和王淑庆（2003）利用 A 股 1160 家上市公司 2001 年的数据，研究了股权的属性与集中度等对公司业绩的影响。从股权集中度来看，第一大股东持股比例对公司价值的影响为正，第二大股东到第十大股东持股比例的总和对公司价值的影响为正；前十大股东持股和前五大股东持股与公司价值呈倒"U"形关系，第一大股东为国有股对公司价值的影响为负，但不显著。谢军（2006）利用 2003 年 12 月 31 日的截面数据，选择公司成长性的指标市盈率衡量公司业绩，以前十大股东持股比例来衡量股权集中度，认为股权集中度对公司业绩有正向的治理作用，与徐二明和王智慧（2000）得到的结论相同。徐莉萍等（2006）重新界定了股权性质分类，并采用了不同于以往的公司业绩评估指标，实证结果显示，公司业绩和股权集中度存在显著的正相关的关系，而且这种正相关关系在不同股权性质的控股股东中都是明显存在的。高明华（2001）通过实证分析得出了股权集中度与公司业绩基本不相关这一结论；于东智（2001）也认为，在存在控制变量的情况下，股权集中度与公司业绩相关性不明显，并进一步指出目前对我国上市公司而言，适度的股权集中度可能有利于公司业绩的提高。但其他大股东身份的限制导致其与公司业绩的相关性较弱。孙永祥和黄祖辉（1999）认为第一大股东持股比例与公司业绩的关系是第一大股东持股比例的二次函数，随第一大股东持股比例的提高，公司业绩指标托宾 Q 值先是上升，当第一大股东的持股比例超过 50%后，托宾 Q 值下降，即呈倒"U"形关系。徐晓东和陈小悦（2003）以 1997～2000 年的数据做实证分析，将单因素分析法和回归分析法结合，发现第一大股东持股比例在 20%～30%以及 50%～60%的区间内两次达到了极值，即第一大股东持股比例与公司业绩之间呈扩张的"M"形。曹廷求等（2007）

选取 2004～2006 年的数据，同时采用 ROA 和市净率来衡量公司的业绩，发现第一大股东在考虑中间所有权的情况下，与公司业绩呈显著的非线性关系，具体表现为一个开口向上的抛物线。这一回归结果与黄贵海和宋敏（2004）、白重恩等（2005）的检验结果一致。

2. 大股东股权性质对公司业绩的影响

施东晖以 1999 年 440 家上海市上市公司为样本研究了股权结构和公司业绩的关系。本章首先采用一次线性回归研究了是否存在控股股东和控股股东性质对公司业绩的影响，结果表明以社会法人为主要股东的股权分散型公司的业绩明显优于法人控股型公司，法人控股型公司的业绩则好于国有控股型公司。然后分别利用国有股比例、法人股比例和流通股比例对公司业绩进行一次、二次、三次回归，结果表明：①由于国有股东和流通股东在公司治理中的低效率与消极作用，其持股比例与公司业绩之间并没有显著关系；②法人股股东在公司治理中的作用则根据持股水平而定，当法人股股东持股比例低于 20%或超过 60%时，法人股股东在公司治理中会发挥积极作用，使持股比例和业绩表现存在正向关系；当法人股股东持股比例在 20%～60%时，法人股股东有可能追求自利目标而背离公司价值目标，此时持股比例和公司业绩体现为负相关关系。刘芍佳和刘乃全（2002）应用终级产权论对中国上市公司的控股主体重新分类，结果发现中国 84%的上市公司最终仍由政府控制，而非政府控股的比例仅为 16%，借鉴 La Porta 等（1999）提出的终极产权论与"金字塔"的概念，建立中国式金字塔形控股体系，将中国上市公司股权结构重新划分为两类：政府直接控股和政府间接控股。政府间接控股的公司又分为国有独资公司、政府上市公司、政府控股的上市公司和非上市公司、国有专业机构四种类型。通过业绩筛选比较，发现中国上市公司在国家最终掌控权中，相对来讲代理效率损失最低的企业有：国家间接控股、同行同专业的公司控股、整体上市公司。徐晓东和陈小悦（2003）研究发现，第一大股东对公司业绩的影响不仅与持股比例有关，还与其性质有关，第一大股东为非国有股时公司业绩要明显优于第一大股东为国有股的公司业绩。朱明秀（2005）研究发现第一大股东性质为境内法人股时与公司业绩正相关。

总之，在有限的关于大股东持股与公司价值关系的实证研究中，相关的研究结论是含混不清甚至自相矛盾的。作者认为，这些明显不一致的研究结果主要可能与各研究所选取的样本、时间窗和度量指标的不同有关，从而大大降低了研究结论的可比性和参考价值。

2.3 多元化经营对公司价值的影响研究综述

2.3.1 国内理论方面的研究

此方面的文献，主要是将多元化经营与单一化经营相比较，得出多元化经营给企业带来的成本与收益及可能导致的公司潜在价值的差别。

多元化经营给企业带来的收益主要体现在以下方面：①范围经济。与专业化经营企业相比，多元化经营企业相当于把原来多个专业化经营企业的经营活动组合在一个企业内进行（Campbell and Luchs，1992）。在这个企业内，经理人员可以通过计划和行政手段，在不同经营方向之间进行资源的配置，因而相较于通过市场配置资源，多元化企业以更少的交易成本将资金和人力资源合理配置到各个部门，在研发、生产、销售等方面实现资源共享，达到范围经济（Teece，1980）。②协同效应。与单一经营企业相比，通过现金流不完全相关的经营单元之间的相互协调，多元化经营企业可以降低现金流的波动性，并且利用共同保险取得更高的负债能力，实现避税或者其他目的（Lewellen，1971）。③内部资本市场优势。在内部资本市场中，一个部门的资产可以被用作其他部门筹措资金时的抵押品，一个部门产生的现金流可以补贴、资助公司其他部门的投资机会。因此，与单一经营企业相比，多元化经营企业可以获得内部资本市场在投资、融资和资源再配置等方面的优势，从而有助于公司价值的提升。Alchian（1969）认为通用电气公司的财富增长直接来自内部交易市场和资源再配置的优越性，这种优越性体现在公司经理和部门经理之间较廉价信息的获取。Williamson（1985）认为企业和外部资本市场之间存在信息不对称的问题，当信息不对称程度足够严重时，有必要通过并购来解决此问题，否则利用外部资本市场的配置资源功能将会支付高昂的交易成本。Stein（1997）的理论模型表明，相对于外部投资者（外部资本市场），首席执行官拥有关于不同分部部门投资前景的内部信息，即更具有信息优势，因此能够进行"优胜劣汰"的选拔，通过内部资本市场对一定量的资金进行有效配置。

多元化经营给企业带来收入的同时也给企业带来了相应的问题，主要体现在以下几个方面：①代理成本。众多学者认为多元化经营加重了股东和管理者之间的代理成本问题。依据代理理论，多元化经营是管理者典型的自利行为的表现，没有从股东的角度去考虑实际投资效率如何。通过多元化经营，管理者增加了他们的权利、报酬、额外津贴（Jensen，1986；Jensen and Murphy，1990；Stulz，1990），降低了与企业风险密切相关的个人就业风险（Amihud and Lev，1981），设置了堑壕（Shleifer and Vishny，1986），即提高了他们自身与潜在的替换经理之间的价值差异。因此，管理者通常有过度投资、使公司增长超过最优规模的倾向，投资水平和类型未必是价值最大化取向的，这可能会降低公司价值。②内部资本市场的无效率。Lamont（1997）、Shin 和 Stulz（1998）、Scharfstein（1998）、Rajan 等（2000）的研究表明，多元化经营公司或者是对内部资金实施了低效率配置，或者代理冲突的存在使得内部资本市场的资源配置效率低下。Lamont（1997）发现石油价格的下降使得石油企业大大降低了非石油部门的投资，这意味着多元化经营企业内部其他部门的现金流受到限制时，前景良好的项目可能会投资不足。Shin 和 Stulz（1998）发现多元化经营企业一个部门的投资支出更依赖于本部门的现金流而不是企业其他部门的现金流，较单一经营企业而言，高度多元化经营企业的部门投资现金流敏感性较低。此外，当多元化经营企业的两个部门 I、J 受到外部冲击的不利影响时，其他部门均会削减同等数量的投资，而不论其是否有相对更好（或更坏）的成长机会。Scharfstein（1998）发现，与专业化经营企业相比，多元化经营企业倾向于向托宾 Q 值较低的部门过度投资，而对托宾 Q 值较高的部门投资不足。而且，这种影响在规模较小的部门和管理者持股较低的公司中更强烈，意味着资本配置的低效率和代理问题密切相关。Scharfstein 和 Stein（2000）运用理论模型论证了部门经理的寻租行为如何导致公司总部在各部门间无效率的交叉补贴。Rajan 等（2000）发现，部门间权力斗争越多，各部门投资机会的多样性越大，将导致内部资本市场越大程度的低效配置。Meyer 和 Gellatly（1992）的研究显示，如果成长性较差的部门经理试图游说公司总经理增加对其部门的投资时，游说成本导致了低效率的发生，但它没有引起资源配置不当。Inderst 和 Muller（2001）将内部资本市场视为多个项目集中资金的结果，研究了其效应。基于最优契约方法，他们分析了集中的项目资金的成本与收益。一方面，流动性过剩可以缓解融资约束；另一方面，它也可能导致后续的无回报投资的发生。Wulf（2002）将内部资本市场的效率问题与代理问题置于一个道德风险模型，研究发现，投资效率取决于部门经理扭曲信息的能力及部门经理的薪酬激励等因素。Ozbas 和 Scharfstein（2010）的研究发现，与单一经营企业相比，多元化经营企业的不相关部门的托宾 Q 值行业投资敏感度较低，对高托宾 Q 值行业投资不足这种现象在总经理持股较少的多元化经营企业中更显著，意味着代理问题能够解释多元化经营企业的投资行为。

2.3.2　国内实证方面的研究

国内学者对多元化经营与企业业绩关系的实证研究结论主要有以下三种。

1. 多元化经营与企业业绩的相关关系不显著

刘力（1997）以其他业务利润及投资收益与主营业务利润之比作为多元化程

度的代理变量，以资产收益率衡量经营效益，结果发现两者间不存在相关关系，朱江（1999）以经营单元数和赫芬达尔指数衡量多元化程度，以每股盈余、净资产收益率、营业毛利率和调整的收益率衡量经营业绩，发现多元化经营与业绩指标之间没有显著的因果关系。韩忠伟和杨朝军（2007）以 2002 年我国证券市场 52 起上市公司为收购方的股权收购事件为对象的研究发现，收购后收购公司超额价值的显著下降与目标公司的低价值有关，而与并购双方的业务关联性以及目标公司所在行业没有明显关系。

2. 多元化经营与企业业绩负相关

刘锦和陈志辉（2004）以 2001 年在深、沪上市的 235 家公司为样本，运用相关指数衡量相关多元化程度，采用资本回报率表示企业业绩，研究结果得出相关多元化程度与业绩负相关的结论。辛曌（2003）以超额价值和托宾 Q 值度量企业业绩，发现多元化经营会降低企业业绩，结论支持代理成本假说。张翼等（2005）以 2002 年沪、深两市的 1032 家非金融类上市公司为样本，以资产收益利率和托宾 Q 值度量公司业绩，发现多元化程度与资产收益率负相关，多元化经营程度越高，企业盈利能力越低。魏锋（2007）从静态和动态两个角度考察了多元化经营与公司价值间的关系，结果发现多元化经营及多元化经营程度变动均会降低公司的经营业绩和市场价值。多元化经营程度变动的价值折价程度较低。余鹏翼等（2005）、傅继波和杨朝军（2005）、林晓辉和吴世农（2008）、王力军和童盼（2008）的研究均发现多元化经营对公司业绩产生负面影响，即使改进了技术研究方法，一些学者的研究结论仍支持多元化折价。洪道麟等（2007）在控制内生性问题的基础上检验了我国上市公司多元化经营与公司业绩的关系，结果显示：多元化会损害公司业绩，在控制了内生性问题之后，这种损害会更加严重。魏锋和陈丽蓉（2011）对 2001～2008 年沪、深 610 家上市公司的实证研究进一步证实了业务多元化和国际多元化都会降低公司的经营业绩与市场价值。韩忠雪和程蕾（2011）对 2003～2008 年内发生控制权收购事件的 149 家并购样本的研究发现，多元化并购比同业并购的短期市场累积超额收益率更高，长期市场年度回报率更低。

3. 多元化经营与企业业绩正相关

有少量研究支持多元化溢价，金晓斌等（2002）通过理论模型推导论证"多元化经营本身是一种中性的策略"，其效果与公司特征和经营领域的匹配程度、行业竞争状况有关，对 1998～2000 年样本公司的实证结果发现，公司的超额价值总体呈现增长。苏冬蔚（2005）研究发现，我国上市公司存在显著的多元化溢价现象，多元化公司具有较大的市值——账面值比、托宾 Q 值和超额价值，在控制住规模、无形资产、财务杠杆和股利政策等影响企业价值的因素后，仍存在多元化溢价；产生多元化溢价的原因是价值高的企业更倾向于采取多元化经营战略，并且我国上市公司的内部资本市场可能较为有效。姜付秀和陆正飞（2006）认为转型经济时期的增长与利润之间可能不存在负相关关系。实证结果表明我国上市公司的多元化经营可以提高企业价值，且多元化经营降低了企业收益的波动程度，多元化经营与企业业绩间的拐点尚未出现。黄山等（2008）认为，我国处在产业结构调整以及行业开放时期的现实背景使得企业适当时机的适度多元化经营可能较为有效。李祥茂和朱静（2012）对 2008～2010 年的 10 家国有垄断企业的多元化经营行为的研究发现，多元化经营特别是相关多元化经营能显著地提高这 10 家国有垄断企业的主营业务的毛利润率。

2.4　股东异质与上市公司亏损逆转性的关系研究

截至目前，仅有少数国外学者对上市公司亏损逆转的影响因素进行了专门研究。Joos 和 Plesko（2005）的研究表明，亏损公司的亏损历史、当期的财务和业绩情况、公司股利支付情况及所处的宏观经济环境等四类因素对公司发生亏损逆转的概率估计具有显著影响，而且还发现研发支出对持续性亏损的影响比短暂性亏损的影响小得多，然而，他们并没有分析研发支出对亏损逆转概率的影响机理。Jiang 和 Stark（2006）将盈余分解为研发支出前的盈余与研发支出两个部分，使用 1991～2004 年的年度亏损样本拓展了先前的研究，他们同样验证了研究支出是英国市场中亏损逆转的决定因素，这证实了 Joos 和 Plesko（2005）的结论。与此不同的是，Kaisis（2008）在对研发支出对亏损逆转性的影响机理进行深入分析的基础上发现，研发费用对公司发生亏损逆转的概率没有任何显著的影响，不过，他的研究是以美国证券市场为对象，进一步将研发费用和异常或特别项目两个变量增加到 Joos 和 Plesko（2005）的亏损逆转预测模型中进行检验，发现考虑当期和以前年度的盈余时，研发支出前的盈余变量对亏损逆转的概率有显著正面影响。但将盈余分解为应计项和现金流后，盈余变量回归的结果发生变化，应计项和现金流在以前年度中都不显著，这表明了研发支出不会改变亏损逆转的可能性，即公司的财务亏损并不是由研发支出引起的。类似地，Jiang 和 Stark（2006）检验了英国市场亏损逆转的决定因素，证实了 Joos 和 Plesko（2005）发现的过去与当期会计信息在理解和预测下一年度亏损逆转概率上的作用。此外，Darrough 和 Ye（2007）进一步分析了营业外损失、销售增长策略、研发支出及其持续性等因素对亏损持续性的影响，结果表明，研发支出强度高、持续时间长的亏损公司在未来发生亏损逆转的可能性大，而营业外损失、销售增长策略等对亏损持续性的影响并不明显。这些研究成果尽管发现了上市公司亏损逆转的一些影响因素，但均未考虑到股东异质性对亏损逆转的影响，而且是结合国外资本市场进行的研究，不能完全适合于国内资本市场。

回顾国内相关文献，作者尚未发现有学者就股东异质性对上市公司亏损逆转的影响展开专门的研究，仅有一篇文章《控股股东性质、利益输送与盈余管理幅度——来自中国 A 股公司首次亏损年度的经验证据》（雷光勇和刘慧龙，2007）涉及了控股股东性质与上市公司首次亏损年度负向盈余管理幅度之间的关系，该文章作者按照是否直接从事生产经营活动将第一大股东分为经营性股东与非经营性股东。当第一大股东为非经营性股东时，由于第一大股东不直接从事生产经营活动，其向公司输送利益的渠道和能力可能受到限制，其后期从上市公司向自身"输送利益"的能力可能也会受到限制，反过来影响其向公司"输送利益"的意愿，这种意愿也可能会影响其他大股东向公司"输送利益"的意愿。他们的实证结果表明，当第一大股东为非经营性股东，公司流通股比例越大时，公司扭亏时获取大股东利益输送的机会越少，公司进行负向盈余管理的幅度越大。该文章尽管讨论了股东性质与上市公司扭亏能力之间的关系，但重点分析的是第一大股东身份与亏损公司获取大股东利益输送机会及负向盈余管理幅度的关系，并未直接研究股东异质性对上市公司亏损逆转的影响，而且其对股东性质的划分角度过于狭窄，没有考虑到其他控股股东和非控股股东的性质差异。

2.5　亏损逆转性与亏损公司价值的关系研究

国外学者的研究表明，亏损持续性或亏损逆转的可能性会影响到亏损公司的价值评估。Collins 等（1999）、Givoly 等（2000）的研究均表明，盈余性质的变化会影响亏损的发生频率和价值评估。Burgstahler 等（2002）、Dechow 和 Ge（2006）认为投资者难以根据负的特别项目对未来盈余进行定价。他们的研究发现亏损持续性与特别项目存在负相关性。Ertimur（2004）的研究表明，多次亏损的公司比亏损一次的公司有更多的买卖价差，这表明亏损状态的公司，盈余和账面价值提供了比盈利公司更少的与资本市场相关的信息。Joos 和 Plesko（2005）发现投资者不会给持续性亏损公司定价，而是非常积极地给短暂性亏损公司定价，并将其解释为"短暂性亏损是由负的应计会计项目引起的，这暗含着该类亏损公司的价格与会计谨慎性原则相符。相比之下，持续性亏损公司表现为巨额的负现金流和巨额的研发支出"。显然，就亏损逆转性与公司价值的关系研究而言，国外学者得出的结论都是以国外上市公司为样本对象，并没有考虑到我国处于转型经济时期的现实状况，而且先前学者对亏损逆转问题的研究仅仅关注的是亏损上市公司是否会在以后发生亏损逆转的情形，忽视了其发生亏损逆转的真实性和亏损逆转的程度大小。

综上所述，鉴于先前学者对亏损逆转问题的研究仅仅关注的是亏损上市公司是否会在以后发生亏损逆转的情形，忽视了其发生亏损逆转的真实性和亏损逆转的程度大小，也没有考虑到不同性质的大股东在亏损偏好程度、扭亏动机和支持程度以及扭亏途径的选择上存在的差异，本书考虑到亏损上市公司大股东的异质性，首先对公司大股东从多个角度进行了更为全面和细致的划分，然后从亏损偏好程度、扭亏动机和支持程度、扭亏途径的选择等方面分析各类大股东之间的异质性，他们对上市公司亏损逆转程度的影响以及最终对亏损公司价值的影响并提出相关假设，再结合我国 2003～2010 年亏损上市公司的经验数据对其影响机理进行深入分析和实证检验，最后进行总结并提出相关的政策建议。

第 3 章　理论基础与制度背景

3.1　理 论 基 础

3.1.1　控制权理论

现代公司制企业的出现尽管能够提高公司的效率、扩大公司规模，但却导致了公司所有权与经营管理权的分离，从而使得公司实际的控制权转移到经营管理者手中，拥有公司所有权的股东并不参与公司的实际运营，导致他们对公司信息的掌握数量和程度都可能远比实际的经营管理者少，两者之间出现严重的信息不对称，从而容易产生经营管理者利用自己的优势信息做出侵害股东利益的经营决策，即所谓的"第一类委托代理问题"。伯利和米恩斯认为，控制权是通过行使法定权利或施加影响，对大部分董事有实际的选择权；德姆塞茨认为，企业控制权"是一组排他性使用和处置企业稀缺资源（包括财务资源和人力资源）的权利束"。我国学者周其仁认为，企业控制权就是排他性利用企业资产，特别是利用企业资产从事投资和市场营运的决策权。在公司制企业，因为控制权被公司的实际经营管理者掌控，所以倘若公司对管理层监管力度不够或者管理者本身存在职业道德问题，那么管理层很可能利用自己手中的控制权做出为自己谋取私利收益的决策，这被学者称为"控制权收益"。

在我国现实的情景下，许多公司的管理层是被公司的控股股东或大股东提名推荐的，管理层是否能够被任用或者能否被提拔，很大程度上受制于控股股东或大股东的意愿，这就使得管理层在某种意义上沦为控股股东或大股东的"傀儡"或代言人，即管理层在做经营决策时很多时候是基于控股股东或大股东的利益考虑，从而使得管理层与股东之间的委托代理问题演变成为控股股东或大股东与中小股东之间的矛盾，即产生所谓的"第二类委托代理问题"。一方面，从控股股东或大股东拥有的控制权来看，掌握企业控制权的管理层拥有对企业重要事项和主要活动的决策权，而管理层的决策往往受制于控股股东或大股东的干预，因此，这种决策权实际上是公司控股股东或大股东利用自己的控制权对公司经营活动进行干预的结果；另一方面，从控股股东或大股东拥有的现金流权来看，通常情况下现金流权是股东按照持股比率能够从公司正常的经营利润即剩余收益中分得的份额，这取决于股东的持股比例。公司控股股东或大股东拥有的控制权与现金流权两者大多数情况下是分离的，导致他们可能通过控制权获取高于基于现金流权分享的超额收益，这便产生了控制权收益。而且，随着控制权和现金流权之间的分离程度增大，公司控股股东或大股东谋求控制权私有收益的意愿就越高，对中小股东的损害程度就越大。

然而，公司控股股东或大股东要想利用控制权为自己谋取更多的超额收益，可能要为此付出自己的声誉损失甚至法律诉讼（Dyck and Zingales，2004）等成本。当中小股东意识到自己的利益被控股股东或大股东侵占时，他们可能选择干脆抛售股票来拉低股价，以减少控股股东或大股东的财富对其进行惩罚。此外，Gremer等（1995）认为，大股东对经理和员工的侵害可能导致他们对企业投入的人力资本减少；Shleifer 和 Vishny（1997）认为，大股东对小股东的侵害会导致潜在的投资者失去资金供给意愿，从而使公司的外部融资下降。外部融资的下降意味着可供大股东侵占的资金来源减少，进而影响其控制权收益。唐宗明和蒋位（2002）认为，控股股东在侵害中小股东过程中本身也会发生较高的组织协调成本，并且税负也会增加。刘少波（2007）认为，大股东出于对公司中小股东利益的掠夺，可能会做出只追求短期利益而损坏公司长远发展的决策，从而影响到公司未来的持续发展，最终反过来使得他们自身的控制权收益无法持续。而且这种侵害行为可能遭到利益相关者的抛弃，如银行不再贷款、员工的离心倾向、供应商的退出、消费者的远离等。

对此，控股股东或大股东会比较控制权收益与成本的大小，从而做出选择。只有当控股股东或大股东从控制权侵害中小股东获得的私有收益高于侵害行为带来的控制权成本时，他们才会选择侵害中小股东的利益。事实上，由于当前我国资本市场制度的不健全，投资者法律保护机制存在诸多缺陷，再加上大多数情况下控股股东与中小股东之间存在信息获取、专业能力上的诸多差异，这些因素导致了即使控股股东或大股东对中小股东的利益侵害行为发生时，上述的控制权成本也并没有完全兑现，即控股股东或大股东并没有受到中小股东应有的惩罚，因而大股东或控股股东利用自己的优势信息或较强能力侵害中小股东利益的行为时有发生。当然，不同性质的大股东或控股股东对中小股东的利益侵害行为也会存在差异，这些侵害行为的严重程度要视控股股东或大股东自身在产权性质、控制强度以及控股地位等方面的差异而定。

3.1.2　大股东控股层级与公司扭亏理论

本章以上市公司的持股方式对上市公司进行划分，将上市公司按照 30% 的股权持股比例划分为直接控股的上市公司和间接控股的上市公司两个类别，进而从直接控股和间接控股层面，分析大股东控股层级异质性对上市公司亏损扭转的帮助、对公司价值的影响程度以及对后两者的影响程度的不同。对于大股东控股层级异质性对上市公司亏损扭转的帮助方面，从直接控股股东和间接控股股东在亏损的偏好程度、扭亏动机与支持程度以及扭亏途径的选择方面存在的差异，以及这些差异对直接控股的上市公司和间接控股的上市公司在亏损扭转程度上产生的影响进行分析；对于大股东控股层级异质性对上市公司价值的影响，从所有权和控制权方面进行分析；对于大股东控股层级异质性对后两者的影响程度，从公司治理效应方面进行分析；具体研究假设有以下三个。

1）相对间接控股而言，直接控股对公司扭亏帮助更大

大股东与管理层之间存在利益冲突，管理层作为代理人是以私人利益最大化为目标。所以在信息披露时，管理层会偏向于提供对自己有利的信息。而大股东作为潜在的套利者，他们集中了大量的股份，可以通过其控制权获得除了私人利益之外更多的公司公共收益，所以根据控制权收益理论，大股东会以公司利益最大化为目标，希望自己能从公司利益中得到更多的投资回报，从而会加强对管理层的监督，而直接控股股东在对管理层的监督方面比间接控股股东更有力。因此，从信息披露的角度看，管理层为了自身的利益会加剧会计信息不对称，如更多地倾向于披露乐观的信息而尽量掩盖不利的信息、拖延不利信息披露的时间等；而直接控股大股东比间接控股大股东更直接有效地对管理层的信息披露进行监督与控制，从而减弱会计信息的不对称，对亏损上市公司扭亏产生积极影响。

同时，大股东这种对公司信息的影响会受其监督能力差异的制约，也就是大股东存在异质性会影响公司信息不对称程度。有关研究也证明了这一点。如有些学者认为不同类型的大股东对公司治理产生不同的影响，是由于大股东的监督能力存在差异（异质性）。其研究结果表明，直接控股大股东相对于间接控股大股东而言，有较强的监督能力，对公司的监督更为有效，能降低会计信息不对称程度，为公司扭亏带来推动力量。

不但大股东异质性的存在会对会计信息不对称产生影响，而且直接控股大股东相对于间接控股大股东持有股份的比例较大，他们在企业的经营管理中就比较有"话语权"，其积极监督的影响力就较大。所以，上市公司中直接控股大股东持有的股份更多，这种监督的影响力就会更强，就更能减弱会计信息不对称程度。相关的实证研究也表明相对于间接控股股东而言，直接控股股东对管理者的监督方面存在明显优势，同时，直接控股股东持股比例大，对上市公司业绩会产生一定的积极影响。

信息不对称会带来逆向选择和道德风险后果，会计信息不对称所造成的最直接的后果就是会计造假，提供虚假的会计信息。因此，一般而言，会计信息越不对称，会计信息质量就越差，如 Richardson（2004）、赵秀芝（2003）的实证研究

表明，会计信息质量随着会计信息不对称的增加而降低。但是由于市场上信息传导机制的影响，会计信息不对称不一定会导致或表现为会计信息造假、盈余管理或其他质量问题。而会计信息质量直接关系到公司的形象、在市场上的地位，也直接关系到公司的价值。因此，在验证大股东异质性与信息不对称关系的基础上，有必要进一步研究大股东异质性与会计信息质量的关系。

当研究大股东异质性与会计信息质量的关系时，发现大股东异质性与会计质量呈显著正相关关系，当大股东直接控股时对公司进行积极监督，这些大股东与公司会计信息质量呈显著正相关。

相对于间接控股股东而言，直接控股股东对管理层以及其他大股东的监督越强，越能防止管理层以及其他大股东的盈余管理行为。Koh（2003）在研究机构投资者与盈余管理关系时发现，两者之间是一种非线性关系。当机构投资者持股比例较小时，他们注重短期利益，根本不会监督上市公司，此时机构投资者持股比例越大，盈余管理越厉害，会计信息质量越差；而当机构投资者所占的股权比例很大时，他们有动力去监督上市公司，减少了盈余管理机会，会计信息质量反而提高了。

（1）亏损偏好程度的差异。许多学者的研究表明，上市公司大多存在双重代理问题，即公司所有者（股东）和经营管理者之间的冲突、控股股东对中小股东的利益侵占行为（Shleifer and Vishny，1986；白重恩等，2005）。如果公司业绩保持持续增长，控股股东可以获取控制权带来的共享收益，这使得他们有动机去监督公司的管理者，降低代理成本，提升公司价值，同时中小股东的"搭便车"行为也能使其从中分享利益。然而，一旦公司业绩下滑特别是出现亏损时，会直接对直接控股股东产生影响，而间接控股股东由于和公司之间存在一层级甚至多层级关联方，可以在一定程度上规避亏损，公司发生的亏损不会直接冲击间接控股股东的利益。因此，从这个意义上来讲，直接控股大股东比间接控股大股东更加厌恶亏损。

由此本章认为，直接控股大股东比间接控股股东更加厌恶亏损，而且这种偏好上的差异会导致直接控股大股东比间接控股股东扭亏的意愿更加强烈。

（2）扭亏动机与支持程度的差异。股权集中是使外部股东的控制权和现金流权匹配的最直接的方式。大股东拥有的股权越多，就越有动力去收集信息和监督管理者，从而避免因股权分散而导致的"搭便车"问题。特别是直接控股股东拥有足够的投票权就可以在许多情况下给管理者施加压力，甚至通过代理权竞争或接管来迫使管理当局下台，即所谓的直接控股股东对公司治理的"监督假说"。根据这一假说，当上市公司处于亏损状态时，直接控股股东也能督促公司管理层积极寻找弥补亏损的途径，使得上市公司能够在亏损以后较快地扭亏以及更大程度地发生亏损逆转。因此，根据"监督假说"，直接控股股东持股比例可能对公司的亏损逆转程度产生正面影响。同时，大股东又有动机为追求私人目标（并非利润最大化）而侵占中小股东和其他投资者的利益，特别是在大股东对公司的控制权显著超过现金流权的情况下，这种现象更可能发生。Wei 和 Gelos（2005）的研究表明，直接控股股东过多持股是有成本的，因为作为控股股东身份的直接控股股东能以有效率和无效率的方式从中小股东处掠夺财富，即所谓的"掏空假说"。根据此假说，当上市公司处于亏损状态时，为了减少自身的连带责任，维护自身的利益，直接控股股东可能会"视而不见"，甚至会"乘人之危"，采取减资、撤资或者转移资产等方式对亏损上市公司进行"釜底抽薪"，这无疑加重了亏损上市公司发生亏损逆转的难度。因此，根据"掏空假说"，直接控股股东持股比例可能对公司的亏损逆转程度产生负面影响。

当前，我国正处于经济转轨的特殊时期，现有的法律制度对投资者保护程度较差，在此环境中，直接控股股东的利益与公司价值息息相关。当公司陷入亏损状态或发生财务危机时，为了维护自身的声誉以及保持以后利益攫取的持续性，直接控股股东对其所在的上市公司存在明显的利益输送动机和救援倾向，他们往往通过直接的资产注入或者债务减免行为以帮助其摆脱亏损困境，特别是当直接控股股东持股比例较高时，他们更有动机和意愿去支持上市公司的亏损逆转行为。

（3）扭亏途径选择上的差异。一般而言，上市公司的扭亏途径可以按照是否超出公司范围分为外部性扭亏途径和内部性扭亏途径。其中，外部性扭亏途径包括利用会计政策变更、实施资产重组或债务重组、出售"壳资源"、利用关联方交易、进行公司重构、实施高管变更、寻求政府挽救等；内部性扭亏途径包括转变经营管理理念、坚持资源优化配置、强化内部管理、转换经营机制、注重研发投入、提高自主创新能力、加大员工培训力度、提升管理人员素质等。

对于有控股股东的亏损上市公司而言，直接控股股东为获取自身利益的最大化，往往倾向于利用自己对公司的控制权来支持上市公司利用外部力量扭亏，如获取政府支持、获得债务减免或者实施债务重组等，以最小的代价使得亏损上市公司尽快扭亏，如政府直接控股股东可能会首先考虑借助于"政府之手"这种外部力量去帮助亏损上市公司扭亏，而且他们与政府之间的特殊关系往往使得亏损上市公司能优先获得补贴收入或政策优惠；而对于间接控股股东的亏损上市公司而言，由于间接控股股东是通过其控制方对下一级进行控制，股东控制权没有直接控股股东效力高，要通过其子公司对亏损公司进行控制，不能直接对亏损公司进行扭亏。因此，直接控股股东在扭亏途径方案的选择性上以及扭亏速度上优于间接控股股东。

2）相对间接控股而言，直接控股对公司价值影响更大

控股结构形式安排是随着企业集团的发展而产生的。在控股结构当中，间接控股形式下，最终控制人通过一个或多个中间公司来控制上市公司，如果最终控股人对所有的中间公司完全控股的话，那么所有权和控制权是一致的，但如果最

终控股人对中间公司非完全控股的话，那么就会出现所有权和控制权相分离的状况。在控制权和所有权相分离的情况下，根据控制权私人收益理论，此时上市公司的最终控制人会要求获得一定的控制权私人收益，而且随着控制权和所有权相分离程度的加大，其所要求的私人收益也会越大，这将会促使最终控制人做出侵害上市公司利益以降低上市公司价值的行为。而且四个研究者（La Porta、Lopez、Shleifer、Vishny）的研究也发现，当最终控股人的控制权比例较大而所有权比例较小时，控股股东将有较大的动力去侵占其他股东的利益，所以说，间接控股股东相对于直接控股股东来说，拥有上市公司的控制权比例与其拥有的所有权比例的分离程度严重些，其对上市公司的侵害行为也较容易发生，从而降低了上市公司的价值。

上市公司的最终控制人也是在追求自身价值的最大化。其实现这一目标的途径主要有三条：一是通过提升公司业绩而获取所有权比例对应的剩余收益；二是利用控制权和所有权相分离来追求控制权私人收益；三是转让对上市公司的所有权而获得的收益。因此在两权分离度不高时，获取控制权私人收益相对来说是不容易的，最终控制人此时更是希望能够采取措施获取更高的剩余收益，特别是在最终控制人对上市公司所有权比例较高时，这将促使最终控制人做出积极的"支持"行为以提升上市公司的价值。而且 Claessens 等（2002）的研究也发现，最终控股股东所拥有的所有权比例与公司价值呈正相关关系。

一般来说，上市公司的最终控制人在采取支持行为时，往往是希望让公众获悉的；而在采取侵害行为时，往往是通过各种手段来隐蔽自身的行为，因此最终控制人往往通过构建复杂的控股结构来隐藏对上市公司的侵害行为。而间接控股形式下，复杂的控股结构往往通过两种方式实现：一是采取多种链条的控股结构，通过许多控制链条来实现对最底层上市公司的控制；二是构建多层次的控股结构，在控股结构中增加其中间代理人，提高控制的层级数目。这两种方式结合起来就会使得最终控制人与上市公司之间涉及众多的关联公司，而众多的关联公司加大了控股结构的复杂性和关联交易的频繁发生。这样复杂的控股结构形式一方面隐藏了最终控制人的身份，另一方面也使得关联的交易更容易发生，特别是最终控制人对上市公司的侵害行为。相对于直接控股形式，间接控股形式下，最终控制人到上市公司之间的链条数目多，其对上市公司的利益侵占行为容易发生，从而降低上市公司的价值；最终控制人到上市公司之间的层级数目多，其对上市公司的利益侵占行为容易发生，从而降低上市公司的价值；最终控制人到上市公司之间的关联公司数目多，其对上市公司的利益侵占行为容易发生，从而降低上市公司的价值。

3）相对间接控股而言，直接控股对公司亏损逆转、公司价值影响更大

公司治理理论认为，股东出于自我保护意识，会加大对上市公司的监管，督促管理层积极努力地工作，减少他们的自私行为。对于亏损上市公司而言，一方

面，当上市公司处于亏损状态时，股东出于自我保护意识，会加大对亏损上市公司的监管，积极主动地督促管理层扭亏，同时，直接控股股东的监督力度强于间接控股股东，直接控股股东的存在会减少管理者的机会主义行为，从而减少管理者与股东的直接代理冲突，导致股权结构效应、控制权转移效应等正向治理作用得到充分发挥，从而增强亏损上市公司在亏损以后发生亏损逆转的能力；另一方面，对于那些亏损较为严重的上市公司而言，袁卫秋（2008）所认为的"资产替代效应"、大股东与债权人的合谋效应等失去了正常发挥效用的前提和环境，出于资本保全的考虑，股东选择高风险投资项目的决策会受到债权人的严格限制，这阻碍了"资产替代效应"的正常发挥；同时，在上市公司处于亏损甚至是破产的状态下，大股东与债权人的合谋行为产生的后果可能是两者都受损，而非共同受益，这使得他们的合谋效应失去了正常发挥的前提。因此，直接控股股东正向治理效应能够得到更大程度的发挥，从而增强亏损上市公司发生亏损逆转的可能性和程度，提升亏损上市公司的价值。

3.1.3　亏损公司价值评估理论

传统的公司价值评估主要是基于公司未来产生的现金流量进行贴现后的现值和来分析公司价值的高低。然而，其难以解决的问题是未来现金流量的预测和计算。特别是对于亏损公司而言，其未来经营的不确定性更大，预测其未来产生的经营现金流量就更加困难。幸运的是，伴随着学者对公司亏损异质性研究的逐渐深入，人们寻求对亏损公司价值变化的解释也日益全面和丰富。早期的学者主要从股利政策、亏损发生的频率、公司自身规模等公司内部视角去分析影响亏损公司价值的驱动因素。例如，Harry 等（1992）认为当公司发生亏损时，有关消减股利的信息会增强公司以当前盈余去预测未来盈余的能力，信号传递机制的作用最终会导致这类公司的股票价格发生波动。Teppo 等（1997）认为，不同的盈余计量方法会影响到亏损发生的频率，进而改变亏损发生的频率与盈余回报的关系。这说明亏损发生的频率会对亏损公司的价值产生影响，并且发生亏损的频率越高，亏损公司价值波动的幅度就越大。Rayburn（1986）通过实证研究发现许多公司的特殊要素（如公司的规模、成长性及债务风险等）会引起亏损公司的价值发生变化。Easton 和 Zmijewski（1989）、Collins 和 Kothari（1989）通过经验数据分析也发现会计盈余价值相关性与公司规模、成长性之间呈正相关关系，与贝塔系数之间呈负相关关系。公司内部因素尽管能够在一定程度上解释亏损公司价值变化的原因，但无法解释那些面临清算的亏损公司仍然会存在市场价值的现象。

放弃期权理论认为，股东拥有的放弃或清算期权会增加公司当期的价值。Hayn（1995）首先将放弃期权理论应用于亏损上市公司的价值研究中，它假定由于公司股东拥有通过二级证券市场转让股票的权利，其亏损情形将不会一直持续下去。按照此假设，即使上市公司发生亏损的情形，只要亏损上市公司的市场价值不低于其清算价值，股东就不会轻易放弃手中的股票，这时亏损上市公司的市场价值包括两部分：一部分是与其会计盈余相关的价值，另一部分是其拥有的清算期权价值。当上市公司的价值因亏损下跌到清算价值以下时，股东就会执行放弃期权，这时公司的价值就唯一地由其清算期权价值决定了。放弃期权理论尽管考虑到了亏损上市公司的价值不再由其会计盈余唯一决定，而是要加入其存在的隐性期权，但它只考虑到了亏损公司发生破产清算的极端情形，Hayn（1995）提出的每股清算价值也仅仅代表公司的外部调整价值，而且是当公司出现清算价值高于各种内部资产调整的收益的情况下才适用，从另一个方面讲，如果公司通过内部资产调整的收益高于清算价值，那么用每股清算价值作为调整价值的替代变量就不适合了。事实上，当上市公司发生亏损时，还存在通过转让、重组等更为普遍的方式来挽救的可能，这些显然是放弃期权理论所无法解释的现象。

　　Burgstahler 和 Dichev（1997）将权益账面价值作为公司调整价值的替代变量，重新构建了亏损上市公司的价值评估模型。该模型将公司的价值看成由两种互补关系的价值构成：一种是"正常价值"，是假定公司按照当期的方式（依赖当期业务和技术）持续经营产生的未来盈余的现值和；另一种是调整价值，是由独立于当期业务和技术之外的资源在被改变用途（包括对资产进行内部调整和外部调整）时产生，这种调整价值代表着公司拥有通过重构等更有利的方式（如变卖、转让、清算或重新配置等）对资产进行各种处置的权利。由此可见，Hayn（1995）提到的"清算或放弃"仅仅是 Burgstahler 和 Dichev（1997）提到的调整情形中的极端处理方式，加入了调整期权的公司价值评估模型考虑到了包括清算期权价值在内的更为广泛的期权价值，它同时关注到了内部调整价值和外部调整价值，这使得它同样适合于那些内部调整价值高于外部调整价值的亏损公司价值评估。从这一点上来看，调整期权理论克服了放弃期权理论只能用于那些即将被清算的亏损公司价值评估的缺陷，可同时用于评估亏损公司在持续经营状态下产生的预期盈余正常价值和在改变资产用途时产生的内外部调整价值。Collins 等（1999）用权益账面价值作为放弃期权的替代变量并用于预测未来正常盈余时，发现公司股价和每股盈余之间也存在近似的负相关关系，但当消除权益账面价值的影响时，股票市价和盈余之间仍然存在不合理的负相关性。这表明，先前学者提出的放弃和调整期权理论并不能充分解释亏损公司的市场价值。

　　当公司发生亏损或短暂性盈余时，这种盈余信息在投资者看来会对公司违反债务合约的可能性产生较大影响，而对公司资产的经济价值影响甚微。例如，当一家医药公司研发的产品通过国家市场监督管理总局认证时，这种消息的披露会使投资者树立信心，大大降低亏损公司违反债务合同的可能性，公司的权益市场

价值也会因此而提升。违约期权理论将这种通过改变公司违反债务合约的可能性
而使权益期权价值发生的变化称为"合约效应",这种效应对于那些极有可能违约
的公司(即亏损公司和暂时性盈余的公司)特别明显。Core 和 Schrand(1999)
考虑到违反债务合同的情形,引入了拥有对负债经营公司执行买入期权的权益模
型,它同时提供了有关当期和未来预期现金流量以及违反债务合同的可能性的信
息。实证研究表明,当公司即将发生债务违约时,股票价格对未预期盈余的反应
会增强,而且只有资产较低的公司在亏损和短暂性盈余上才表现出与股票收益显
著的正的相关性。这些盈余明显改变了违约的可能性,但并没有提供未来现金流
量的信息,表明公司的权益价值是关于盈余和账面价值的非线性函数,但这些都
是以亏损公司存在违反债务合约的可能性为前提的。由此看来,违约期权理论对
于解释那些负债经营(有债务合约)的亏损上市公司价值比较有力,但对于非负
债经营的亏损公司价值评估却显得"力不从心"。

尽管放弃期权、调整期权和债务违约期权的存在能减弱市场权益比和盈余之
间的正相关性,但它们还不至于减到呈负相关的程度,现实中存在的负相关性表
明当期较大亏损额在未来某一时间点上将反转为较大盈利。显然,先前各种理论
提出的期权因素对市值与盈余之间的负相关性解释力度并不够充分。因此,后续
的学者又进一步从谨慎性的会计处理方法上对此问题提出了看法。Amir 和 Lev
(1996)发现无线通信行业的亏损公司存在的无形资产价值可以通过非财务指标
(如服务业的总人数、人员渗透率等)去评价,证券市场并不像谨慎性的会计处理
方法那样将管理费用、销售费用、折旧费用等计入当期损益,而是把它们看成公
司的一种投资,这样就不会减少公司的价值。Hand(2005)的研究表明生物技术
类公司的权益价值与其研发费用及非现金资产相关。Masako 和 Jianming(2007)
的研究表明盈余(或权益账面价值)并不能充分表示公司未来的潜力,当期会计数
据的歪曲可能是导致亏损公司价值和当期盈余呈负相关性的根源所在。放弃期权及
改组期权理论假定亏损公司可能会破产或改组。事实上,这只是亏损公司可能的状
态,还有些公司仍然会继续生存下去。破产、清算、被合并、被收购是亏损公司执
行放弃期权或借助于外部力量改组的典型方式,这些将会使得公司永远消失。但如
果公司执行的是内部改组期权,公司将会幸存。Masako 和 Jianming(2007)将这
些幸存的亏损公司按照研发强度(=研发支出/销售收入)进行了分类研究,结果表
明研发投入较大的公司更有可能幸存下来。许多亏损公司在研发上的投入都比较
大,它们的亏损很大程度上要归功于会计的谨慎性原则——将研发支出计入了当期
费用中。他们认为对于那些持续经营多年的亏损公司存在四种潜在的价值驱动因
素:非常开支、研发费用、增长策略和幸存的可能。这些变量都假定当期较差的业
绩预示着未来潜在的盈利机会,即当期的巨额亏损成为未来获利的先兆,因此,市
场对这类亏损公司的评价会很高,从而导致此类亏损上市公司的价值会较大。

从以上各种亏损上市公司的价值评估理论中可以看到,大多数学者的研究都是围绕着如何解释会计盈余与股票价格之间的弱相关性的问题而展开的。其中,放弃期权理论、调整期权理论和违约期权理论更加注重考虑上市公司发生亏损后投资者可能采取的各种行为,而且从它们使用的期权定价模型来看,从简单地考虑投资者内部调整方法产生的效应扩展到寻求外部调整方法产生的效应,这些效应被此类理论看作亏损上市公司拥有的各种期权,正是这些期权的存在增加了亏损上市公司的价值。销售定价理论和会计谨慎理论则是从亏损上市公司整体的角度去分析,主要是从上市公司发生亏损的原因去探寻其价值评估的方法,它们将销售增长、市场开拓费用、研发费用及非常开支等看成公司发生亏损的原因,并分别使用代理变量去建立亏损公司的价值评估模型。应该说,这些理论在一定程度上能够解释亏损上市公司价值的变化,但始终没能全面、清晰地解释和评估亏损上市公司存在的完整价值。

3.2　制度背景

考虑到本书重点分析的是亏损上市公司,与之关联程度最为紧密的制度是上市公司的退市制度,因此,本节内容重点回顾我国退市制度的演变历程和特征。回顾我国上市公司退市制度的制定过程,以退市标准是否单一和是否考虑公共安全可以将退市制度大致划分为三个阶段:单一标准阶段、多维标准阶段、考虑公共安全标准阶段。

3.2.1　单一标准阶段的退市制度

这一阶段为1998～2011年,主要依据是2001年中国证券监督管理委员会(简称证监会)发布的《亏损上市公司暂停上市和终止上市实施办法(修订)》和沪、深两家证券交易所多次修订的《股票上市规则》,退市标准主要是净利润,具体规定是:当上市公司连续亏损分别达到两年、三年、四年时,依次被退市风险警示、暂停上市和终止上市。这一时期,我国资本市场属于从萌芽时期到成长时期的过渡,资本市场还非常不成熟,很多制度规制还不完善,此时,建立和实行退市制度能改善上市公司质量,形成有效的市场机制,对企业产生积极作用。然后,该阶段由于指标单一、程序冗长,事实上未能正常发挥使经营失败的上市公司退出市场的功能,许多上市公司则是“反复亏损”却“久亏不退”。随着市场的进一步发展和不断的改革,之前使用的退市制度出现新的问题,例如,退市指标单一、退市程序烦琐、退市效率不高、退市难度大等。同时也出现了上市公司通过利润的调节来避免退市,使得上市公司总是处于循环停牌状态却无退市危机,对市场的秩序和投资者的理性投资都产生了冲击。

3.2.2　多维标准阶段的退市制度

鉴于单一标准的退市制度存在上述的弊端，证监会组织专家团队全面梳理和总结原有的退市制度，深入研究公司退市、恢复上市等程序，专门探讨了退市公司的后续责任追究问题。2012 年 6 月 28 日上海证券交易所发布了《关于完善上海证券交易所上市公司退市制度的方案》、深圳证券交易所发布了《关于改进和完善深圳证券交易所主板、中小企业板上市公司退市制度的方案》，证监会据此修订了《股票上市规则》。新的退市制度形成了包括财务性指标、交易性指标和合规性指标在内的综合退市标准体系，尤其是与财务状况有关的指标，在保留净利润指标的基础上，增加了营业收入、净资产、审计意见类型等三项指标，并规定：新增的三项指标只要在年报中触及退市标准一次即会被退市风险警示，连续出现第二次即被暂停上市；如果已经暂停上市，那么最近一个会计年度经审计的财务会计报告显示该四项指标中的任何一项再次触及退市标准，将直接退市，而其中的净利润指标将以扣除非经常性损益前后的净利润孰低者为依据，审计意见标准中则包括了保留意见类型。

到了 2014 年，证监会在修订的退市制度中进一步区分了主动退市和强制退市两种情况，主动退市的情形主要是收购兼并，强制退市标准中则增加了欺诈发行和重大信息披露违法两种情形，但关于净利润、净资产、营业收入和审计意见等四项体现财务状况的强制性退市指标却基本未变，仍然沿用了 2012 年的规定。从这个意义上看，2014 年退市制度是对 2012 年标准的补充和完善。从现状看，主动退市情形并不是困扰我国资本市场退出机制的主要问题，强制退市才是退市机制的焦点。通常认为，相对于交易性指标和合规性指标，财务性指标更不易被操纵，也更能综合反映一家公司的财务状况和持续经营风险，对投资者的信息价值更高。

相比而言，单一退市制度的主要财务标准是净利润，多维退市制度则规定了净利润、营业收入、净资产和审计意见四项标准，综合性指标体系可能会使规避退市政策变得更加困难。但鉴于公开上市所带来的巨大经济利益，上市公司一定会尽力避免触碰任何一项退市标准。事实上，在新退市财务标准实施后的两年时间里，只有少量公司被强制退市，原因主要源于亏损，而非因触及新增退市标准。

3.2.3　考虑公共安全标准阶段的退市制度

2018 年 7 月，长春长生生物科技股份有限公司"问题疫苗"事件受到国人的广泛关注。证监会于 2018 年 7 月 27 日发布了《关于修改〈关于改革完善并严格实施上市公司退市制度的若干意见〉的决定》，对现行涉及重大违法公司的强制退市规定做出修改，其中修改的重点就是将涉及国家安全、公共安全、生态安全、生产安全和公众健康安全等领域的重大违法行为也纳入到了重大违法公司强制退市的情形中来。与此同时，证监会也强调要尽快地建立与强制退市新规有关的配套制度。

首先，国家安全、公共安全、生态安全、生产安全和公众健康安全等领域的重大违法行为，需要制定严格的考核认定标准。国家安全、公共安全、生态安全、生产安全和公众健康安全等"五大安全"领域涉及面很广，而且像医药、化工、煤炭、有色金属等领域也很容易出现触及"五大安全"的问题，需要对"五大安全"的危害行为有一个明确具体的考核认定标准，以帮助监管部门识别和确认企业哪些行为属于危害"五大安全"的行为，从而指导监管部门具体落实这一强制退市新规。

其次，要尽快健全投资者的保护措施。面对上市公司的退市（包括强制退市），其退市的损失基本上是由投资者来买单的。而在投资者通过司法途径来保护自身合法权益的案件中，目前仅限于上市公司欺诈发行与虚假信息披露案。上市公司如果因为"五大安全"问题而被强制退市，目前司法部门难以立案，这也使得投资者的索赔变得困难起来。因此，监管部门应协同司法部门，尽快解决此方面的问题，以方便投资者的维权。

此次修订，两大证券交易所的重点都放在了打击上市公司欺诈发行、信息披露违法等严重损害证券市场秩序的违法违规行为上，对重大违法强制退市判断标准、决定主体、实施程序以及相关配套机制做了具体规定，并且退市新规将重大违法公司实施强制退市的决策权"下放"给证券交易所，明确了证券交易所承担重大违法退市的一线监管责任，强化沪、深证券交易所实施强制退市的决策主体责任。这些变化将有利于提高上市公司的整体质量、保护中小投资者的利益、培育健康理性的投资理念和文化、提高资本市场优化资源配置的功能。

第4章 第一大股东特征、影响力异质与亏损逆转程度

4.1 引　言

　　盈余持续性一直以来都是财务理论和实务界研究的重点内容之一。然而，截至目前，国内外学者对盈余持续性的研究主要集中于对盈利持续性（profit persistence）的研究，而且大多数学者对于盈余持续性问题的研究是以盈利状态的上市公司为研究样本，探讨的重点是上市公司是否能维持其盈利状态（Ramakrishnan and Thomas，1998；Sloan，1996；Richardson et al.，2004；周晓苏等，2007），有哪些因素会影响到上市公司的盈利持续性（Rajan et al.，2000；彭韶兵等，2008；钱爱民等，2009；陈金龙等，2011；宋建波和田悦，2012），如何保持其盈利性（肖华和张国清，2013）。这些问题的研究都可以说是从盈余持续性的正面去展开的，关注的是公司如何避免盈利下滑而出现亏损、如何保持盈利的稳定性以及如何实现盈利的持续增长等，可以看作对公司从盈利到亏损的过程研究。事实上，随着信息技术、网络科技的涌现，企业面临的市场竞争空前激烈，承受的经营风险也日益增强，许多曾经辉煌一时的知名企业、行业领头羊公司也开始出现业绩下滑甚至亏损，有些公司甚至破产倒闭，这使得亏损持续性问题的研究成为当前比盈利持续性更为紧迫和重要的议题。

　　从已有的研究文献来看，学者主要从四个方面对公司亏损持续性的影响因素展开了研究：其一是从会计信息的质量特征方面去分析亏损持续性的影响因素，其中，比较有代表性的观点是将会计稳健性作为影响公司亏损持续性的因素之一（Basu，1997；Pope and Wang，2005），该类观点认为，会计稳健性导致了盈余及时性的非对称性，最终使得盈余对坏消息的反应比好消息更早。其二是从亏损公司过去的亏损状态分析亏损持续性的影响因素。具体而言，亏损公司过去的亏损状态包括从公司过去发生亏损次数（Joos and Plesko，2005）、亏损公司过去亏损的程度（Jiang and Stark，2006）、亏损公司过去的资产负债情况（Joos and Plesko，2005）、研发支出情况（Jiang and Stark，2006；Darrough and Ye，2007；Kaisis，2008；Jan and Ou，1995）等方面展开对亏损持续性的影响研究。

而且普遍的观点是，公司过去亏损次数越多、亏损程度越大、资产负债率越高、研发支出越少，其发生亏损持续性越强。其三是从亏损公司当前的财务状况或非经常性项目分析亏损持续性的影响因素，具体包括从当期的财务和业绩情况（Joos and Plesko，2005；杜勇等，2008）、公司股利支付情况（Joos and Plesko，2005；Jiang and Stark，2006）、营业外损失（Darrough and Ye，2007）、销售增长情况（Darrough and Ye，2007，逯东等，2010）、所得税费用（Dhaliwal et al.，2013）、非流动资产出售情况（杜勇等，2009；张昕和姜艳，2010；王福胜等，2013；李传宪，2014）、财务筹划、经营战略变更、经营战略变更和财务筹划措施（戴德明和邓璠，2007）等方面展开对亏损持续性的研究。其四是从公司外部视角分析亏损持续性的影响因素。已有的研究分别从公司所处的宏观经济环境（Joos and Plesko，2005）、债务重组（张彤玉和丁业震，2010）、经济周期（Klein and Marquardt，2006；薛爽，2008）、行业景气度、政府补助（胡旭阳和吴秋瑾，2004；唐清泉等，2007；朱松和陈运森，2009；郭剑花和杜兴强，2011；田利辉和张伟，2013；张天舒等，2014）、兼并与收购等方面对亏损持续性的影响进行了分析。

　　以上研究为亏损持续性的影响因素提供了广泛的证据，但遗憾的是，鲜有文献从大股东支持的视角探讨亏损持续性的问题。现实中，作为利益共同体的大股东与上市公司往往有着互相依存、共同进退的"亲密"关系。特别是处于转轨时期的中国资本市场中，当上市公司出现经营不佳或亏损状态时，其大股东出于保全自身利益的动机一般会积极有所作为。如*ST湖科在2008年凭借大股东在股改中的债务豁免，将1400万元的债务重组利得计入当期收益而实现扭亏为盈（这一措施已被《中国证券监督管理委员会公告（2008）48号》文件所限制），上海新梅2012年也因第二大股东兴盛集团以2521.1万元的价格购买了办公用房而避免了亏损；广济药业的实际控制人武穴市财政局在2010~2013年分别给予了广济药业1221万元、694万元、1716万元、4092万元的政府补贴。由此可见，在中国现实的情境中，上市公司依靠其大股东扭亏为盈的现象普遍存在。那么，令人深思的是：大股东能够真正帮助上市公司实现经营业绩的改善吗？改善后的经营业绩又能够持续多久呢？

　　带着对上述问题的疑问，本章重点分析了第一大股东在股权影响力、政府影响力以及控制影响力三个方面的特质对亏损上市公司在短期和长期内亏损逆转性的影响。本章的研究结果表明，第一大股东在上市公司亏损后增持股票的比例越高，上市公司在短期内发生亏损逆转的可能性越大，但扭亏后第二年、第三年更有可能再次发生亏损；第一大股东为国有身份的样本组在短期内亏损逆转的可能性上明显高于第一大股东为其他身份的样本组；第一大股东的两权分离度越大，上市公司在短期内发生亏损逆转的可能性越小，但第一大股东的产权性质和两权分离度并没有对上市公司扭亏后第二年、第三年再次发生亏损的可能性产生影响。此外，本章的研究还表明，公司是否是首次发生亏损、公司规模、公司的债务负担以及公司的成长性等因素均对亏损上市公司在亏损后第一年发生亏损逆转的可能性存在显著影响。

本章的研究丰富了国内目前尚且缺乏的公司亏损问题研究的文献，特别是基于转型市场经济背景下公司大股东特质与亏损逆转问题的研究文献。通过对第一大股东异质与公司亏损逆转性的关系研究，在理论上，弥补了盈余持续性研究中对亏损持续性研究的不足，完善与丰富了股权制衡理论和盈余管理理论，进一步拓展了财务预警管理理论和风险控制理论；在实践中，可以揭示造成上市公司发生亏损的根本原因和导致亏损持续性的关键因素，发现这些因素对上市公司亏损逆转的影响机理，有利于公司及时调整公司治理结构，以增强公司对财务危机的预警能力和抵御财务风险的能力，为投资者进行科学的投资决策和政府监管部门更好地认识上市公司的亏损问题以及进一步完善我国上市公司的公司治理制度和退市制度提供了新的启示。在我国转型经济时期，无论对于有控股股东的亏损上市公司还是无控股股东的亏损上市公司，都要充分发挥中小股东对大股东（或控股股东）的监督制衡作用，抑制大股东（或控股股东）利用自己的控制权优势侵害中小股东利益的行为。上市公司在扭亏过程中，应该认识到第一大股东在控股比例和产权性质上的异质性，有效地发挥国有大股东在扭亏过程中的主导作用，充分调动其他大股东对亏损防范和主动扭亏的积极性。

4.2　文　献　综　述

截至目前，仅有少数国外学者对上市公司亏损逆转的影响因素进行了研究。Joos 和 Plesko（2005）的研究表明，亏损公司的亏损历史、当期的财务和业绩情况、公司股利支付情况及所处的宏观经济环境等四类因素对公司发生亏损逆转的概率估计具有显著影响，而且发现研发支出对持续性亏损的影响比短暂性亏损的影响小得多。然而，他们并没有分析研发支出对亏损逆转概率的影响机理。Jiang 和 Stark（2006）将盈余分解为研发支出前的盈余和研发支出两个部分，使用 1991～2004 年亏损样本拓展了先前的研究，他们同样验证了研究支出是英国市场中亏损逆转的决定因素，这证实了 Joos 和 Plesko（2005）的结论。与此不同的是，Kaisis（2008）基于研发支出对亏损逆转性的影响机理进行深入分析后发现，研发费用对公司发生亏损逆转的概率没有任何显著的影响，不过，他的研究是以美国证券市场为对象，进一步将研发费用和异常或特别项目两个变量增加到 Joos 和 Plesko（2005）的亏损逆转预测模型中进行检验，发现考虑当期和以前年度的盈余时，研发支出前的盈余变量对亏损逆转的概率有显著正向影响。但将盈余分解为应计项和现金流后，盈余变量回归的结果发生变化，应计项和现金流在以前年度中都不显著，这表明了研发支出不会改变亏损逆转的可能性，即公司的财务亏损并不是由研发支出引起的。类似地，Jiang 和 Stark（2006）检验了英国市场亏损逆转的决定因素，证实了 Joos 和 Plesko（2005）发现的过去和当期会计信息在理解与预测下一年度亏损逆转概率上的作用。此外，Darrough 和 Ye（2007）进一步分析了营业外损失、销售增长策略、研发支出及其持续性等因素对亏损持续性的影响，结果表明，研发支出强度高、持续性长的亏损公司在未来发生亏损逆转的可能性大，而营业外损失、销售增长策略等对亏损持续性的影响并不明显。Dhaliwal 等（2013）的研究发现，基于税收划分的公司类别与未来盈余的持续性相关，那些可能披露存在正的应税收入的亏损公司亏损持续时间最短，那些为弥补当期非经营性亏损而获得全面价值补贴的公司亏损持续时间最长。这些研究成果尽管发现了上市公司亏损逆转的一些影响因素，但均未考虑到股东异质性对亏损逆转的影响，而且是结合国外资本市场进行的研究，不能完全适用于国内资本市场。

回顾国内相关文献，作者尚未发现有学者就股东异质性对上市公司亏损逆转的影响展开专门的研究，仅有一篇文章《控股股东性质、利益输送与盈余管理幅度——来自中国 A 股公司首次亏损年度的经验证据》（雷光勇和刘慧龙，2007）涉及了控股股东性质与上市公司首次亏损年度负向盈余管理幅度之间的关系，该文章作者将第一大股东按照是否直接从事生产经营活动分为经营性股东与非经营性股东。当第一大股东为非经营性股东时，由于第一大股东不直接从事生产经营活动，其向公司输送利益的渠道和能力可能受到限制，其在后期由上市公司向自身"输送利益"的能力可能也会受到限制，反过来影响其向公司"利益输送"的意愿，这种意愿也可能会影响其他大股东向公司"利益输送"的意愿。他们的实证结果表明，当第一大股东为非经营性股东，公司流通股比例越大时，公司扭亏时获取大股东"利益输送"的机会越少，公司进行负向盈余管理的幅度越大。该文章尽管讨论了股东性质与上市公司扭亏能力之间的关系，但仅仅从第一大股东是否为经营性股东的角度分析了第一大股东与亏损公司获取大股东"利益输送"机会及负向盈余管理幅度的关系，并未考虑到第一大股东在股权影响力、政府影响力和控制影响力等方面的差异，也没有就第一大股东在这三个方面的特质对上市公司亏损逆转可能性进行深入研究。

鉴于先前学者没有考虑到不同性质的大股东在股权影响力、政府影响力和控制影响力等方面存在的异质性，而这些异质性可能会对上市公司在亏损后的短期和长期亏损逆转性产生不同的影响。本章首先分析了亏损上市公司第一大股东在股权影响力、政府影响力和控制影响力三个方面存在的异质性，然后从扭亏动机、扭亏能力等方面就第一大股东特质对上市公司亏损逆转可能性及以后再次发生亏损的影响进行理论分析，再结合中国亏损上市公司的经验数据对其影响机理进行实证检验，最后得出相关的结论和提出政策建议。

4.3　制度背景、理论分析与研究假设

处于转型经济期的中国，政府对股票上市实施严格的资格管制，使得上市资格成为上市公司的一种壳资源。上市公司一旦退市，这种资源便失去其价值，因此，作为上市公司的大股东，无论是国有控股还是私有控股公司，都具有强烈的扭亏为盈动机。然而，上市公司的大股东在股权影响力、政府影响力和控制影响力等方面存在异质性，这些异质性可能会对上市公司在亏损后的短期和长期亏损逆转质量产生不同的影响。接下来的内容将具体分析大股东的异质性对上市公司的亏损逆转质量产生影响的内在逻辑，并在此基础上提出相关假设。

4.3.1　第一大股东股权影响力对上市公司亏损逆转质量的影响

按照科斯的企业契约理论，在剩余索取权的分配上，大股东和中小股东没有权利上的差异，只是分享比例的区别而已。所以，相对于企业其他的利益相关者，获取更多单位份额的剩余收益是两者共同的目标，保持上市公司稳定持续的经营也是两者共同的期望（杨松令和刘亭立，2009）。按此推理，持股比例不同的大股东只是在上市公司盈利后分享剩余索取权的比例上不同。然而，大股东与大股东之间的利益不可能完全相同，为了争取更多的剩余收益，各个大股东也会通过其拥有的股权比例对上市公司的经营决策进行干涉，使上市公司做出有利于自身利益的决策。特别是当上市公司处于亏损状态时，按照共生理论的思想，大股东的利益与上市公司的利益是息息相关的，出于资本保全和风险分散的考虑，各家大股东都具有很强烈的扭亏动机。然而，大股东之间在具体的扭亏动力、扭亏能力和扭亏机会上可能存在一些差异，这些差异会影响到上市公司的亏损逆转性。首先，从扭亏动力来看，持股比例的不同导致各个大股东享有上市公司的利益分配和承担上市公司的经营风险高低不同，一旦上市公司处于亏损状态，那些股权影响力较大（即持股比例较高）的大股东将无法按照持股比例大小获取相应的收益，相反，会承担更多的风险。侯晓红（2006）的研究发现，当上市公司陷入经营困境时，大股东可能通过减少自己的侵占行为而使公司具有偿债能力，甚至会用自己的资源进行支持以防止公司破产；张远飞等（2013）的研究发现，随着家族大股东持股水平的提升，危机冲击下家族大股东对基于所有权控制积累的"社会情感财富"的损失感知程度越强，在危机期间的家族大股东支持效应越明显。因此，为了体现自己在控制权上的优势、规避承担更大的风险，那些股权影响力较大（即

持股比例较高）的大股东比那些股权影响力较小（即持股比例较低）的大股东更有动力和意愿去帮助上市公司扭亏。其次，从扭亏能力和扭亏机会的角度来看，由于那些股权影响力较大（即持股比例较高）的大股东拥有对上市公司更多的控制权和经营决策权，再加上日益增大的机构投资者逐渐成为可以制衡上市公司内部的控制性大股东的重要力量，随着这些大股东持股比例的大幅增加，机构投资者的投资理念发生变化，即逐渐从过去的消极持股、用脚投票向"股东积极主义"行为转变，即为了取得长期的超额回报，机构投资者会利用自己的专业优势，直接介入到上市公司的公司治理中去，以降低交易成本、改善公司决策、提升公司业绩（孙容，2012）。一旦上市公司发生亏损，这些机构投资者更有能力和机会通过关联交易、资产注入、债务豁免等方式帮助上市公司扭亏，最终可能导致第一大股东股权影响力较大（即持股比例较高）的亏损上市公司发生亏损逆转的概率比第一大股东股权影响力较小的公司大。由此，本章提出以下假设。

H4.1：第一大股东股权影响力较大的亏损上市公司比第一大股东股权影响力较小的亏损上市公司在短期内更有可能发生亏损逆转。

大股东和上市公司之间是互惠的利益共同体。许多学者的研究证明，大股东对上市公司存在掏空行为。如王亮和姚益龙（2010）的研究发现，大股东对上市公司的利益支持行为并不具有持续性，支持更多地表现为"制度性驱动"、"保壳"和获得配股再融资资格，大股东在支持后往往会伴随着明显的掏空行为。据此推断，当上市公司出现亏损时，大股东之所以伸出援助之手，可能是为了公司业绩改善后能够从中进行利益掏空。这样的机会对于股权影响力较大的第一大股东而言更容易把握，由于他们在股东大会上具有绝对的发言权，而且他们对上市公司做出的支持行为对其他持股比例较低的大股东和中小股东往往能够起到示范和带动效应，他们只需用较少的自有资源就能够通过杠杆效应带动其他股东给予上市公司更多的扭亏支持，使其能够短期内较快实现亏损逆转，但当上市公司实现扭亏为盈后，又难免会被大股东继续进行利益掏空，从而更有可能再次陷入亏损境地。特别是当上市公司的投资回报率低于大股东的预期水平，或者预期上市公司无法继续生存下去时，大股东会以牺牲公司外部股东和债权人利益为代价而对上市公司进行掠夺（侯晓红，2006），这可能使得上市公司的扭亏难以持续。由此，本章提出以下假设。

H4.2：第一大股东股权影响力较大的亏损上市公司比第一大股东股权影响力较小的亏损上市公司在长期内更有可能再次发生亏损。

4.3.2 第一大股东政府影响力对上市公司亏损逆转质量的影响

第一大股东在政府影响力上的差异主要是由其身份是国有还是其他身份（包

括民营和私有产权性质）所产生的。国有大股东对政府的影响力显然高于民营和私有产权性质的大股东。第一大股东的国有身份决定了上市公司除了追求经济效益，还要考虑政府的政策目标，一旦上市公司处于亏损状态，政府官员会基于自己的政治立场，为解决当地的就业压力和满足经济发展的需要，通常会利用自己掌握的权力和政府资源对上市公司进行救助。事实上，已有的研究表明，为帮助上市公司渡过难关以保住上市壳资源，国有大股东可能通过关联交易、资产重组等交易安排向公司输送利益，帮助公司改善报表业绩（Friedman et al.，2003；姜金香等，2005）。特别是当第一大股东是政府部门或代表国家的国有资产管理公司时，他们对亏损上市公司的支持力度就更大。如武穴市财政局作为广济药业的第一大股东在 2010～2013 年向其提供了 1221 万元、694 万元、1716 万元、4092 万元的政府补贴。相比之下，民营或私有产权性质的大股东与政府的关系相对较弱，往往不带有明显的政策性目标，也就无法享受与国有大股东同等待遇的政府补助，尽管有些民企高管通过担任人大代表或政协委员建立了与政府的政治关联，但这一政治关联的强度相比于本身就是政府部门所管辖或所控制的国有性质公司而言显然脆弱得多，在政府可供分配的公共资源有限的情况下，国有大股东的上市公司显然会优先于民营或私有大股东的上市公司获得或更多地拿到政府公共资源。章卫东等（2012）的研究也发现，当政府控股上市公司被 ST（在股票上是指境内上市公司连续两年亏损，被进行特别处理的股票）时，政府控股股东通过向国有控股上市公司注入资产支持上市公司的动机和力度比民营控股股东更加强烈，从而导致 ST 国有控股上市公司在资产注入之后业绩增长更快。因此，有理由认为，国有属性的第一大股东比其他属性的第一大股东对亏损上市公司的扭亏支持程度更大，从而导致第一大股东为国有身份的亏损上市公司发生亏损逆转的概率比第一大股东为其他身份的公司大。由此，本章提出以下假设。

H4.3：第一大股东为国有身份的亏损上市公司比第一大股东为其他身份的亏损上市公司在短期内更有可能发生亏损逆转。

优胜劣汰是市场自由竞争的法则。当上市公司出现业绩亏损时，通常情况下，上市公司要么通过降低生产成本、提高产品质量和市场竞争力或者转型重组等方式来实现实质性的业绩改善或亏损逆转，要么被其他更强的企业接管或破产而退出市场。然而，在国有控股的上市公司中，由于政府给予它们大量和频繁的政府补助在一定程度上破坏了这一优胜劣汰的市场法则，让一些本身存在问题、市场竞争力弱的上市公司仍然能够幸存下来，导致市场资源的浪费和不合理配置。频繁和大量的政府补助在帮助国有控股的上市公司改善业绩的同时，使公司管理层对政府产生严重依赖，使得这些国有控股的亏损上市公司在亏损之后将更多的精力放在搞好政企关系、争取政府补助上（倪昌红，2012；肖兴志和王伊攀，2014），它们并没有在降低生产成本、提高产品质量等方面下功夫，这极大程度上削弱了它们的市场竞争力，使得通过获取政府补助的短期亏损逆转难以维持。相比之下，民营企业则因为与政府的疏远而对政府补助的依赖心理弱得多，因此，它们会将更多的精力放在自身经营业务的改善上，进而更容易取得实质性亏损逆转，而且这样的亏损逆转持续性也会更长久。章卫东等（2012）的研究也发现，当上市公司盈利时，政府控股股东通过向上市公司注入资产掏空上市公司的动机比民营控股股东更加强烈，从而导致盈利的国有控股上市公司在资产注入之后业绩下降更多。由此，本章提出以下假设。

H4.4：第一大股东为国有身份的亏损上市公司比第一大股东为其他身份的亏损上市公司在长期内更有可能再次发生亏损。

4.3.3　第一大股东控制影响力对上市公司亏损逆转质量的影响

在现行的公司治理环境下，控股股东可以通过发行不同类型股票、金字塔式控股以及交叉持股等方式，以相对较少甚至很少的股权份额获得目标公司超越其现金流要求权的实际控制权，即产生控股股东超额控制的现象，此时，控股股东产生仅顾私利的道德风险的机会也就相应较高，引发的代理问题为控股股东对小股东的财富剥夺和对公司的掏空行为（邓德军和周仁俊，2007）。Faccio 等（2001）的分析表明，当控股股东拥有的股权比例小于 10% 时，最终控制人的现金流权与控制权的分离程度与企业业绩并不存在显著关系；当控股股东拥有的股权比例大于 20% 时，最终控制人的现金流权与控制权的分离程度与企业业绩显著负相关。我国上市公司的第一大控股股东的持股比例大多接近于 30%，最终控制人的控制权超过现金流权时，控股股东有足够的意愿和能力为自己谋取私利。然而，这种谋利的方式和时机可能要视上市公司的具体经营情况而定。当上市公司处于盈利状态时，多数学者的研究已表明，最终控股股东会通过关联并购、贷款担保、多元化投资等多种方式转移公司资源以追逐自身私利，侵害少数股东利益；当上市公司处于亏损状态时，出于自己声誉和其他中小股东监督的考虑，控股股东可能会先进行利益输送，待公司扭亏为盈后再进行掏空。这样，控股股东的两权分离度越高，其在帮助上市公司扭亏的能力和动机上就越强，他们可能通过债务减免、关联方交易等途径对上市公司进行扶持，以帮助上市公司尽快扭亏为盈，从而有助于促进亏损上市公司在短期内尽快扭亏为盈。事实上，姜金香等（2005）的研究也发现，控股股东和地方政府在上市公司具有配股或扭亏动机时，进行的兼并活动具有支持性质，可以在短期内提高公司的业绩。然而，控股股东在上市公司亏损当期给予的扶持是为公司以后经营好转时获取更多的私利，一旦上市公司经营状况好转了，控股股东通过超额控制权掏空上市公司的行为又会重现，因此，从长远来看，两权分离度的增加最终还是会降低上市公司的长期亏损逆转质量。由此，本章提出以下假设。

H4.5：第一大股东的两权分离度越高，亏损上市公司在短期内发生亏损逆转的可能性越大。

H4.6：第一大股东的两权分离度越高，亏损上市公司在长期内再次发生亏损的可能性越大。

4.4 样本选择与研究设计

4.4.1 研究样本的选择

考虑到中国证券监督管理委员会于 2003 年 3 月 18 日颁布并实施了《关于执行〈亏损上市公司暂停上市和终止上市实施办法（修订）的补充规定》，这项补充规定对亏损股本身在当年及以后年度造成的影响较大，因此，本章选择了 2003～2010 年 8 年间发生亏损的上市公司作为研究总样本。另外，由于在计算长期亏损逆转可能性变量时要用到亏损后第一年、第二年以及第三年的数据，实际在计算各变量时跨越了 2003～2013 年的 11 个会计年度的亏损上市公司数据。具体样本筛选的过程是：首先，因为外资公司控股的上市公司占上市公司总数的比例较小（不到 4%），不具有代表性，所以考虑从样本总体中剔除由外资公司控股的上市公司；其次，考虑到财务报表和管制性质的特殊性，金融保险行业的上市公司也被剔除；最后，我们还剔除了关键指标数据无法获得和数据异常的样本。此外，为消除极端值的影响，对于本章所使用到的主要连续变量，均按 1% 进行了缩尾处理，以避免异常值影响。经过上述处理之后，我们的研究样本包括 1149 家公司年度观测值。由于样本是由不同公司在不同年度组成的混合数据，给定公司的年度观察值不满足独立性要求，这可能导致回归结果的统计显著性被高估，为了避免此问题，本章对全样本在公司层面进行了聚类调整。本章所使用的相关财务数据来自 RESSET 数据库、CSMAR 数据库以及巨潮资讯网。

4.4.2 被解释变量的设计

本章用全样本上市公司在亏损后第一年是否发生亏损逆转来度量其短期内发生亏损逆转的可能性，并设置哑变量 NZYF，如果上市公司在亏损后第一年发生亏损逆转，NZYF 取值为 1，否则为 0。本章在衡量长期亏损逆转性时，对样本进行了如下的进一步选择：①选择第一年已经扭亏为盈的公司为样本，观察其在第二年是否再次发生亏损，以此来度量上市公司两年期的亏损逆转性；②选择第一年和第二年都已经扭亏为盈的上市公司为样本，观察其在第三年是否再次亏损，以此来度量上市公司三年期的亏损逆转性，并分别设置哑变量 $KSYF_2$ 和 $KSYF_3$，如果上市公司在亏损后第二年（或第三年）发生亏损，$KSYF_2$ 和 $KSYF_3$ 取值为1，否则为0。

4.4.3　解释变量的设计

为了反映亏损上市公司的大股东在股权影响力、政府影响力以及控制影响力三个方面的异质性，本章设置了以下解释变量：用上市公司在亏损后第一大股东增持的比例（Top1_add）度量第一大股东的股权影响力，该值越大，表明第一大股东的股权影响力越大；用上市公司第一大股东的产权性质是国有还是非国有属性（CQXZ）度量第一大股东的政府影响力，如果第一大股东是国有属性，则 CQXZ 取值为1，表示其政府影响力较大，否则为0；用上市公司第一大股东控制权和所有权的比值（即两权分离度，LQFL）来度量第一大股东的控制影响力，该值越大，表明第一大股东的控制影响力越大。

4.4.4　控制变量的设计

借鉴 Hayn（1995）、Joos 和 Plesko（2005）、Klein 和 Marquardt（2006）学者的研究，本章设置了是否首次亏损（SHCK）、公司规模（SIZE）、资产负债率（FZQK）、公司成长性（INZZ）以及行业哑变量（INDU）和年度哑变量（YEAR）等控制变量。

各变量的具体定义见表 4.1。

表 4.1　各变量的具体定义

变量类型	变量名称	变量代码	变量定义
被解释变量	亏损后第一年是否发生亏损逆转	NZYF	如果上市公司在亏损后第一年发生亏损逆转，NZYF 取值为1，否则为0
	亏损后第二年是否再次发生亏损	$KSYF_2$	用上市公司在亏损后第一年扭亏后第二年是否发生亏损来度量其长期内再次发生亏损的可能性，若发生亏损，$KSYF_2$ 取值为1，否则为0
	亏损后第三年是否再次发生亏损	$KSYF_3$	用上市公司在亏损后第一年和第二年扭亏后第三年是否发生亏损来度量其长期内再次发生亏损的可能性，若发生亏损，$KSYF_3$ 取值为1，否则为0
	第一大股东增持股票的比例	Top1_add	依据上市公司亏损后第一大股东增持股票的比例来计算

续表

变量类型	变量名称	变量代码	变量定义
解释变量	第一大股东的产权性质	CQXZ	哑变量，如果控股股东是国有股东性质，则 CQXZ 取值为1，否则为0；这里直接依据第一大股东类别来判断该公司是国有股东性质还是其他股东性质
	第一大股东的两权分离度	LQFL	根据控制权/所有权的比值来计算
控制变量	是否首次亏损	SHCK	哑变量，上市公司在亏损当年是否是首次发生亏损，如果是，取值为1，否则为0
	公司规模	SIZE	取该样本在亏损当年年末总资产的自然对数表示
	资产负债率	FZQK	取该样本在亏损当年的资产负债率表示
	公司成长性	INZZ	取该样本在亏损当年的营业收入增长率表示
	年度哑变量	YEAR	如果样本是该年度，取值为1，否则为0
	行业哑变量	INDU	如果样本是该行业，取值为1，否则为0

4.4.5 回归模型的设计

考虑到被解释变量是 0 和 1 的二元哑变量，本章设置了如下的二元 logit 回归模型：

$$\text{logit}\left(\frac{P(Y)}{1-P(Y)}\right) = \alpha + \beta_1 X + \beta_2 \text{SHCK} + \beta_3 \text{SIZE} + \beta_4 \text{FZQK} + \beta_5 \text{INZZ}$$

$$+ \sum_{i=1}^{8} \beta_{5+i} \text{YEAR}_i + \sum_{j=1}^{11} \beta_{13+j} \text{INDU}_j + \varepsilon$$

上述模型中，Y 分别表示上市公司在亏损后第一年是否发生亏损逆转（NZYF）、亏损后第二年是否再次发生亏损（KSYF$_2$）、亏损后第三年是否再次发生亏损（KSYF$_3$）；X 分别表示上市公司在亏损后第一大股东增持的比例（Top1_add）、第一大股东是否为国有属性（CQXZ）、第一大股东的两权分离度（LQFL），其他控制变量见表 4.1 的定义，ε 为随机扰动项，由此组成了九个二元 logit 回归模型。

4.5 实 证 分 析

4.5.1 各主要变量的描述性统计分析

表 4.2 是对上述模型中各个变量进行描述性统计的结果。

表 4.2　各个变量的描述性统计结果

变量	N	均值	标准差	最小值	$P25$	$P50$	$P75$	最大值
NZYF	1149	0.650	0.477	0	0	1	1	1
$KSYF_2$	747	0.273	0.446	0	0	0	1	1
$KSYF_3$	543	0.171	0.377	0	0	0	0	1
Top1_add	1149	−0.005	0.059	−0.181	0	0	0	0.282
CQXZ	1149	0.547	0.498	0	0	1	1	1
LQFL	1149	4.782	7.011	0	0	0	9.201	24.91
SHCK	1149	0.310	0.463	0	0	0	1	1
SIZE	1149	20.84	1.089	18.13	20.18	20.80	21.51	23.96
INZZ	1149	−0.090	0.355	−0.966	−0.287	−0.087	0.097	1.126
FZQK	1149	0.768	0.609	0.086	0.509	0.658	0.806	4.465

注：$KSYF_2$ 是选择第一年已经扭亏为盈的公司为样本进行的描述性统计分析，$KSYF_3$ 是选择第一年和第二年都已经扭亏为盈的上市公司为样本进行的描述性统计分析

从表 4.2 的全样本描述性统计结果可以看出，亏损后第一年亏损逆转与否变量的均值为 0.650，即发生亏损逆转的亏损上市公司占到样本总量的 65%，表明大部分亏损上市公司在亏损后第一年度扭亏为盈；亏损后第二年是否发生亏损变量的均值为 0.273，表明仅有 27.3%的上市公司在第一年扭亏为盈后会在第二年再次发生亏损；亏损后第三年是否发生亏损变量的均值为 0.171，表明仅有 17.1%的上市公司在第一年、第二年扭亏为盈后会在第三年再次发生亏损。就解释变量而言，亏损后第一大股东增持股票比例均值为–0.5%，表明整体而言，上市公司发生亏损后第一大股东发生了减持股票的行为；大股东产权性质的均值为 0.547，说明有一半以上的亏损样本公司是国有性质的大股东；第一大股东的两权分离度均值为 4.782，且标准差为 7.011，表明在亏损公司中普遍存在第一大股东"超额控制"的现象，且各个亏损公司第一大股东的两权分离度存在明显差异；首次亏损与否的均值为 0.310，说明样本公司中大部分公司在亏损以前年度已经发生过亏损，仅有约 1/3 的样本公司是在当年发生首次亏损；从亏损当年的营业收入增长率均值来看，样本公司在亏损当年的营业收入增长率均值为–0.090，表明样本公司在亏损当年营业收入发生下降，即亏损上市公司的成长性普遍较差；从样本公司的负债情况均值来看，亏损上市公司资产负债率均值达到 76.8%，最高达到 446.5%，表明亏损上市公司资产负债率整体偏高，而且部分亏损上市公司处于资不抵债的境地。

4.5.2　各主要变量的相关性分析

表 4.3 中列举了主要变量的相关性分析结果。

表 4.3 主要变量的相关性分析结果

变量	NZYF	KSYF$_2$	KSYF$_3$	Top1_add	CQXZ	LQFL	SHCK	SIZE	INZZ
NZYF	1	—	—	—	—	—	—	—	—
KSYF$_2$	0.120***	1	—	—	—	—	—	—	—
KSYF$_3$	−0.058*	0.128***	1	—	—	—	—	—	—
Top1_add	0.114***	−0.058*	−0.074**	1	—	—	—	—	—
CQXZ	0.059**	−0.006	0.022	−0.055*	1	—	—	—	—
LQFL	−0.079***	−0.025	0.007	−0.090***	−0.284***	1	—	—	—
SHCK	−0.029	−0.049*	0	−0.013	0.087***	−0.045	1	—	—
SIZE	0.022	−0.031	−0.057*	−0.039	0.234***	−0.041	0.308***	1	—
INZZ	0.059**	−0.024	−0.070**	0.007	0.085***	−0.014	0.112***	0.125***	1
FZQK	−0.001	0.054*	0.055*	−0.021	−0.106***	0.061**	−0.201***	−0.261***	−0.082***

*、**、***分别表示在 10%、5%、1%水平上显著

从表 4.3 可知，第一大股东增持比例、国有产权性质、两权分离度与亏损上市公司在亏损后第一年的亏损逆转可能性之间呈显著的相关关系，且相关系数都小于 0.5，表明各解释变量和控制变量之间不存在多重共线性问题，为下面进行回归分析奠定了良好的基础。

4.5.3 各个模型的回归分析

1. 第一大股东特质对上市公司短期发生亏损逆转可能性的影响

为了反映第一大股东在股权影响力、政府影响力以及控制影响力三个方面的异质性对上市公司在亏损后第一年发生亏损逆转可能性的影响，这里利用样本数据对各变量进行了二元 logit 回归分析，其结果如表 4.4 所示。

表 4.4 第一大股东特质与亏损后第一年是否亏损逆转的回归结果

变量	（1）	（2）	（3）
	NZYF	NZYF	NZYF
Top1_add	3.248*** （2.963）	—	—
CQXZ	—	0.419*** （2.993）	—
LQFL	—	—	−0.022*** （−2.578）
SHCK	0.022 （0.143）	0.034 （0.228）	0.025 （0.168）

续表

变量	（1）	（2）	（3）
	NZYF	NZYF	NZYF
SIZE	0.059 (0.898)	0.015 (0.228)	0.045 (0.694)
INZZ	0.509** (2.349)	0.483** (2.276)	0.506** (2.360)
FZQK	0.056 (0.629)	0.064 (0.737)	0.056 (0.645)
年度效应	控制	控制	控制
行业效应	控制	控制	控制
_cons	−0.369 (−0.267)	0.249 (0.180)	−0.128 (−0.093)
N	1149	1149	1149
r2_pesudo	0.105	0.106	0.104
chi2	151.656	142.519	142.677
−2loglikelihood	−665.863	−665.164	−666.795

和*分别表示在 5%和 1%水平上显著，_cons 表示常数项，r2_pesudo 表示伪可决系数，chi2 表示卡方值，−2loglikelihood 表示对数似然函数值

表 4.4 为第一大股东特质与亏损后第一年是否发生亏损逆转的回归结果。从表 4.4 的回归结果可以看出，第一大股东增持比例的回归系数在 1%的水平上显著为正数，表明第一大股东持股比例越高，上市公司在亏损后第一年越有可能发生亏损逆转，这就证实了前面的 H4.1；第一大股东产权性质的回归系数也在 1%的水平上显著为正数，表明相比于其他身份的第一大股东而言，国有身份的第一大股东所在的上市公司在亏损后第一年更有可能发生亏损逆转，这就证实了前面的 H4.3，第一大股东的两权分离度回归系数在 1%的水平上显著为负数，这与预期的 H4.5 刚好相反，其原因可能是对于亏损上市公司而言，特别是对于连续几年亏损或者亏损幅度较大的上市公司，第一大股东可能认为该类上市公司前途渺茫，想尽早摆脱与该类公司的关系以免受牵连，并没有像 Friedman 等（2003）所认为的那样，对其进行利益支持以帮助其渡过难关，而是恰恰相反，对其或是"置之不理"或是进行"釜底抽薪"，从而使得第一大股东超额控制越严重，亏损上市公司越难在短期内发生亏损逆转。这正迎合了侯晓红（2006）的"如果上市公司的投资回报率低于大股东的预期水平，或者预期上市公司无法继续生存下去时，大股东会以公司外部股东和债权人的利益为代价而对上市公司进行掠夺"的观点。

2. 第一大股东特质对上市公司长期发生亏损逆转性的影响

为了反映第一大股东在股权影响力、政府影响力以及控制影响力三个方面的

异质性对上市公司在亏损后第二年、第三年是否再次发生亏损的影响，这里利用样本数据对各变量进行了二元 logit 回归分析，其结果如表 4.5 所示。

表 4.5　第一大股东特质与亏损后第二年、第三年是否亏损逆转的回归结果

变量	(4)	(5)	(6)	(7)	(8)	(9)
	$KSYF_2$	$KSYF_2$	$KSYF_2$	$KSYF_3$	$KSYF_3$	$KSYF_3$
Top1_add	−3.712*** (−2.646)	—	—	−4.326** (−2.130)	—	—
CQXZ	—	−0.034 (−0.179)	—	—	−0.216 (−0.830)	—
LQFL	—	—	−0.009 (−0.701)	—	—	0.027* (1.670)
SHCK	−0.207 (−0.981)	−0.233 (−1.104)	−0.233 (−1.108)	0.059 (0.211)	0.039 (0.136)	0.043 (0.154)
SIZE	−0.105 (−1.222)	−0.091 (−1.059)	−0.095 (−1.112)	−0.165 (−1.331)	−0.132 (−1.052)	−0.146 (−1.191)
INZZ	−0.328 (−1.230)	−0.335 (−1.243)	−0.347 (−1.305)	−1.068*** (−2.696)	−0.983** (−2.548)	−0.997** (−2.533)
FZQK	0.166 (1.186)	0.179 (1.307)	0.183 (1.341)	−0.016 (−0.069)	0.004 (0.016)	−0.010 (−0.044)
年度效应	控制	控制	控制	控制	控制	控制
行业效应	控制	控制	控制	控制	控制	控制
_cons	1.887 (1.038)	1.649 (0.920)	1.716 (0.951)	2.590 (0.992)	2.107 (0.811)	2.287 (0.894)
N	747	747	747	543	543	543
r2_pesudo	0.052	0.044	0.045	0.095	0.086	0.089
chi2	40.658	37.732	38.709	41.578	40.763	39.429
−2loglikelihood	−414.171	−417.392	−417.198	−216.375	−218.597	−217.804

*、**、***分别表示在10%、5%、1%水平上显著

表 4.5 为第一大股东特质与亏损后第二年和第三年是否再次发生亏损的回归结果。从表 4.4 的回归结果可以看出，亏损后第一大股东增持比例对上市公司第一年扭亏后第二年是否再次发生亏损、第一年和第二年扭亏后第三年是否再次发生亏损存在显著负影响，这与预期的 H4.2 刚好相反，其可能的原因是第一大股东增持股票向市场传递了公司潜在的发展机会，同时也表明大股东会更大幅度地通过资产注入、关联交易或债务重组等方式帮助公司改善业绩，从而降低了上市公司在扭亏后再次发生亏损的可能性。另外，第一大股东的产权性质、第一大股东的两权分离度的回归系数大多都不显著，表明第一大股东在政府影响力和控制影响力两个方面的特质并没有对上市公司在亏损后的第二年、第三年再次发生亏损的

可能性产生影响，即大股东特质并没有影响到上市公司的亏损持续性，这就无法证实前面的 H4.4 和 H4.6，其原因可能是：中国现行的连续两年亏损被 ST、三年亏损退市制度下，上市公司在亏损后第一年如果不能扭亏为盈，那么在第二年、第三年就具有更加强烈的扭亏意愿和动力，此时，即使第一大股东不予扶持，公司管理层通常也会通过盈余管理手段来实现第二年、第三年的扭亏为盈，以此避免上市公司出现连续两年或连续三年亏损的情形发生，因此，第一大股东特质对亏损上市公司在亏损后第二年、第三年的业绩改善的影响并不明显。

4.6　稳健性检验

首先，考虑到第一大股东可能本身就偏好亏损逆转可能性较大的公司，即那些亏损逆转可能性较大的公司可能会吸引更多的大股东持股、吸引国有控股股东进行投资，因此，第一大股东特质与亏损逆转可能性之间可能存在内生性问题。这里借鉴黄俊等（2007）的方法用两阶段回归对内生性问题加以控制。首先，分别对上述模型进行回归，得到对应的回归方程的残差 ε_1、ε_2、ε_3，再用大股东特质（包括第一大股东在股权影响力、政府影响力以及控制影响力等方面的特质）对各个残差和控制变量进行回归，根据残差的回归系数是否显著来判断上市公司的亏损逆转可能性对第一大股东特质的影响。具体各模型的残差回归结果见表 4.6。从表 4.6 中的结果来看，各个回归方程中的残差项回归系数都不显著，表明本章的研究结果并非由于第一大股东特质与亏损逆转可能性之间的内生性问题而引起，即证明了前述研究结论具有较好的稳健性。

表 4.6　内生性问题的稳健性检验结果

变量	（1）	（2）	（3）
	Top1_add	CQXZ	LQFL
ε_1	0.001 (0.376)	—	—
ε_2	—	−0.018 (−0.291)	—
ε_3	—	—	0.056 (0.326)
SHCK	0.000 (0.035)	−0.078 (−0.523)	−0.118 (−0.257)
SIZE	−0.002 (−1.060)	0.372*** (4.253)	−0.169 (−0.673)
INZZ	0.002 (0.366)	0.292* (1.664)	−0.164 (−0.283)
FZQK	−0.004 (−1.491)	−0.234* (−1.692)	0.549 (1.190)

续表

变量	（1）	（2）	（3）
	Top1_add	CQXZ	LQFL
年度效应	控制	控制	控制
行业效应	控制	控制	控制
_cons	0.035 （0.928）	−7.187*** （−3.857）	2.776 （0.515）
N	1149	1149	1149
r2_pesudo	—	0.108	—
chi2	—	92.899	—
−2loglikelihood	—	−705.719	—
r2_adj	0.073	—	0.080
F	3.203	—	4.301

*和***分别表示在 10%和 1%水平上显著

其次，为了考察上述研究结果的可靠性，本章还对第一大股东在公司亏损后第一年增持股票的比例采用第一大股东是否增持股票（Top1_add2）这一哑变量来度量，重新对上述模型进行了稳健性回归分析。其结果如表 4.7 所示。从表 4.7 中的结果来看，第一大股东是否增持股票对亏损后第一年发生亏损逆转的可能性仍然在 1%的水平上显著为正，说明第一大股东股权影响力对上市公司短期亏损逆转性存在显著正向影响，第一大股东是否增持股票对上市公司扭亏后第二年、第三年再次发生亏损的可能性尽管不显著，仍然是负向影响，即证明了前述研究结论没有发生实质性变化。

表 4.7　采用第一大股东是否增持替代第一大股东增持比例的稳健性回归结果

变量	（1）	（2）	（3）
	NZYF	KSYF$_2$	KSYF$_3$
Top1_add2	1.093*** （3.741）	−0.290 （−1.035）	−0.686 （−1.556）
SHCK	0.049 （0.332）	−0.238 （−1.124）	0.014 （0.049）
SIZE	0.057 （0.859）	−0.100 （−1.161）	−0.163 （−1.337）
INZZ	0.510** （2.349）	−0.333 （−1.253）	−1.043*** （−2.668）
FZQK	0.064 （0.725）	0.169 （1.239）	−0.002 （−0.007）
年度效应	控制	控制	控制
行业效应	控制	控制	控制

续表

变量	（1）	（2）	（3）
	NZYF	KSYF₂	KSYF₃
_cons	−0.397 （−0.284）	1.825 （1.006）	2.626 （1.025）
N	1149	747	543
r2_pesudo	0.112	0.045	0.091
chi2	149.100	38.102	39.375
−2loglikelihood	−660.177	−416.828	−217.434

和*分别表示在5%和1%水平上显著

再次，考虑到2005年开始实施股权分置改革可能会引起上市公司之间亏损逆转性的差异，删去2003年、2004年的样本，然后用2005～2010年（实际跨越2005～2013年）的样本数据对上述模型进行了重新回归检验。从稳健性检验结果来看，第一大股东产权性质的回归系数在两个模型都保持了较好的显著正相关性，说明第一大股东为国有身份的亏损上市公司确实比第一大股东为其他身份的亏损上市公司发生亏损逆转的可能性高，这表明先前有关解释变量的实证结果具有较好的可靠性。

最后，为了验证亏损逆转性度量方法的合理性，本章还选取了亏损后第一年的资产净利率、亏损后第二年的资产净利率以及亏损后第三年的资产净利率分别替代亏损后第一年是否发生亏损逆转以及亏损后第二年、第三年是否再次发生亏损，然后重新对上述模型进行了回归分析，其结果基本保持不变。

综合上述四种稳健性检验的结果来看，前面回归分析得到的研究结论具有较好的稳定性。

4.7　本章小结

鉴于先前学者对亏损逆转问题的研究没有考虑到不同产权性质的大股东在对待亏损的态度、扭亏动机和支持程度以及扭亏途径选择上存在差异，本章考虑到亏损上市公司第一大股东在股权影响力、政府影响力以及控制影响力等方面的异质性，分析了这些异质性特征对上市公司在亏损以后发生亏损逆转的可能性带来的影响，再结合中国证券市场上2003～2010年（跨越了从2003～2013年的11个会计年度）发生亏损的1149家上市公司年作为样本数据，依据其第一大股东持股是否是控股股东、第一大股东是否具有国有属性以及两权分离度将其进行了分组研究。本章的研究结果表明，第一大股东在上市公司亏损后增持股票的比例越高，上市公司在短期内发生亏损逆转的可能性越大，但扭亏后第二年、第三年更有可能再次发生亏损；第一大股东为国有身份的样本组在短期内亏损逆转的可能性上明显大于第一大股东为其他身份的样本组；第一大股东的两权分离度越大，上市公司在短期内发生亏损逆转的可能性越小，但第一大股东的产权性质和两权分离度并没有对上市公司扭亏后第二年、第三年再次发生亏损的可能性产生影响。此外，本章的研究还表明，公司是否是首次发生亏损、公司规模、公司的债务负担以及公司的成长性等因素均对亏损上市公司在亏损后第一年发生亏损逆转的可能性存在显著影响。

本章的研究结论证实了大股东特质对亏损上市公司扭亏业绩的影响效果。从短期来看，大股东在股权影响力、政府影响力以及控制影响力三个方面的特质对上市公司发生亏损逆转的可能性产生显著影响，但长期来看这种影响并不明显，说明大股东特质对亏损上市公司的业绩改善并不能持续。因此，要从根本上改善上市公司业绩、保持上市公司亏损逆转的持续性，必须从公司内部运营上下功夫，而不能一味地依赖于大股东的支持。具体而言，从上市公司自身角度来讲，在争取大股东通过关联交易、资产注入、债务豁免等方式帮助自身扭亏的同时，必须要积极调整自身的经营业务、重组资产结构、增强研发能力，从而实现自身业绩的实质性好转；从大股东（特别是政府部门）角度来看，在向上市公司注入资产、提供税收减免的同时，必须注重从政策制定上引导上市公司将获得的政府资源用在增强公司的盈利能力上，鼓励它们充分挖掘自身潜力、用好公共资源，同时要做好对财政补贴款在补前发放过程中的资格审核和在补后使用过程中的跟踪监督。

本章的局限性是：由于亏损样本数量过少，本章没有对国有控股股东的具体类别进行更详细的划分。事实上，如果依据国有产权的性质对国有控股的亏损上市公司可以进行更为细致的划分，分为国有企业控股的亏损上市公司和国有资产管理机构控股的亏损上市公司，国有企业控股和国有资产管理机构控股股东在亏损偏好程度、扭亏动机和能力及对公司价值驱动效应等方面同样可能存在差异，导致国有企业控股的亏损上市公司和国有资产管理机构控股的亏损上市公司在亏损逆转的可能性上也可能会有所不同。另外，本章在选择控制变量时，没有将对亏损逆转程度可能存在影响的经济周期、地区差异等变量纳入控制范围，这可能会对本章的研究结论造成一定的影响。

第5章 大股东产权性质、股权质押异质与亏损逆转程度

5.1 引 言

近些年来，随着多层次资本市场的逐渐成熟和完善，产权市场在资本市场中的作用越来越重要。作为产权市场的一种主要融资方式——股权质押融资已经成为上市公司解决融资难问题的一个重要途径，越来越多的企业热衷于通过股权质押融资来取得发展所需要的资金。WIND 数据库统计数据显示，仅仅在2015 年 1～7 月，沪、深两市就有 973 家上市公司总计完成 2974 次股权质押，质押股本 842 亿股，按照 30%～50%的折算率，上市公司获得资金 4643 亿～7738 亿元。诚然，通过股权质押能够缓解上市公司资金不足的问题，为控股股东或上市公司提供更多的投资机会，但股权质押也被学者认为可能是控股股东掏空上市公司的一种隐蔽途径（黎来芳，2005；李永伟和李若山，2007），如李永伟和李若山（2007）对明星电力资金黑洞的案例分析，说明股权质押是上市公司控股股东掏空企业的常用手段。因此，关于股权质押对上市公司业绩的影响究竟是怎样的，已有的研究并没有形成一致的结论。就其原因，已有的关于股权质押文献的研究可能没有考虑到股权质押方和上市公司在股权质押前各自所处的财务状况以及上市公司所处的产权制度背景。事实上，对于亏损上市公司而言，可能会因为其较差的财务业绩、短缺的资金流量等原因而在股权质押的意愿和行为上表现出与盈利上市公司明显的不同。为此，我们很有必要弄清楚这些问题：如果考虑到亏损上市公司相比于盈利上市公司的异质性，股权质押是否能够帮助亏损上市公司在亏损后发生亏损逆转？其作用机制是怎样的？其是否会受到不同产权性质的影响？

与此相类似的文献是郑国坚等（2013）的论文，该论文考虑了股权质押方（大股东）处于财务困境时，检验各种常见的治理机制在公司处于非正常状态（即大股东面临财务困境时）的有效性问题，他们的研究发现，当大股东（股权质押方）面临财务困境时，大股东对上市公司的非法资金占用行为异常明显，显示出其强烈的掏空动机，并且此时各种治理机制在抑制大股东掏空行为的有效性方面存在系统性差异。然而，他们的研究仅仅考虑了股权质押方（大股东）所处的财务状

况，没有关注到上市公司自身所处的盈亏情况。本章认为，当上市公司处于亏损状态时，股权质押会对亏损上市公司的公司治理状况以及经济后果带来不同的影响。与郑国坚等（2013）的研究不同之处在于，本章考虑了上市公司的盈亏状况，结合亏损上市公司的财务特征，分析股权质押对亏损上市公司在亏损以后发生亏损逆转程度的影响。

本章选取我国 2003～2012 年发生亏损的上市公司为研究对象，首先比较了产权性质不同的亏损上市公司发生股权质押行为的差异，然后分析了股权质押行为对亏损上市公司发生亏损逆转程度的影响，并进一步分析了产权性质对股权质押行为与亏损上市公司亏损逆转程度关系的调节效应。研究结果表明：相对于国有亏损上市公司而言，非国有亏损上市公司发生股权质押的比例更大（股权质押的次数更多）；亏损上市公司发生股权质押的比例（次数）越大，公司在亏损后第一年发生亏损逆转的程度越小（即扭亏业绩越差）；相对于国有亏损上市公司，非国有亏损上市公司的股权质押（包括股权质押比例和质押次数）对公司亏损逆转程度的负面影响更明显。

相比于已有的研究，本章的研究贡献主要在于两方面：第一，本章结合亏损上市公司相比于盈利上市公司的异质性特征，分析了股权质押对亏损上市公司发生亏损逆转程度的影响，从而弥补了已有文献只考虑控股股东财务状况而忽视上市公司自身财务状况的不足。第二，本章从股权质押视角分析了亏损上市公司发生亏损逆转的影响因素，丰富了现有关于亏损公司价值评估方面和关于股权质押研究的文献。

本章后续内容的安排如下：5.2 节是文献综述；5.3 节是理论分析与研究假设；5.4 节是样本选择与研究设计；5.5 节是实证分析；5.6 节是稳健性检验；5.7 节是本章小结。

5.2　文　献　综　述

目前国内外关于股权质押的文献主要从股权质押方和上市公司两个角度展开研究。一是从股权质押方的角度分析控股股东进行股权质押的动因。二是从上市公司的角度分析股权质押对控股股东所在上市公司产生的经济后果。回顾已有的相关文献，尚未发现有学者专门就大股东股权质押异质对亏损上市公司亏损逆转性的影响展开研究，现阶段仅有少数研究涉及了上市公司股权质押对公司价值或公司业绩的影响。Yeh 等（2003）的研究表明控股股东的股权质押行为将会导致严重的代理问题，并且股权质押比例越高，代理问题越严重，从而公司的价值越低。黎来芳（2005）对鸿仪系案例进行研究，指出控制性股东通过上市公司担保、股权质押等手段来掏空上市公司。吕长江和肖成民（2006）

对民营上市公司江苏阳光进行案例分析，发现从 2003 年起，控股股东——江苏阳光集团不断以其持有的上市公司发起人法人股进行质押，以获得银行贷款。李永伟和李若山（2007）对明星电力资金黑洞的案例分析，说明股权质押是上市公司控股股东掏空企业的通常手段。郝项超和梁琪（2009）的研究表明最终控制人的股权质押行为存在明显的弱化激励效应和强化侵占效应，进而影响公司价值。艾大力和王斌（2012）从理论上提出假设，大股东股权质押可能会产生控制权让位与杠杆化风险，从而影响上市公司稳定性并造成公司价值受损，或者产生中小股东利益侵占现象。王斌等（2013）从大股东作为独立法人所体现的经营管理角色出发，不同于以往"大股东股权质押融资—两权分离度增大—代理冲突及利益掏空—公司业绩"等研究思路，而是从"大股东性质—融资约束及股权质押融资—控制权转移风险—公司业绩"这一作用机理来讨论大股东融资行为对上市公司的影响。他们的研究表明，民营大股东比国有大股东更趋于采用股权质押融资；大股东股权质押行为与其持股比例呈负相关关系；民营大股东股权质押率与业绩改善正相关。郑国坚等（2013）的研究发现，面临财务困境时，大股东对上市公司的非法资金占用行为异常明显，显示其强烈的掏空动机；此时各种治理机制在抑制大股东掏空行为的有效性方面存在系统性差异；法制监管的治理作用非常明显，且不受其他治理因素的影响，外部审计、大股东所有权和董事持股只能在一定范围内发挥作用，其他治理机制（其他股东制衡和独立董事比例等）均未奏效。郑国坚等（2014）的研究发现，当大股东面临严重财务约束（股权被质押、冻结）时，更容易对上市公司进行占款，并且此时的占款行为还会对上市公司的业绩产生负面影响。上述文献尽管讨论了大股东股权质押对公司价值的影响，但并未直接研究大股东股权质押对亏损上市公司亏损逆转性的影响，而且没有对股权质押的不同性质予以区分或者仅仅区分了大股东身份异质，即国有大股东或私营大股东，显然这种区分过于狭窄。李旎和郑国坚（2015）表明市值管理有助于控股股东进行外部融资，并减少其对上市公司的利益侵占行为，表明市值管理存在治理效应，他们进一步研究发现，控股股东持股比例越高，市值管理对其利益侵占行为的治理效应越强。

　　总体而言，已有研究没有考虑到上市公司所处的盈亏状况，当上市公司处于亏损状态时，其资金需求的紧迫性可能比盈利状态更强烈。而且出于亏损后尽快扭亏为盈从而规避连续三年亏损退市的风险，亏损上市公司可能更不希望将其资产以出售或资产抵押的方式来换取非经常性利润，此时，股权质押无疑成为亏损上市公司融资的最佳选择。因为股权质押融资，可以在不牺牲资产流动性的情况下从银行等债权人手中获得资金，使得亏损上市公司能够在保证股权不被稀释的情况下弥补现金流的不足。

5.3　理论分析与研究假设

5.3.1　产权性质与股权质押

　　大股东的股权质押现象可以为我们在上市公司报表之外提供关于大股东自身财务状况的重要信息。对上市公司大股东来说，股权质押会在一定程度上限制大股东基于所有权的部分权利（如获得股息和再融资的权利），而且由于股权质押必须向投资者公告，后者可能会向市场传递大股东资金紧张等负面信息，从而导致上市公司股价跳水等现象的发生。当大股东以股权质押的方式向金融机构融资时，可能说明其资金链紧张且融资能力有限，这是大股东面临财务约束的重要信号。进一步，在财务约束下，大股东的股权质押行为反映了对上市公司可能的掏空倾向。郝项超和梁琪（2009）的研究认为，股权质押可能是大股东变相收回投资的行为。通过股权质押从金融机构提前获取与股权价值成比例的贷款，在无法还清贷款的情况下，可以理解为大股东通过股权质押提前收回了其股权投资，尽管这种回收投资的方式付出的代价比较高。

　　对于处于亏损状态下的上市公司，大多数会出现销售业绩下滑、成本费用过高、现金流严重不足的情况，往往陷入两难困境，一方面亏损上市公司急需资金来支撑日益下滑的业绩，另一方面亏损上市公司较差的业绩表现使得它们很难直接通过银行等金融机构获得贷款。此时，产权性质的差异会使不同性质的亏损上市公司在争取银行贷款的途径和效果上呈现较大的差异。谭燕和吴静（2013）的研究指出，"政治关系"对社会资源配置具有重要影响。其中较为普遍的一种形式是提供国有银行的优惠贷款政策（Fisman，2001；Brandt and Li，2003）。相对没有"政治关系"的企业，拥有"政治关系"的企业能从银行那里获得更多的长期贷款，这类公司在获得长期贷款时只需要提供较少的抵押资产（Anup and Charles，2001），即使存在较高的违约率，也能从国有银行那里获得更多的贷款（Khwaja and Mian，2005）。显然，这种"政治关系"带来的好处在国有产权的亏损上市公司中表现得更加明显。对于国有产权的亏损上市公司，由于受到政府的过多保护，在面临资金不足、业绩下滑的情况下，政府向其伸出援助之手，通过行政手段帮助其向银行获得贷款，而对于民营性质的亏损上市公司，则不具有这样的优势，它们只能依靠自己的努力去争取贷款，此时，如果能够盘活账面净资产，通过股权质押方式获得银行贷款，就能够在很大程度上缓解非国有亏损上市公司的燃眉之急。股权质押融资给非国有亏损上市公司带来的好处在于：由于股权具有良好的流动性和变现能力，不仅能够给急需资金的亏损上市公司带来债务融资，而且还维持了大股东的控股地位。由于法律上规定被质押的股权在质押后仍由原持股人所有，股东在质押期内仍然享有投票权、收益权等，这极大程度上吸引了民营产权性质的上市公司利用股权质押的方式去融资资金。根据 2015 年 3 月 16 日 WIND 数据库的数据统计，2014 年沪、深两市共有 1034 家公司实施了股权质押，累计质押股份 1172.03 亿股，这一规模几乎是 2013 年的两倍，这其中绝大部分的股权质押是民营等非国有上市公司发生的。因此，国有亏损上市公司可能会因政治关系的存在而更多地依赖于政府支持扭亏，相比之下，非国有亏损上市公司因不具有先天的政治关系而更加依赖于股权质押融资，因此，非国有亏损上市公司在股权质押的意愿和动力上比国有亏损上市公司更加强烈。由此，本章提出如下假设。

H5.1：相对于国有亏损上市公司而言，非国有亏损上市公司发生股权质押的比例更大（股权质押的次数更多）。

5.3.2　股权质押与公司亏损逆转程度

首先，从发生股权质押的大股东角度来分析股权质押对亏损上市公司在亏损后发生亏损逆转程度的影响机制。相对于那些不存在股权质押或冻结现象的大股东，大股东股权被质押后，一方面，从大股东帮助亏损上市公司扭亏的能力来看，股权质押会在一定程度上限制大股东基于所有权的部分权利（如获得股息和再融资的权利），而且由于股权质押必须向投资者公告，后者可能会向市场传递大股东资金紧张等负面信息（郑国坚等，2014），同时，当大股东以股权质押的方式向金融机构融资时，可能说明其资金链紧张且融资能力有限，这是大股东面临财务约束的重要信号。此时，大股东对其所在的亏损上市公司实施扭亏的能力被极大程度地削弱。另一方面，从大股东帮助亏损上市公司扭亏的意愿来看，股权质押在一定程度上也反映出大股东受到更多的财务约束，进而可能引发大股东对上市公司更多的资金占用。在股权质押期间，被质押的股权产生的现金流量收益从本质上不属于大股东，而属于拥有质押股权的债权人。进一步看，无论是提前收回投资还是降低现金流量权收益，都会带来一个问题，就是大股东在上市公司的所有权激励下降，即存在"弱化激励效应"（郝项超和梁琪，2009）。这是因为同样的股权比例，股权质押与否会影响大股东对其在上市公司中各种长短期激励来源的敏感度，发生股权质押的大股东与上市公司的利益联合效应被弱化，而利益冲突可能被强化，从而催生大股东侵占上市公司资金的行为，这显然也不利于上市公司实现亏损逆转。此外，从资金供给量的角度来讲，大股东利用股权质押的资金 90%以上都是用于大股东所在的集团公司或大股东自己所在的公司，并没有用于亏损上市公司，即大股东利用股权质押间接掏空了亏损上市公司。事实上，上市公司的大股东将股权质押后，又将企业掏空的行为时常发生。如周益明收购明星电力案例、周正毅掏空 ST 巨力案例。因此，相对于那些不存在股权质押或冻结现象的大股东，存在股权质押或冻结的大股东所在上市公司在发生亏损之后，受到大股东支持扭亏的可能性较小，进而发生亏损逆转的程度也就越低。

其次，从发生股权质押的亏损上市公司自身角度来分析股权质押对亏损上市公司在亏损后发生亏损逆转程度的影响机制。大量的研究表明，股权质押会导致上市公司的利益被控股股东侵占。李永伟和李若山（2007）对明星电力资金黑洞的案例分析，说明股权质押是上市公司控股股东掏空企业的常用手段。郝项超和梁琪（2009）的研究表明最终控制人的股权质押行为存在明显的弱化激励效应和强化侵占效应，进而影响公司价值。艾大力和王斌（2012）从理论上提出假设，大股东股权质押可能会产生控制权让位与杠杆化风险，从而影响上市公司稳定性并造成公司价值受损，或者产生中小股东利益侵占现象。对于亏损上市公司而言，股权质押可能成为大股东转移资金、降低投资风险的重要途径。股权质押引发的亏损上市公司资源被大股东掏空或抽离，严重影响到亏损上市公司用于扭转亏损的能力，降低了亏损上市公司在亏损后改善经营业绩的机会，使得亏损上市公司雪上加霜。并且，股权质押引起亏损上市公司资金被大股东侵占，将削弱公司向金融机构申请贷款的谈判能力，增加了公司贷款的难度和贷款的资金成本。此外，股权质押对上市公司财务业绩带来的负面影响会引起中小投资者的不满，导致他们用脚投票，从而引起股价下跌、增加权益融资成本。在发生大股东股权质押的情况下，大股东的掏空动机可能更强烈，从而加大了亏损上市公司发生亏损逆转的难度。因此，相对于那些不存在股权质押或冻结现象（股权质押次数较少）的大股东，存在股权质押或冻结（股权质押次数较多）的大股东所在上市公司在发生亏损之后业绩会更差。由此，本章提出如下假设。

H5.2：亏损上市公司发生股权质押的比例（次数）越大，公司在亏损后第一年发生亏损逆转的程度越小（即扭亏业绩越差）。

5.3.3　产权性质、股权质押与公司亏损逆转程度

自 1995 年开始实施《中华人民共和国担保法》以来，股权质押作为担保方式之一，成为相比于不动产、动产等担保方式而言更为迅速简便的担保形式。然而，由于出质的股权价值会受到被质押的公司经营业绩等因素的影响，发放股权质押贷款的银行自然面临较高的股权贬值风险。由于银行和上市公司之间存在信息不对称，上市公司为了获得股权质押贷款，很可能会利用自身的信息优势与控制权

通过盈余管理和关联交易等手段对上市公司业绩进行粉饰，以满足银行贷款的要求，等拿到银行贷款后，上市公司业绩马上变脸，此时抵押给银行的股权价值就会急剧下跌，导致银行受损。此时，股权质押实际上是为大股东侵占中小股东、债权人利益的提供了一种更加隐蔽、快捷的途径，其最终会给质押上市公司带来业绩损害。对于国有性质的亏损上市公司，一方面，由于受到政府保护、优惠政策的干预，其对股权质押融资的依赖性不及于非国有性质的亏损上市公司，从而受到股权质押融资带来的业绩损害效应会更小；另一方面，国有身份的亏损上市公司与银行之间可能存在政治关联，这种关联会降低亏损上市公司与银行之间信息不对称的程度，进而给银行提供了掌握更多信息评价亏损上市公司业绩情况的机会和途径，最终可能会减少上市公司大股东利用自身优势粉饰和掏空上市公司的机会，进而可能降低股权质押对国有身份亏损上市公司业绩损害的程度。此外，谭燕和吴静（2013）的研究指出，"政治关系"对社会资源配置具有重要影响。而国有产权性质的亏损上市公司比非国有产权性质的亏损上市公司无疑具有更为密切的"政治关系"，它们会充分利用这种政治关系来为企业获得各种政府资源，其中较为普遍的一种形式是提供国有银行的优惠贷款政策（Fisman，2001；Brandt and Li，2003）。相对没有"政治关系"的企业，拥有"政治关系"的企业能从银行那里获得更多的长期贷款，这类公司在获得长期贷款时只需要提供较少的抵押资产（Anup and Charles，2001），即使存在较高的违约率也能从国有银行那里获得更多的贷款（Khwaja and Mian，2005），这给国有亏损上市公司提供了更多扭亏为盈的资源和机会。由此，本章提出如下假设。

H5.3：相对于国有亏损上市公司，非国有亏损上市公司的股权质押（包括股权质押比例和质押次数）对公司亏损逆转程度的负面影响更明显。

5.4　样本选择与研究设计

5.4.1　研究样本选取与数据来源

本章选取 2003～2012 年我国亏损上市公司为研究样本，由于部分变量取下一期的值，所以样本实际跨度区间为 2003～2013 年共 11 个年度。在剔除了金融类上市公司和相关财务数据缺失的样本后，共得到 1284 个亏损上市公司样本（包括深市、沪市全部 A 股）。样本公司股权质押相关的数据与基础财务数据来源于 CSMAR 数据库、RESSET 数据库以及上海证券交易所、深圳证券交易所披露的股权质押公告。为克服极端值的影响，本章对主要连续变量进行了上下 1% 的缩尾处理。此外，本章对所有回归系数的标准差都在公司层面上进行聚类处理，以控制回归分析中可能存在的异方差和序列相关问题。

5.4.2　模型的构建与变量定义

为检验大股东产权性质对股权质押行为的影响，我们构建了如下回归模型：

$$\text{ZYBL} / \text{ZYCS} = \alpha_0 + \alpha_1 \text{SOE} + \alpha_2 \text{TOP}_1 + \alpha_3 \text{SIZE} + \alpha_4 \text{DEBT}$$
$$+ \alpha_5 \text{ROA}_1 + \sum \text{INDUSTRY} + \sum \text{YEAR} + \varepsilon \qquad (5.1)$$

模型（5.1）中的被解释变量是 ZYBL（质押比例），衡量该亏损上市公司被质押的股权总数占亏损公司总股数的比值，以及 ZYCS（质押次数），衡量亏损上市公司中进行股权质押的大股东截止信息披露日累计质押次数，且只统计尚处于质押期的股份（不含已解押股份）。解释变量为 SOE（产权性质），将亏损公司属性分为国有、民营两类，国有取值为 1，民营取值为 0。借鉴谭燕和吴静（2013）模型中控制变量有 TOP$_1$（第一大股东持股比例）、SIZE（公司规模）、DEBT（资产负债率）、ROA$_1$（亏损当期总资产收益率）、INDUSTRY（行业）、YEAR（年度）。

为检验大股东质押行为对公司业绩的影响，构建如下模型：

$$\text{ROA}_2 = \alpha_0 + \alpha_1 \text{ZYBL} / \text{ZYCS} + \alpha_2 \text{DEBT} + \alpha_3 \text{TQBINQ} + \alpha_4 \text{TOP}_1$$
$$+ \alpha_5 \text{MHOLD} + \alpha_6 \text{SIZE} + \sum \text{INDUSTRY} + \sum \text{YEAR} + \varepsilon \qquad (5.2)$$

模型（5.2）中的被解释变量 ROA$_2$ 为亏损下期的资产收益率，用于衡量公司业绩。本章未选择净资产收益率作为公司业绩的代理变量，是因为净资产收益率是上市公司取得配股资格及保持上市资格的关键指标，易于受到管理层操纵。解释变量分别为 ZYBL 和 ZYCS。我们在模型中控制了 DEBT（资产负债率）、TOBINQ（托宾 Q 值）、TOP$_1$（第一大股东持股比例）、MHOLD（管理层持股比例）、SIZE（公司规模）、INDUSTRY（行业）、YEAR（年度）。具体变量定义如表 5.1 所示。

表 5.1　具体变量定义

变量类别	变量代码	变量名称	变量定义
被解释变量	ROA$_2$	亏损下期资产收益率	亏损下期的总资产收益率等于亏损下期的净利润与总资产的比值
	EPS$_2$	亏损下期每股收益	亏损下期的每股收益等于亏损下期的税后利润与股本总数的比率

变量类别	变量代码	变量名称	变量定义
解释变量	ZYCS	质押次数	质押次数,即亏损上市公司中进行股权质押的大股东截止信息披露日累计质押次数,且只统计尚处于质押期的股份(不含已解押股份)
	ZYBL	质押比例	质押比例是亏损上市公司被质押的股权总数占亏损公司总股数的比值
	SOE	产权性质	产权性质,本章将亏损公司属性分为国有、民营两类;国有取值为1,民营取值为0
控制变量	DEBT	资产负债率	资产负债率等于期末负债除以期末资产
	TOBINQ	托宾 Q 值	即市场价值除以期末总资产,其中市场价值等于股权市值与净债务市值之和,非流通股权市值用净资产代替计算
	TOP_1	第一大股东持股比例	第一大股东持股数量占总股数的比例
	SIZE	公司规模	即期末总资产对数
	ROA_1	亏损当期资产收益率	亏损当期的净利润除以平均总资产
	INDUSTRY	行业哑变量	若属于该年度,则取值为1,否则为0
	YEAR	年度哑变量	若属于该行业,则取值为1,否则为0

5.5　实　证　分　析

5.5.1　描述性统计

表 5.2 为大股东股权质押的描述性统计结果。从表 5.2 可以看出,发生大股东股权质押的亏损上市公司占全部亏损上市公司的比例平均为 43.1%,其中 2003 年发生股权质押的公司比例最高,约为 49.4%,2007 年发生股权质押的比例最低,也达到了 34.0%。由此可见,在亏损上市公司中,大股东进行股权质押是较为普遍的现象。

表 5.2　大股东股权质押的描述性统计结果

年份	2003	2004	2005	2006	2007	2008	2009	2010	2011	2012	总计
样本量	87	107	195	90	53	203	159	80	125	185	1284
质押样本	43	49	87	39	18	78	65	31	58	85	553
质押/总本	0.494	0.458	0.446	0.433	0.340	0.384	0.409	0.388	0.464	0.459	0.431

表 5.3 为主要变量的描述性统计结果。质押比例(ZYBL)的均值为 0.089,

标准差仅为 0.136，最大值为 0.573，最小值为 0，说明我国亏损上市公司中大股东质押平均比例普遍较低，并且样本间差异较小。质押次数（ZYCS）的均值仅为 0.656，说明我国亏损上市公司发生股权质押次数普遍较少。产权性质（SOE）变量的均值为 0.577，表明全样本中 57.7% 为国有亏损企业。ROA_2 均值为 −0.035，表明总体上亏损上市公司在亏损后一年的业绩普遍较差。

表 5.3 主要变量的描述性统计结果

变量	样本数	均值	标准差	最小值	1/4 分位	1/2 分位	3/4 分位	最大值
ZYBL	1284	0.089	0.136	0	0	0	0.154	0.573
ZYCS	1284	0.656	0.983	0	0	0	1	5
SOE	1284	0.577	0.494	0	0	1	1	1
ROA_2	1284	−0.035	0.169	−0.969	−0.043	0.007	0.020	0.477
DEBT	1284	0.712	0.464	0.083	0.505	0.649	0.795	3.401
ROA_1	1284	−0.108	0.142	−0.962	−0.133	−0.068	−0.030	0.013
TOP_1	1284	33.20	14.55	9.107	22.41	29.70	41.59	70.20
Z	1284	21.38	53.09	1.011	1.742	3.997	14.92	385.1
TOBINQ	1284	2.566	2.432	0.858	1.284	1.783	2.749	16.55
MHOLD	1284	0.015	0.071	0	0	0	0	0.460
SIZE	1284	21.04	1.123	18.33	20.32	20.93	21.74	24.10

表 5.4 为均值差异检验结果。从表 5.4 中我们可以发现，在非国有组中质押比例（ZYBL）的均值为 0.135，而在国有组中质押比例的均值为 0.055，两者的均值差异检验 t 值在 1% 的统计水平上显著，说明非国有组的质押比例明显高于国有组。类似地，在非国有组中质押次数（ZYCS）的均值为 0.932，而在国有组中质押次数的均值为 0.453，两者的均值差异检验 t 值也在 1% 的统计水平上显著，说明非国有组的质押次数也明显高于国有组。这些结果初步支持了前面的研究 H5.1。

表 5.4 均值差异检验结果

变量	非国有	均值	国有	均值	均值差异检验（t 值）
ZYBL	543	0.135	741	0.055	0.080***
ZYCS	543	0.932	741	0.453	0.478***
DEBT	543	0.756	741	0.679	0.077***
ROA_1	543	−0.121	741	−0.099	−0.022***
TOP_1	543	27.70	741	37.23	−9.530***
Z	543	9.259	741	30.26	−20.999***

变量	非国有	均值	国有	均值	均值差异检验（t值）
TOBINQ	543	2.953	741	2.283	0.670***
MHOLD	543	0.034	741	0.001	0.033***
SIZE	543	20.69	741	21.30	−0.610***

***表示在1%水平上显著

5.5.2　相关性分析

表5.5为主要变量的相关性分析。表格的左下部分为Pearson相关性分析，右上部分为Spearman相关性分析。我们可以发现，产权性质（SOE）的代理变量与质押比例（ZYBL）和质押次数（ZYCS）不论在左下部分还是右上部分均显著负相关，表明民营亏损企业质押比例更大，并且质押次数越多。ZYBL、ZYCS与ROA$_2$的相关系数在Pearson相关性分析中均显著为负，在Spearman相关性分析中系数为负，但不显著，总体上表明亏损上市公司亏损后一年的业绩与质押比例、质押次数负相关。这些结果初步支持了本章的研究假设。每个模型中各变量的相关系数并不高，因此，本章不存在严重的多重共线性问题。

表5.5　主要变量的相关性分析

变量	ZYBL	ZYCS	SOE	OCCUPY	ROA$_2$
ZYBL	—	0.949***	−0.259***	0.083***	−0.020
ZYCS	0.754***	—	−0.232***	0.075***	−0.012
SOE	−0.292***	−0.241***	—	−0.163***	−0.038
OCCUPY	0.102***	0.071**	−0.153***	—	−0.085***
ROA$_2$	−0.098***	−0.070**	0.066**	−0.285***	—

和*分别表示在5%和1%水平上显著

5.5.3　产权性质与股权质押的回归分析

为了分析产权性质对亏损上市公司股权质押情况的影响，我们对模型（5.1）进行了估计，表5.6为产权性质与股权质押回归结果。其中，第（1）列和第（2）列分别为以质押比例与质押次数为被解释变量的普通最小二乘法回归结果。我们可以发现产权性质（SOE）的回归系数分别为−0.098、−0.485，均在1%的水平上显著，表明相对于国有企业，非国有企业的质押比例更高、质押次数更多，验证了本章提出的H5.1。考虑到并不是所有亏损上市公司都有大股东股权质押行为，因此存在较多的零值，所以采用普通最小二乘法可能导致估计有偏。鉴于此，我们采用了截尾回归，对模型进行了再次检验，结果显示产权性质（SOE）的回归系数同样均在 1%的水平上显著为负，再次支持了本章的研究假设，即相对于国有亏损公司，非国有亏损公司质押比例更大、质押次数更多。在控制变量方面，第一大股东持股比例正向影响了质押比例，负向影响了质押次数；规模越大的企业质押比例越高、质押次数越多。

表 5.6　产权性质与股权质押回归结果

变量	普通最小二乘法		截尾回归模型	
	（1）	（2）	（3）	（4）
	ZYBL	ZYCS	ZYBL	ZYCS
SOE	−0.098*** (−9.026)	−0.485*** (−6.336)	−0.183*** (−8.602)	−1.043*** (−6.725)
TOP_1	0.001*** (4.247)	−0.004** (−2.075)	0.002** (2.200)	−0.009* (−1.769)
SIZE	0.013*** (2.905)	0.120*** (3.641)	0.032*** (3.299)	0.271*** (3.709)
DEBT	−0.007 (−0.409)	−0.127 (−1.245)	−0.021 (−0.558)	−0.268 (−1.081)
ROA_1	−0.036 (−0.717)	−0.263 (−0.863)	−0.079 (−0.774)	−0.611 (−0.908)
_cons	−0.135 (−1.436)	−1.062 (−1.492)	−0.577*** (−2.808)	−4.361*** (−2.789)
行业效应	控制	控制	控制	控制
年度效应	控制	控制	控制	控制
r2_a	0.126	0.095	—	—
r2_p	—	—	0.157	0.044
N	1284	1284	1284	1284

*、**、***分别表示在 10%、5%、1%水平上显著

注：括号中为 t 值，并按公司层面聚类（cluster）调整

5.5.4　大股东股权质押行为对亏损上市公司业绩的回归分析

为了分析大股东股权质押行为对亏损上市公司业绩的影响，我们对模型（5.2）进行了估计，表 5.7 为股权质押对亏损上市公司业绩的回归结果。从表 5.7 的结果我们发现，质押比例（ZYBL）的估计系数为−0.112，在 1%的水平上显著；质押次数（ZYCS）的估计系数为−0.010，在 10%的水平上显著，表明亏损上市公司大股东股权质押的比例越大、质押次数越多，其资产收益率越低。可见，亏损上市

公司的大股东股权质押行为损害了其业绩，从而验证了本章提出的 H5.2。控制变量中，公司业绩与第一大股东持股比例（TOP$_1$）正相关。

表 5.7　股权质押对亏损上市公司业绩的回归结果

变量	（1）	（2）
	ROA$_2$	ROA$_2$
ZYBL	−0.112*** （−2.759）	—
ZYCS	—	−0.010* （−1.769）
DEBT	−0.027 （−1.437）	−0.028 （−1.488）
TOBINQ	0.005 （1.201）	0.005 （1.232）
TOP$_1$	0.001** （2.204）	0.000* （1.744）
MHOLD	0.012 （0.271）	0.007 （0.172）
SIZE	0.002 （0.342）	0.003 （0.418）
_cons	−0.125 （−0.938）	−0.133 （−1.000）
行业效应	控制	控制
年度效应	控制	控制
r2_a	0.071	0.066
N	1284	1284

*、**、***分别表示在 10%、5%、1%水平上显著

注：括号中为 t 值，并按公司层面聚类调整

5.5.5　产权性质、股权质押与公司业绩的回归分析

为了分析产权性质对股权质押与公司业绩关系的影响，这里将全样本按照产权性质进行了分组回归，表 5.8 为考虑产权性质不同的分组样本检验结果。从第（1）列和第（2）列，我们可以发现，质押比例（ZYBL）的回归系数分别为−0.123 和−0.060，并且在非国有样本中显著为负，在国有样本中不显著，说明质押比例与公司业绩的负向关系主要体现在非国有亏损上市公司中。接着，我们观察第（3）列和第（4）列，在第（3）列中质押次数（ZYCS）的估计系数为−0.013，接近 10%的显著性水平，然而在第（4）列中质押次数估计系数为−0.002，基本上不显著，表明质押次数与公司业绩的负相关性也主要体现在非国有亏损上市公司中，支持了本章的研究 H5.3。

表 5.8　考虑产权性质不同的分组样本检验结果

变量	(1)	(2)	(3)	(4)
	ROA_2 非国有	ROA_2 国有	ROA_2 非国有	ROA_2 国有
ZYBL	−0.123** (−2.195)	−0.060 (−1.264)	—	—
ZYCS	—	—	−0.013 (−1.527)	−0.002 (−0.410)
DEBT	−0.037 (−1.534)	0.012 (0.330)	−0.038 (−1.553)	0.011 (0.314)
TOBINQ	0.013*** (2.727)	−0.004 (−0.659)	0.013*** (2.708)	−0.004 (−0.644)
TOP_1	0.001 (1.265)	0.000 (0.462)	0.000 (0.482)	0.000 (0.348)
MHOLD	−0.015 (−0.285)	−0.429 (−0.728)	−0.001 (−0.029)	−0.426 (−0.732)
SIZE	0.013 (1.024)	−0.007 (−1.004)	0.012 (1.004)	−0.007 (−1.022)
行业效应	控制	控制	控制	控制
年度效应	控制	控制	控制	控制
_cons	−0.389 (−1.462)	0.098 (0.631)	−0.370 (−1.400)	0.099 (0.642)
r2_a	0.146	0.024	0.143	0.023
N	543	741	543	741

和*分别表示在 5%和 1%水平上显著

5.6　稳健性检验

为保证前述实证结果的可靠性，我们从以下几个角度进行了稳健性检验。

第一，我们采取是否质押（SFZY）哑变量和股权质押股数（ZYGS）的自然对数的方式衡量亏损上市公司股权质押行为。表 5.9 为稳健性检验（Ⅰ），第（1）列的被解释变量为是否质押哑变量，因此我们采用的是 logit 回归，可以看出产权性质（SOE）的估计系数在 1%的水平上显著为负；接下来当被解释变量为质押股数的自然对数时，我们采取了普通最小二乘法和截尾回归，产权性质的回归系数均在 1%的水平上显著为负。由此，进一步地支持了本章 H5.1 的论断。

表 5.9　稳健性检验（Ⅰ）

变量	(1)	(2)	(3)
	SFZY	ZYGS	ZYGS
	logit 回归	普通最小二乘法	截尾回归
SOE	−0.920*** (−5.959)	−4.026*** (−6.302)	−8.899*** (−6.430)
TOP_1	−0.004 (−0.789)	−0.011 (−0.514)	−0.038 (−0.776)

续表

变量	（1） SFZY logit 回归	（2） ZYGS 普通最小二乘法	（3） ZYGS 截尾回归
SIZE	0.222*** (3.037)	1.060*** (3.615)	2.363*** (3.499)
DEBT	−0.221 (−1.011)	−0.950 (−1.081)	−2.120 (−0.976)
ROA_1	−0.586 (−0.912)	−2.791 (−1.056)	−5.922 (−0.979)
行业效应	控制	控制	控制
年度效应	控制	控制	控制
_cons	−3.836** (−2.506)	−10.388* (−1.687)	−40.246*** (−2.799)
r2_a	—	0.063	
r2_p	0.057	—	0.019
N	1284	1284	1284

*、**、***分别表示在 10%、5%、1%水平上显著

第二，我们使用亏损下期的每股收益替代资产收益率，用来衡量公司业绩。通过表 5.10 的结果可以发现，第（1）列质押比例（ZYBL）与第（4）列质押次数（ZYCS）的回归系数为负，并且分别拥有 1%和 5%的显著性水平，表明亏损上市公司大股东股权质押损害了公司业绩，验证了本章的 H5.2。进一步我们按照产权性质（SOE）进行分组，无论质押比例还是质押次数在非国有样本中的显著性水平均高于国有样本，表明相比于国有亏损上市公司，大股东股权质押行为对业绩的损害效应主要体现在非国有亏损上市公司中，验证了本章的 H5.3。

表 5.10　稳健性检验（Ⅱ）

变量	（1） EPS_2 全样本	（2） EPS_2 非国有	（3） EPS_2 国有	（4） EPS_2 全样本	（5） EPS_2 非国有	（6） EPS_2 国有
ZYBL	−0.488*** (−2.738)	−0.476** (−2.066)	−0.515* (−1.692)	—	—	—
ZYCS	—	—	—	−0.047** (−2.045)	−0.057* (−1.722)	−0.023 (−0.885)
DEBT	−0.072* (−1.850)	−0.086* (−1.703)	0.044 (0.660)	−0.077* (−1.931)	−0.091* (−1.742)	0.039 (0.588)
TOBINQ	0.018** (2.387)	0.022** (2.333)	0.008 (0.786)	0.019** (2.463)	0.023** (2.391)	0.009 (0.875)
TOP_1	0.003** (2.227)	0.004 (1.589)	0.001 (0.878)	0.002* (1.674)	0.002 (0.810)	0.001 (0.620)

续表

变量	(1)	(2)	(3)	(4)	(5)	(6)
	EPS$_2$	EPS$_2$	EPS$_2$	EPS$_2$	EPS$_2$	EPS$_2$
	全样本	非国有	国有	全样本	非国有	国有
MHOLD	0.066 (0.242)	−0.041 (−0.133)	−1.905 (−1.111)	0.052 (0.196)	0.019 (0.065)	−1.894 (−1.120)
SIZE	−0.040** (−2.042)	−0.035 (−1.101)	−0.046* (−1.685)	−0.038* (−1.943)	−0.035 (−1.165)	−0.047* (−1.700)
行业效应	控制	控制	控制	控制	控制	控制
年度效应	控制	控制	控制	控制	控制	控制
_cons	0.574 (1.339)	0.405 (0.571)	0.708 (1.231)	0.537 (1.262)	0.467 (0.680)	0.716 (1.237)
r2_a	0.085	0.169	0.044	0.078	0.166	0.037
N	1284	543	741	1284	543	741

*、**、***分别表示在 10%、5%、1%水平上显著

第三，本章只针对发生了大股东股权质押行为的亏损上市公司的样本对研究假设重新进行了检验。表 5.11 和表 5.12 报告了结果，本章的研究结论并未发生实质性改变。

表 5.11　稳健性检验（Ⅲ）

变量	(1)	(2)
	ZYBL	ZYCS
SOE	−0.119*** (−9.110)	−0.404*** (−4.026)
TOP$_1$	0.004*** (7.185)	−0.009*** (−2.766)
SIZE	0.007 (1.010)	0.136** (2.513)
DEBT	0.018 (0.683)	−0.140 (−0.857)
ROA$_1$	0.008 (0.117)	−0.217 (−0.501)
行业效应	控制	控制
年度效应	控制	控制
_cons	0.008 (0.052)	−0.395 (−0.321)
r2_a	0.236	0.106
N	553	553

和*分别表示在 5%和 1%水平上显著

表 5.12　稳健性检验（Ⅳ）

变量	（1）ROA$_2$ 全样本	（2）ROA$_2$ 非国有	（3）ROA$_2$ 国有	（4）ROA$_2$ 全样本	（5）ROA$_2$ 非国有	（6）ROA$_2$ 国有
ZYBL	−0.200*** (−3.659)	−0.143* (−1.834)	−0.127 (−1.537)	—	—	—
ZYCS	—	—	—	−0.016* (−1.743)	−0.009 (−0.741)	−0.002 (−0.223)
DEBT	−0.038 (−1.420)	−0.061** (−2.207)	0.068 (1.375)	−0.043 (−1.545)	−0.066** (−2.309)	0.066 (1.314)
TOBINQ	0.011*** (3.554)	0.011** (2.393)	0.010* (1.676)	0.011*** (3.511)	0.011** (2.355)	0.011* (1.781)
TOP$_1$	0.001 (1.645)	0.001 (0.775)	0.000 (0.163)	0.000 (0.311)	−0.000 (−0.141)	−0.000 (−0.372)
MHOLD	−0.009 (−0.155)	−0.043 (−0.614)	−0.531*** (−2.634)	−0.015 (−0.257)	−0.020 (−0.286)	−0.576*** (−2.688)
SIZE	0.004 (0.496)	0.012 (0.771)	−0.010 (−1.031)	0.007 (0.935)	0.011 (0.711)	−0.009 (−0.883)
行业效应	控制	控制	控制	控制	控制	控制
年度效应	控制	控制	控制	控制	控制	控制
_cons	−0.184 (−1.075)	−0.292 (−0.890)	0.081 (0.402)	−0.242 (−1.439)	−0.250 (−0.802)	0.039 (0.203)
r2_a	0.128	0.195	0.083	0.110	0.188	0.072
N	553	299	254	553	299	254

*、**、***分别表示在 10%、5%、1%水平上显著

　　基于以上几种稳健性检验的结果，总体而言，本章的研究结论具有较强的可靠性。

5.7　本　章　小　结

　　本章考虑了上市公司的盈亏状况，结合亏损上市公司的财务特征，分析了股权质押对亏损上市公司在亏损以后发生亏损逆转程度的影响。本章选取我国 2003～2012 年发生亏损的上市公司为研究对象，首先比较了产权性质不同的亏损上市公司发生股权质押行为的差异，然后分析了股权质押行为对亏损上市公司发生亏损逆转程度的影响，并进一步分析了产权性质对股权质押行为与亏损上市公司亏损逆转程度关系的调节效应。研究结果表明：相对于国有亏损上市公司而言，非国有亏损上市公司发生股权质押的比例更大（股权质押的次数更多）；亏损上市公司发生股权质押的比例（次数）越大，公司在亏损后第一年发生亏损逆转的程

度越小（即扭亏业绩越差）；相对于国有亏损上市公司，非国有亏损上市公司的股权质押（包括股权质押比例和质押次数）对公司亏损逆转程度的负面影响更明显。

　　本章的研究表明，对于亏损上市公司，股权质押更有可能是控股股东掏空上市公司的手段。尽管从表面来看股权质押会给亏损上市公司带来银行贷款，能够缓解公司的现金流紧张，但实质上这些资金可能被公司的控股股东或大股东以各种方式侵占，进而对亏损上市公司业绩产生恶化的后果。这就要求政府在制定股权质押资格条件时区分上市公司的盈亏状况和公司的产权性质差异，分门别类地设置股权质押的最高比例和股权质押的最大累计次数，并且对股权质押取得的资金要实施追踪监控，防止股权质押资金被控股股东或大股东占用的现象发生。此外，为了降低防止管理层将股权质押后又掏空公司，最后给银行带来的高风险，有必要进一步完善公司法，对上市公司在股权质押的情况下做出不允许破产清算的限制条件，使得它们放弃以合法方式将股权质押公司破产，进而推卸责任套取股权质押金的观念和做法。同时，也要加大银行对股权质押风险的识别和评估，力争将股权质押贷款的风险控制在合理的范围以内。

第6章 大股东控制身份异质、亏损逆转程度与公司价值

6.1 引　言

经典的股权制衡理论认为，股权适度集中且具有一定股权制衡特点的所有权结构，既能对大股东产生正向激励效应，从而解决股权高度分散的问题，又能在一定程度上抑制大股东侵害中小股东利益的行为（如利益攫取或掏空行为），这有利于提升公司的经营业绩和市场价值，因此，股权制衡是一种有效的公司治理机制（Shleifer and Vishny，1986；Bennedsen et al.，2003；Bennedsen and Wolfenzon，2000；Maury and Pajuste，2005；Boubakri et al.，2009）。然而，之前学者的研究都是基于盈利性样本数据或者是盈利和亏损混合性样本数据分析得出的结论，对于处于亏损状态下的上市公司而言，这种股权制衡效度能否正常发挥其治理作用还有待于进一步的分析和验证。当上市公司发生亏损时，大股东异质性主要表现在亏损偏好程度上的不同、扭亏的动机和支持程度上的差异等方面，这种异质性不仅会影响亏损上市公司发生亏损逆转的可能性，还会对亏损上市公司在未来发生亏损逆转的程度产生影响，进而影响到公司价值。回顾已有的关于大股东产权性质与公司价值的文献，尽管该类文献较多，但至今尚未形成统一的结论。归纳现有的结论，主要有两种截然相反的观点：其一是国有产权低效率假说，该观点认为，公有产权会产生预算软约束、追求社会性目标以及监管失效等问题使得国有企业效率较低（Shirley and Walsh，2000），对公司业绩具有负面影响（Sun and Tong，2003；Wei et al.，2005；陈小悦和徐晓东，2001），并且国有股比例越大的公司，业绩越差（许小年，1997）。此外，国有股权容易导致上市公司内部人控制，对公司业绩产生负面影响（李国平，2008；黄薏舟，2011；李向荣，2014）。其二是国有产权优势论假说，该观点认为，由于上市公司通过国有股来维持其与政府的良好关系，国有股对公司净资产收益率表现为显著的正面影响（周业安，1999；于东智，2001）。特别是在公司治理结构不完善、法律法规不健全的环境下，拥有一定股权比例的国有股股东可以监督公司经营管理者，从而减少内部人控制、提高公司业绩（李涛，2002；高明华和杨静，2002；郎咸平，2004）。本章认为，之所以已有的关于大股东产

权性质与公司价值的文献没有形成一致的结论，主要原因在于没有考虑企业的盈亏状况。事实上，针对不同盈亏状态的上市公司，国有产权性质的大股东可能对其财务行为的影响存在差异。对于那些盈利性上市公司，国有产权性质的大股东可能会要求其承担更多的社会责任，从而增加盈利性上市公司的社会性负担，降低其公司业绩；而对于那些亏损性上市公司，国有产权性质的大股东可能为了政治业绩或保护壳资源而对其实施更多的支持，如政府补助、债务减免等，最终改善了公司业绩。因此，非常有必要区分上市公司的盈亏状况，分别探讨国有产权性质的大股东对上市公司业绩的影响。鉴于已有学者探讨了盈利上市公司国有产权性质对公司业绩的影响，以及亏损上市公司的特殊性，本章单独以亏损上市公司为研究对象，重点分析亏损上市公司在亏损后第一年发生亏损逆转的程度对公司价值的影响，以及大股东产权性质对亏损逆转程度与公司价值的影响。

6.2 文 献 综 述

大股东产权性质的差异对公司业绩的影响一直以来都是学术界和实务界关注的重要问题。国有与非国有性质的大股东，在对上市公司干预的程度、获得政府公共资源的优势、要求公司承担的社会责任等诸多方面存在差异，导致了国有性质的大股东对上市公司业绩的影响很可能与非国有性质的大股东不同。对此，学者展开了一系列的分析与讨论，实证的结论概括起来主要有四种观点：①大股东的国有性质侵害了公司业绩；②大股东的国有性质提升了公司业绩；③大股东的国有性质对公司业绩的影响具有两面性；④大股东的国有性质与公司业绩不存在显著影响。

1. 大股东的国有性质侵害了公司业绩的文献综述

自 Alchian（1965）指出"国有企业具有与生俱来的低效率特征"以来，大量的学者开始研究国有产权与私有产权的效率问题，他们从不同的角度分析了国有产权性质对公司业绩的侵害效应。Shirley 和 Walsh（2000）认为公有产权会产生预算软约束、追求社会性目标以及监管失效等问题使得国有企业效率较低。Sun 和 Tong（2003）、Wei 等（2005）、陈小悦和徐晓东（2001）、杜莹和刘立国（2002）分别从国家股、法人股、流通股等角度来界定股权性质，进而分析股权性质对公司业绩的影响。普遍的观点是：对于国有企业目前已有的研究总体上来说，主要认为国有股权具有低效率，对公司业绩具有负面影响。如许小年（1997）的研究表明，国有股比例越大的公司，业绩越差；陈晓和江东（2000）

的研究发现，在竞争性较强的行业，国有股对公司业绩存在显著的负面影响，而在竞争性较弱的行业，这种关系并不成立。徐晓东和陈小悦（2003）、方芳和闫晓彤（2004）研究发现，第一大股东为非国有股的公司，其公司业绩、企业价值、经营的灵活性以及公司治理效率都更高，优于第一大股东为国有股股东的公司。类似地，吴世农（2005）从控股股东转移公司利润的成本函数入手也发现，在同等条件下，国有控股上市公司的价值要低于非国有控股的上市公司，一般情况下，国有控股股东转移公司利润的便利优于非国有控股股东，其转移利润的成本较低，其公司价值也较低。进一步，徐莉萍等（2006）认为同样是国有股份，不同的行使主体，其所有权的行使方式是存在明显差别的，而行使方式的不同又直接导致了上市公司经营业绩的差异，因此，有必要对上市公司国有股权的性质做出更清晰的界定。将中国的上市公司分为四组：国有资产管理机构控股的上市公司、中央直属国有企业控股的上市公司、地方所属国有企业控股的上市公司和私有产权控股的上市公司。通过研究发现，不同的国有产权行使主体对上市公司经营业绩的影响有明显的不同，国有企业控股的上市公司要比国有资产管理机构控股的上市公司有更好的业绩表现，中央直属国有企业控股的上市公司要比地方所属国有企业控股的上市公司有更好的业绩表现，私有产权控股的上市公司的业绩表现仅仅与一般水平的国有产权控股的上市公司的业绩表现相当。李国平（2008）认为以往的研究得到的私有股权对改善中国公司业绩没有显著影响的结论存在不足，因为这些研究没有对国有企业改制上市后或者管理层收购（management buy-outs，MBO）后私有股权是否控股做出明确区分，他们以 2005 年我国沪、深两市上市公司数据为样本进行研究，发现国家股控股股东对公司业绩有一定负面影响，但国有法人股股东性质及持股比例对公司业绩没有明显影响。黄蕙舟（2011）通过对 2003～2007 年新疆维吾尔自治区上市公司股权结构与公司业绩进行的实证研究发现，国有股对公司业绩产生了显著为负的影响，这就意味着新疆维吾尔自治区上市公司存在明显的代理问题及行政干预。国有股股东不仅追求经济目标，还关心其政治目标，因而国家股权会带来政府的行政干预——特别是在新疆维吾尔自治区这样一个少数民族聚居区，政府更注重地区的稳定，更有可能利用其行政力量对企业进行干预。此外，国有股权容易导致上市公司内部人控制，对公司业绩产生负面影响。李向荣（2014）以我国 2006～2012 年沪、深两市上市公司为样本，从动态内生性视角研究了大股东身份与融资结构、公司业绩之间相互作用的关系，也发现国有大股东会降低公司业绩的证据。

　　上述的相关研究着重关注了国有股权与公司业绩的关系，忽视了对国有股权影响公司业绩的具体途径和渠道的分析。对此，李涛（2005）进行了进一步探讨。李涛采用分量回归的方法研究发现，国有股东主要通过两种途径对公司业绩产生影响：一是通过国有股东对公司进行政治或行政干预，以及对内部人的监督。二是通过源自国有股权并受经营风险影响的上市公司预算软约束预期。在业绩较差的上市公司，国有股东监督内部人的积极作用显著地超过了行政或政治干预公司经营的消极影响，从而表现为国有股权对公司业绩显著的正面影响；而在业绩较好的上市公司，正反作用较接近，表现为国有股权对公司业绩的影响不显著。受经营风险影响的国有股权对公司业绩存在显著的负面影响。吴联生（2009）认为，税收是国有股权影响公司业绩的一个重要途径，公司的国有股权比例越大，其实际税率越高，公司税负越重，从而公司业绩越差，税收优惠会显著地降低国有股权的正向税负效应。

2. 大股东的国有性质提升了公司业绩的文献综述

与上述观点不同，一些学者认为大股东的国有性质能够提升公司业绩。周业安（1999）认为，因为上市公司通过国有股来维持其与政府的良好关系，所以国有股对公司净资产收益率表现为显著的正面影响。于东智（2001）从公司治理角度研究了股权结构对公司业绩的影响，结果发现：国家股、法人股与公司业绩呈弱正相关关系，其可能的解释是由于政府对企业发展的政策支持、上市公司通过国家股与政府维持的良好关系等原因，形成了国家股对公司业绩的正面效应超过了因为代理链条过长，以及所有者权利弱化等原因而产生的负面效应。李涛（2002）认为，在公司治理结构不太完善、法律法规不太健全的制度环境中，一定比例的国有股权可以监督公司经营管理，从而减少内部人控制，提高公司经营业绩。高明华和杨静（2002）的研究发现国有股比例与每股收益呈正相关关系。郎咸平（2004）通过案例研究指出了民营控股公司的种种弊端，认为国有控制权比民营控制权更有效率。陈珩和贡文竹（2010）发现制造业上市公司业绩与股权集中度、国有股比例正相关，与法人股比例和流通股比例负相关。

3. 大股东的国有性质对公司业绩的影响具有两面性的文献综述

上述两类文献综述总体上都认为大股东的产权性质对公司业绩的影响都是单向的，而有些学者发现，国有股权对公司业绩的影响并不是单一的，而是具有两面性的。吴淑琨（2002）的研究发现，国家股比例与公司业绩非线性相关，呈显著的"U"形相关，这说明当国家持股比例较低时，与公司业绩负相关；而在持股比例较高时，与公司业绩正相关。进一步地，田利辉（2005）同时使用调整后的市场价值指标 Q 和会计利润指标 ROA 来衡量公司业绩，发现国家持股比例与公司业绩的关系是不对称的"U"形曲线，左端高于右端。总体来说，国家持股企业的表现不如非国家持股企业。随着国家持股比例的上升，企业业绩开始时是随之下降的；然而，当国家持股比例足够大时，随着国家持股比例的上升，企业业绩也上升。这说明，国家持股对企业业绩的影响具有两面性。在政府持股比例较低的区间，随着持股比例的增加，公司业绩出现下降。当政府是小股东也就是说国家持股比例较低时，在边际效用上，政府持股的增加对企业业绩产生了负面影响。但是，如果政府持股足够多，政府持股比例和公司业绩之间的关系就出现了拐点。当政府是大股东即国家持股比例较高时，企业业绩随着政府持股比例的增加而得到提高；在边际效用上，政府持股的增加对企业业绩产生了正面影响。这就是说，当政府成了控股股东时，国家持股可以有一定的正面边际效用。在特定的股权结构下，对于企业业绩而言，较多的国家持股优于较少的国家持股，但是这并不意味着国有产权比私有产权具有绝对的优越性。类似地，徐炜和胡道勇（2006）从相对托宾 Q 值视角对股权结构与公司业绩的关系进行实证研究，结果表明，国有股比例的变化对公司业绩的影响呈现显著的"U"形关系，而不是像有些学者认为的国有股比例越高公司业绩越低或者国有股比例越高公司业绩越好或者国有股比例与公司业绩呈倒"U"形关系。在国有股比例处于比较低的区间，随着政府持股比例的增加，政府对公司的干预程度变强，公司的市场化力度变弱，用于非公司价值最大化的资源越来越多，公司经营的道德风险问题也越来越严重，因而国有股比例的增加，可能降低了公司的业绩。在国有股比例较高的区间，随着政府行政干预能力增强，尤其是政府处于绝对控股以后，政府对公司进行有效治理的激励增强，而且会用手中的经济资源对上市公司进行补贴，从而导致公司总体业绩呈现上升趋势。吴少凡和夏新平（2004）选取在上海证券交易所上市的公共事业型公司为样本进行实证研究，随着国有股比例的增加，以每股经营净现金流衡量的公司业绩先降后升，呈"U"形关系。

除此之外，还有些学者研究了外界环境因素、公司特征因素等因素对国有股与公司业绩关系的调节效应。徐向艺和王俊（2005）考虑到行业竞争环境强弱对股权属性与公司治理业绩关系的影响，发现行业竞争环境弱的上市公司，国有股比例与公司治理业绩呈现三次函数关系。国有股对公司业绩的影响视具体情况而定，当国有股比例低于一定比例时，公司治理业绩与国有股比例负相关；国有股比例超过一定比例时，公司治理业绩与国有股比例正相关。曹裕等（2010）考虑到上市公司所处生命周期的特征，分析国有股对公司价值的影响，研究发现：最终控制人性质为非国有的上市公司相对于国有性质的上市公司在成长期和成熟期有较好的业绩，而当公司处于衰退期时，最终控制人为国有性质的上市公司可以更好地帮助提高公司价值。

4. 大股东的国有性质与公司业绩不存在显著影响的文献综述

当然，有部分学者也发现大股东的国有性质并没有对公司业绩产生明显影响。陈晓和江东（2000）的研究发现，在竞争性较弱的行业，股权结构与公司业绩不存在显著相关关系。张红军（2000）采用托宾 Q 值比率作为度量公司业绩的指标，发现国有股比例与托宾 Q 值比率呈现不显著的负相关关系。董麓和肖红叶（2001）以剔除 ST 公司后的样本为研究对象，发现国家股比例对上市公司业绩没有显著影响。类似地，于东智（2001）、朱武祥和宋勇（2001）、高明华（2001）、肖作平（2003）、赵英林和周在霞（2006）、王永海和毛洪安（2006）、林建秀（2007）等学者的研究均未发现国有股与公司业绩之间存在显著的相关性。

从以上的文献回顾来看，总体上关于公司股权结构与公司价值关系的研究角度不一，结论尚不统一，而且涉及的实证研究样本数据基本都剔除了 ST 类上市公司，没有考虑到公司盈亏状况。具体而言，已有的研究主要存在两大缺陷：①大多数研究仅仅笼统地分析与讨论了大股东产权性质差异对公司业绩的影响，回答了不同性质的大股东对公司业绩存在怎样的影响，影响的结果如何，但没有深入分析大股东产权性质对公司业绩影响的机理，即不同产权性质的大股东是通过什么样的路径对公司业绩产生影响的，本章深入分析大股东产权性质对公司业绩的影响机理和传导路径。②几乎所有文献都没有考虑到上市公司所处的盈亏状态，或者干脆排除了亏损公司，仅仅分析不同产权性质的大股东对盈利公司业绩的影响，忽视了亏损公司。事实上，处于亏损状态的公司更有动力和意愿通过大股东来获得各种帮助，此时，国有产权性质的大股东与民营产权性质的大股东在帮助亏损公司在亏损后发生亏损逆转的动力和能力上都可能存在明显差异，因此，深入分析不同产权性质的大股东对亏损上市公司在亏损后发生亏损逆转程度及其公司价值的影响可能会比分析盈利公司或混合样本公司更有意义和价值，由此，本章将结合亏损上市公司的特征，重点分析大股东产权性质、亏损逆转程度与公司价值三者之间的关系。

6.3　理论分析与研究假设

6.3.1　大股东产权性质与亏损上市公司价值

从扭亏支持程度来看，与国有控股股东相比，其他性质的控股股东与亏损上市公司的业绩联系得更为紧密，他们可能会通过选择关联方交易、资产置换等方式对上市公司进行支持（propping），尽管这种利益输送可能只是为其以后进行更多的利益掏空而事先付出的代价（Riyanto and Toolsema，2008；佟岩和程小可，2007；Jian and Wong，2010），是一种暂时的行为，但起码会使得亏损上市公司的业绩即刻出现好转，甚至是扭亏为盈。从这种角度来看，其他属性的控股股东比国有控股股东对亏损上市公司的扭亏支持程度更大，进而更有可能提升公司价值。因为大股东对公司的重大决策具有较强的控制权，所以大股东可能利用自身的控股地位将上市公司的利润转移到自己身上，然后再将剩余的利润分配给其他股东，这种隧道挖掘效应会损害公司的价值。吴世农（2005）认为，一般情况下，国有控股股东转移利润的方式多于非国有控股股东，其转移利润的成本较低，因此，国有性质的控股股东更有可能通过隧道挖掘更多的上市公司利益，从而更大程度上降低公司价值。特别是当上市公司发生亏损后，国有大股东为了减少自己在上市公司的投资损失，很有可能会事先抛售自己手中的股票，从而套取上市公司的现金，使得本来就亏损的上市公司雪上加霜，此时国有大股东的减持行为很容易引起市场投资者的恐慌，进而引发其他投资者同样抛售手中的股票，最终降低亏损上市公司在亏损后第一年的公司价值。由此，本章提出以下假设。

H6.1：国有产权性质降低了上市公司在亏损后第一年的公司价值。

6.3.2　亏损逆转程度与公司价值

从企业价值的推动要素来看，企业价值创造的源泉主要是由盈利、增长和风险三类要素构成的（钱爱民和张新民，2011）。对于亏损上市公司而言，因为其处于亏损状态中，其盈利能力表现为亏损的逆转性，这里的亏损逆转质量具体包括亏损逆转的速度、程度两个方面。所以，如果亏损上市公司能够在较短的时间内发生亏损逆转，即亏损逆转速度较快，则可以认为其盈利能力较强；此外，如果亏损上市公司在亏损之后发生亏损逆转的程度较高，即不仅能够减亏而且能够扭亏为盈，则说明亏损上市公司的盈利能力也可能较强。事实上，已有许多学者的研究证实了亏损逆转质量对公司股价的正向影响。Ertimur（2004）的研究表明，连续多次亏损的公司比那些亏损一次后扭亏为盈的公司有更多的买卖价差；孟焰和袁淳（2005）结合中国国情发现卖壳行为的可能性会抑制上市公司的亏损持续，从而对亏损公司的股价产生影响；Joos 和 Plesko（2005）进一步认为研发支出会对持续性亏损公司的定价产生显著的正面影响；薛爽（2010）发现资产重组改变了亏损持续性，增强了其亏损逆转的可能，对亏损公司价值产生正面影响；Jiang 和 Stark（2011）的研究分析了亏损逆转概率与股票收益率之间的关系，他们发现将短期持续亏损和长期亏损逆转的公司股票组合投资能够产生正的收益率；杜勇等（2012）考虑到中国上市公司的亏损异质性，从资本结构的视角分析了负债程度不同的公司亏损逆转程度对公司价值的正向影响差异。由此可以推断，对于那些亏损逆转的速度较快、逆转程度较大的亏损上市公司而言，因为其亏损逆转的质量较好，投资者对其未来发展的预期也会较高，所以该类亏损上市公司价值也会较高。因此，可以提出以下假设。

H6.2：上市公司在亏损后第一年发生的亏损逆转程度越高，其公司价值越大。

6.3.3　大股东产权性质、亏损逆转程度与公司价值

控股股东在产权性质上的差异主要表现为控股股东是国有股东身份还是其他股东身份（包括民营和私有产权性质的股东），这里通过分析国有股东和其他股东在亏损偏好程度、扭亏动机和支持程度等方面存在的差异来探讨他们对上市公司亏损逆转性的影响程度。在我国，国有股东控股的上市公司的现金流权被高度分散于全体国民手中（Shirley and Walsh，2000；徐莉萍等，2006），这使得掌控上市公司的政府部门并没有显著的现金流量权，从而导致国有控股股东控制权和现金流权的分离。对于亏损上市公司而言，这种分离会导致两种效应：其一是亏损加剧，由于国有控股股东会为自身利益而侵害中小股东利益，他们的利己行为很可能导致已经处于困境的上市公司雪上加霜，这体现出国有控股股东对亏损的偏好；其二是亏损缓解甚至扭亏，这是因为一方面控制权和现金流权的分离能减少政府对公司经营决策的过多干涉，使公司业绩改善（Shleifer，1998；Hellman and Schankerman，2000），另一方面由于分离有助于形成公司内部融资市场，可以有效地缓解外部融资压力，降低融资成本（Williamson，1985；Stein，1997），这体现出国有控股股东对亏损的厌恶。从这两种效应来看，国有控股股东对亏损的偏好程度上并不能一锤定音，要视两种效应孰高孰低而定。相比之下，其他性质控股股东（如典型的自然人控股股东）的控制权和现金流权相对统一，他们自身的财富往往与他们所掌控的上市公司业绩息息相关，因此，他们当然希望自己所控制的上市公司业绩长青。从这种意义上看，其他属性的控股股东会比国有属性的控股股东更加厌恶亏损。此外，对于国有控股股东而言，上述控制权和现金流权的分离，同样会导致其在对亏损上市公司的扭亏动机上明显弱于其他属性的控股股东。由此，本章提出以下假设。

H6.3：相比非国有大股东，国有大股东所在的公司亏损逆转程度对公司价值的正向影响明显减弱。

6.4　样本选择与研究设计

6.4.1　研究样本选取与数据来源

本章选取 2003~2012 年我国亏损上市公司为研究样本，因为部分变量取下一期的值，所以样本实际跨度区间为 2003~2013 年共 11 个年度。在剔除了金融类上市公司和相关财务数据缺失的样本后，共得到 1234 个亏损上市公司样本（包括深市、沪市全部 A 股）。样本公司股权质押相关的数据与基础财务数据来源于 CSMAR 数据库、RESSET 数据库。为克服极端值的影响，本章对主要连续变量进行了上下 1%的缩尾处理。

6.4.2　模型的构建与变量定义

为检验大股东产权性质对亏损公司价值的影响（即 H6.1），我们构建了如下的回归模型：

$$\text{TOBINQ}_{t+1} = \alpha_0 + \alpha_1\text{SOE} + \alpha_2\text{AGE} + \alpha_3\text{PAY} + \alpha_4\text{FIX} + \alpha_5\text{GROWTH} \\ + \alpha_6\text{DEBT} + \sum\text{INDUSTRY} + \sum\text{YEAR} + \varepsilon \tag{6.1}$$

模型（6.1）中的被解释变量 TOBINQ_{t+1} 表示公司价值，用亏损上市公司在亏损后第一年的公司价值度量，解释变量 SOE 表示亏损上市公司第一大股东的产权性质，设为哑变量，若亏损上市公司第一大股东的属性为国有，则取值为 1，否则为 0。参考徐向艺和张立达（2008）、曲亮和任国良（2010）等相关文献，本章还控制了一些变量：AGE 表示上市年龄，用亏损上市公司从上市年份到亏损当年的间隔年份的度量；PAY 表示高管薪酬，用公司前三位高管薪酬的自然对数度量；FIX 表示固定资产比率，用固定资产净值与总资产的比率度量；GROWTH 表示公司成长性，用营业收入增长率度量；DEBT 表示公司的资产负债率。此外，我们还控制了年度效应（YEAR）和行业效应（INDUSTRY）。

为检验亏损逆转程度对亏损公司价值的影响（即 H6.2），我们构建了如下的回归模型：

$$\text{TOBINQ}_{t+1} = \alpha_0 + \alpha_1\Delta\text{ROA} + \alpha_2\text{AGE} + \alpha_3\text{PAY} + \alpha_4\text{FIX} + \alpha_5\text{GROWTH} \\ + \alpha_6\text{DEBT} + \sum\text{INDUSTRY} + \sum\text{YEAR} + \varepsilon \tag{6.2}$$

模型（6.2）中的被解释变量 TOBINQ_{t+1} 表示公司价值，用亏损上市公司在亏损后第一年的公司价值度量，解释变量 ΔROA 表示亏损逆转程度，用亏损后第一年的资产报酬率与亏损当年的资产报酬率的差额度量，参考已有文献，本章还控制了一些变量：AGE 表示上市年龄，用亏损上市公司从上市年份到亏损当年的间隔年份度量；PAY 表示高管薪酬，用公司前三位高管薪酬的自然对数度量；FIX 表示固定资产比率，用固定资产净值与总资产的比率度量；GROWTH 表示公司成长性，用营业收入增长率度量；DEBT 表示公司的资产负债率。此外，我们还控制了年度效应（YEAR）和行业效应（INDUSTRY）。

为检验大股东产权性质对亏损逆转程度与亏损公司价值之间关系的调节效应（即 H6.3），我们构建了如下的回归模型：

$$\begin{aligned}
\text{TOBINQ}_{t+1} = & \alpha_0 + \alpha_1 \Delta \text{ROA} + \alpha_2 \text{SOE} \times \Delta \text{ROA} + \alpha_3 \text{SOE} + \alpha_4 \text{AGE} + \alpha_5 \text{PAY} \\
& + \alpha_6 \text{FIX} + \alpha_7 \sum \text{GROWTH} + \alpha_8 \text{DEBT} + \sum \text{INDUSTRY} \quad (6.3) \\
& + \sum \text{YEAR} + \varepsilon
\end{aligned}$$

模型（6.3）中在模型（6.2）的基础上增加了产权性质变量（SOE）以及产权性质变量与亏损逆转程度变量的交乘项（SOE×ΔROA）。具体变量定义如表 6.1 所示。

表 6.1　具体变量定义

变量类别	变量代码	变量名称	变量定义
被解释变量	TOBINQ$_{t+1}$	公司价值	用亏损上市公司在亏损后第一年的公司价值度量
解释变量	ΔROA	亏损逆转程度	用亏损后第一年的资产报酬率与亏损当年的资产报酬率的差额度量
	SOE	产权性质	若亏损上市公司第一大股东的属性为国有，则取值为 1，否则为 0
控制变量	AGE	上市年龄	用亏损上市公司从上市年份到亏损当年的间隔年份度量
	PAY	高管薪酬	产权性质，本章将亏损公司属性分为国有、民营两类；国有取值为 1，民营取值为 0
	FIX	固定资产比率	用固定资产净值与总资产的比率度量
	DEBT	资产负债率	资产负债率等于期末负债除以期末资产
	GROWTH	公司成长性	以营业收入增长率来衡量
	INDUSTRY	行业哑变量	若属于该行业，则取值为 1，否则为 0
	YEAR	年度哑变量	若属于该年度，则取值为 1，否则为 0

6.5　实证分析

6.5.1　描述性统计

从表 6.2 主要变量的描述性统计结果来看，TOBINQ$_{t+1}$的均值为 3.482，远大于中位数 2.129，且标准差为 4.799，说明各家亏损上市公司在亏损后第一年的公司价值差异较大；ΔROA 的均值为 0.096，25%分位数为 0.020，表明大部分亏损上市公司在亏损后第一年的业绩有所好转；SOE 的均值为 0.625，表明有 62.5% 的亏损上市公司第一大股东为国有性质；AGE 的均值为 9.062，说明亏损上市公司的平均上市年限大约为 9 年；PAY 的均值为 12.94，标准差仅为 0.858，表明各家亏损上市公司在亏损当年的高管薪酬差异不大；FIX 的均值为 0.340，表明样本亏损上市公司的固定资产净值占总资产平均比率为 34%，不足一半的水平；GROWTH 的均值为 –0.079，说明样本亏损上市公司总体上在亏损当年的营业收入有所下降；DEBT 的均值为 0.333，说明样本亏损上市公司在亏损当年的平均资产负债率仅为 33.3%。

表 6.2　主要变量的描述性统计结果

变量	样本量	均值	标准差	最小值	25%分位数	中位数	75%分位数	最大值
$TOBINQ_{t+1}$	1234	3.482	4.799	0.880	1.469	2.129	3.507	36.17
ΔROA	1234	0.096	0.245	–0.669	0.020	0.070	0.146	1.425
SOE	1234	0.625	0.484	0	0	1	1	1
AGE	1234	9.062	4.014	1	6	9	12	18
PAY	1234	12.94	0.858	10.74	12.39	12.99	13.56	14.76
FIX	1234	0.340	0.178	0.009	0.201	0.320	0.468	0.783
GROWTH	1234	–0.079	0.328	–0.932	–0.258	–0.079	0.098	0.987
DEBT	1234	0.333	0.239	0	0.174	0.307	0.448	1.457

6.5.2　相关性分析

从表 6.3 所示的变量间的相关性分析结果来看，国有产权性质（SOE）与亏损后第一年的公司价值（$TOBINQ_{t+1}$）存在显著的负相关性，这初步证明了前面的 H6.1。亏损逆转程度（ΔROA）与亏损后第一年的公司价值（$TOBINQ_{t+1}$）存在显著的正相关性，这初步证明了前面的 H6.2。

表 6.3　变量间的相关性分析结果

变量	$TOBINQ_{t+1}$	ΔROA	SOE	AGE	PAY	FIX	GROWTH	DEBT
$TOBINQ_{t+1}$	—	0.201***	–0.206***	0.163***	–0.113***	–0.097***	–0.128***	–0.093***
ΔROA	0.209***	—	–0.020	0.051*	–0.104***	0.031	–0.079***	0.058**
SOE	–0.162***	–0.031	—	0.083***	–0.074***	0.127***	0.085***	0.042

续表

变量	TOBINQ$_{t+1}$	ΔROA	SOE	AGE	PAY	FIX	GROWTH	DEBT
AGE	0.130***	0.058**	0.084***	—	0.215***	−0.063**	−0.025	−0.007
PAY	−0.161***	−0.093***	−0.081***	0.207***	—	−0.094***	0.059**	−0.037
FIX	−0.048*	0.080***	0.127***	−0.055*	−0.092***	—	0.102***	0.187***
GROWTH	−0.107***	−0.114***	0.085***	−0.035	0.062**	0.085***	—	−0.033
DEBT	0.138***	0.284***	−0.029	−0.007	−0.099***	0.144***	−0.110***	—

*、**、***分别表示在 10%、5%、1%水平上显著

6.5.3　回归分析

　　为了进一步验证前面的研究假设，本章分别对模型（6.1）、模型（6.2）、模型（6.3）进行回归分析，结果如表 6.4 所示。从表 6.4 第（1）列的回归结果来看，SOE 的系数为−1.4137，且在 1%的统计水平上显著，表明在控制其他变量的情况下，国有产权性质显著地降低了亏损上市公司在亏损后第一年的公司价值，这就证实了前面的 H6.1。从表 6.4 第（2）列的回归结果来看，ΔROA 的系数为 2.2449，且在 1%的统计水平上显著，表明在控制其他变量的情况下，亏损上市公司在亏损后发生的亏损逆转程度显著地提升了亏损上市公司在亏损后第一年的公司价值，这就证实了前面的 H6.2。从表 6.4 第（4）列的回归结果来看，SOE×ΔROA 的系数为−3.6060，且在 1%的统计水平上显著，并且 ΔROA 的系数与 SOE×ΔROA 的系数之和为 1.6999−3.6060 = −1.9061，表明在控制其他变量的情况下，国有产权性质对亏损上市公司在亏损后第一年的公司价值的降低效应超过了亏损逆转程度在亏损后第一年的公司价值的提升效应，最终结果是损害了公司价值，这就证实了前面的 H6.3。从控制变量的回归结果来看，在三个模型中，AGE 的回归系数都在 1%的统计水平上显著为正，即表明上市年限越长，公司价值越大，与徐向艺和张立达（2008）的研究结论一致。PAY 的回归系数都在 1%的统计水平上显著为负，即表明亏损上市公司高管薪酬支付水平越高，公司价值越低，表明薪酬支付产生的成本效应超过了薪酬激励产生的正面效应，与曲亮和任国良（2010）的结论相近，可能是因为高管薪酬水平并没有达到足够的激励程度，致使薪酬激励效果不佳，导致了高管的高额在职消费对企业价值的侵蚀。FIX 的回归系数为负，且在模型（6.2）和模型（6.3）中显著，表明固定资产比率降低了公司价值。GROWTH 的回归系数为负但不显著，说明公司成长性并没有对亏损后第一年公司价值产生明显影响，DEBT 的回归系数显著为正，表明财务杠杆效应在亏损上市公司中发挥了明显作用，这与 Hayn（1995）、Joos 和 Plesko（2005）的研究结论一致。

表 6.4　产权性质、亏损逆转程度与公司价值的回归分析结果

变量	（1）TOBINQ$_{t+1}$	（2）TOBINQ$_{t+1}$	（3）TOBINQ$_{t+1}$	（4）TOBINQ$_{t+1}$
SOE	−1.4137*** (−5.128)	—	−1.4060*** (−5.133)	−1.4151*** (−5.191)
ΔROA	—	2.2449*** (4.090)	2.2259*** (4.098)	1.6999*** (3.032)
SOE×ΔROA	—	—	—	−3.6060*** (−3.533)
AGE	0.1442*** (3.984)	0.1049*** (2.931)	0.1378*** (3.831)	0.1403*** (3.917)
PAY	−1.5353*** (−8.572)	−1.4216*** (−7.864)	−1.4557*** (−8.132)	−1.4873*** (−8.338)
FIX	−1.1308 (−1.361)	−1.6494** (−1.980)	−1.3336 (−1.613)	−1.5556* (−1.885)
GROWTH	−0.5709 (−1.434)	−0.5916 (−1.480)	−0.4668 (−1.178)	−0.4498 (−1.140)
DEBT	2.4295*** (4.389)	1.9900*** (3.457)	1.8023*** (3.157)	1.7371*** (3.056)
行业效应	控制	控制	控制	控制
年度效应	控制	控制	控制	控制
_cons	19.8457*** (8.410)	17.4574*** (7.399)	18.9891*** (8.068)	18.7334*** (8.054)
Adj_R^2	0.1741	0.1676	0.1848	0.1926
F	8.4262	8.0931	8.7668	8.9491
N	1234	1234	1234	1234

*、**、***分别表示在 10%、5%、1%水平上显著

注：括号中数值是 t 统计量

6.6　稳健性检验

1. 行业均值调整

考虑到不随时间变化的公司层面因素或行业层面因素可能会干扰上述各个模型的回归结果，本章将所有连续性变量采用年度行业均值进行调整，以减轻或消除遗漏的不随时间变化的公司层面因素或行业层面因素所引起的伪回归问题，稳健性检验（Ⅰ）如表 6.5 所示。从表 6.5 回归的结果来看，第（1）列的 SOE 回归系数仍然在 1%的统计水平上显著为负数，第（2）列的 ΔROA 回归系数仍然在 1%的统计水平上显著为正数，第（4）列的 SOE×ΔROA 的回归系数也仍然在 5%的

统计水平上显著为负数，且 ΔROA 的系数与 SOE×ΔROA 的系数之和仍然为负数，这些表明上述回归结果具有较好的稳健性。

表 6.5　稳健性检验（Ⅰ）

变量	（1）TOBINQ$_{t+1}$ 均值调整	（2）TOBINQ$_{t+1}$ 均值调整	（3）TOBINQ$_{t+1}$ 均值调整	（4）TOBINQ$_{t+1}$ 均值调整
SOE	−1.3919*** (−5.770)	—	−1.3573*** (−5.688)	−1.3540*** (−5.652)
ΔROA	—	1.8058*** (5.439)	1.7553*** (5.353)	1.6682*** (3.292)
SOE×ΔROA	—	—	—	−2.0223** (−2.173)
AGE	0.1307*** (4.450)	0.1025*** (3.504)	0.1216*** (4.181)	0.1224*** (4.186)
PAY	−1.0321*** (−7.462)	−0.9249*** (−6.708)	−1.0045*** (−7.339)	−1.0026*** (−7.276)
FIX	−0.6157 (−0.933)	−1.2242* (−1.865)	−0.7634 (−1.169)	−0.8154 (−1.242)
GROWTH	−0.4215 (−1.186)	−0.3937 (−1.105)	−0.2401 (−0.680)	−0.3054 (−0.863)
DEBT	1.6972*** (3.463)	1.1176** (2.202)	1.0063** (2.006)	1.1213** (2.225)
行业效应	没有控制	没有控制	没有控制	没有控制
年度效应	没有控制	没有控制	没有控制	没有控制
_cons	12.6486*** (6.941)	10.8638*** (6.026)	12.4665*** (6.917)	11.7403*** (6.543)
Adj_R^2	0.0804	0.0777	0.1007	0.0945
F	18.9772	18.3203	20.7256	17.0786
N	1234	1234	1234	1234

*、**、***分别表示在 10%、5%、1%水平上显著

注：括号中数值是 t 统计量

2. 做随机效应和固定效应分析

考虑到本章使用的研究样本区间为 2003～2012 年，属于典型的"大 N、小 T"型非平衡面板数据，我们对所有的回归模型都进行了 F 检验和 Hausman 检验，检验结果 P 值均显著，所以拒绝了原假设，即拒绝了混合回归与随机效应估计，表明采用固定效应的估计方法更为恰当。为控制不可观测的个体相关效应和时间效应，本章借鉴逯东等（2014）的文献，主要采用控制个体和时间的双向固定效应的估计方法，稳健性检验（Ⅱ）如表 6.6 所示。从表 6.6 回归的结果来看，第（1）

列的 SOE 回归系数仍然在 1%的统计水平上显著为负数，第（2）列的 ΔROA 回归系数仍然在 1%的统计水平上显著为正数，第（4）列的 SOE×ΔROA 的回归系数也仍然在 1%的统计水平上显著为负数，且 ΔROA 的系数与 SOE×ΔROA 的系数之和仍然为负数，这些表明上述回归结果具有较好的稳健性。

表 6.6　稳健性检验（Ⅱ）

变量	（1） $TOBINQ_{t+1}$ FE	（2） $TOBINQ_{t+1}$ FE	（3） $TOBINQ_{t+1}$ FE	（4） $TOBINQ_{t+1}$ FE
SOE	−2.0082*** （−3.181）	—	−1.9091*** （−3.036）	−1.7946*** （−2.861）
ΔROA	—	1.7040*** （2.913）	1.6030*** （2.755）	1.2010** （2.004）
SOE×ΔROA	—	—	—	−2.7732*** （−2.595）
AGE	−5.8793*** （−2.897）	−6.2779*** （−3.078）	−6.3557*** （−3.137）	−5.9303*** （−2.932）
PAY	−1.2894*** （−3.396）	−1.1479*** （−3.019）	−1.2213*** （−3.228）	−1.2604*** （−3.345）
FIX	4.2153*** （2.690）	3.5532** （2.236）	3.5352** （2.241）	3.1904** （2.025）
GROWTH	0.3967 （0.839）	0.4370 （0.922）	0.4519 （0.960）	0.4386 （0.936）
DEBT	3.5436*** （3.867）	2.6252*** （2.703）	2.6722*** （2.770）	2.5995*** （2.707）
行业效应	没有控制	没有控制	没有控制	没有控制
年度效应	控制	控制	控制	控制
_cons	41.5159*** （4.100）	40.5237*** （4.004）	43.1838*** （4.281）	40.7624*** （4.064）
Hausman Chi^2	88.94	86.05	79.23	76.74
Hausman P 值	0.0000	0.0000	0.0000	0.0000
Within_R^2	0.2622	0.2602	0.2717	0.2800
F	13.8356	13.6908	13.5918	13.3143
N	1234	1234	1234	1234

和*分别表示在 5%和 1%水平上显著，FE 代表固定效应模型

注：括号中数值是 t 统计量

6.7　本章小结

已有的关于大股东产权性质与公司业绩或价值的文献都没有考虑到上市公司所处的盈亏状态，或者干脆排除了亏损公司，仅仅分析不同产权性质的大股东对盈利公司业绩或价值的影响，忽视了亏损公司。事实上，处于亏损状态的公司更有动力和意愿通过大股东来获得各种帮助，此时，国有产权性质的大股东与民营产权性质的大股东在帮助亏损公司在亏损后发生亏损逆转的动力和能力上都可能存在明显差异，因此，本章结合了亏损上市公司的财务特征，对大股东产权性质、亏损逆转程度与公司价值三者之间的关系进行了理论分析与实证研究。本章的实证结果表明，上市公司在亏损后第一年发生的亏损逆转程度越高，其公司价值越大；考虑到大股东产权性质的差异，相比非国有大股东，国有大股东所在的公司亏损逆转程度对公司价值的正向影响明显减弱。

本章的研究表明，在对亏损上市公司的价值进行评估时，要关注公司大股东的产权性质，注意区分国有与非国有身份的差异。对于国有大股东身份的上市公司，要尽量降低其对企业经营决策的过度干预，减少企业对政府补助、政策优惠上的过度依赖。政府部门应该进一步规范财政补贴的选择标准和实施条件，要维护正常的交易关系，引导公司管理层将更多的精力集中于对自身产品结构的调整和竞争能力的培育上，避免公司管理者将自身精力与企业资源过多地用于建立和维护与政府、银行等相关利益主体的关系上，杜绝利用不正当手段套取政府公共资源。

第7章 大股东控制地位异质、亏损逆转程度与公司价值

7.1 引　　言

　　诸多国内外学者对股权集中度与公司财务价值有所研究，对亏损逆转性单独也有所研究。股权集中度与公司财务价值关系的研究主要集中于大股东持股比例对公司治理、企业业绩的影响方面，如"一股独大"对公司治理的影响、股权结构分散化对企业多元化的影响、大股东和小股东之间的委托代理问题等。对亏损逆转的研究中，主要是对亏损公司扭亏的措施与途径、亏损公司价值变动的原因及理论基础、亏损逆转质量的评价等进行探讨。而对于亏损上市公司股权集中度与公司财务价值的研究较少，且将股权集中度、亏损逆转性、公司财务价值三个领域联系起来探讨得更少。出于这个原因考虑，本章选择从亏损上市公司的大股东控股地位异质、亏损逆转性两个维度对中国亏损上市公司财务价值的影响因素展开分析，弥补大股东控股地位异质与亏损逆转性对公司财务价值影响的研究空缺。本章将提出三个假设：第一，大股东控股地位越高，公司财务价值越低（以托宾 Q 值表示）；第二，亏损上市公司的亏损逆转程度越高，公司财务价值越大；第三，在其他条件不变的情况下，大股东控股地位越高，亏损逆转程度对公司财务价值的提升作用越弱。期望通过实证的研究可以为亏损上市公司提升财务价值找到一个合理的股权集中度。

7.2　文献综述

7.2.1　股权结构与公司业绩

　　股权结构从股权集中度角度可以划分为高度集中型、高度分散型和相对集中型三种类型。股权集中度是指公司的股权集中在某个或少数几个大股东手中的集中程度，通常用公司的前多少位股东所持股份数占公司股东所有股份数的比例来衡量。

　　高度集中的股权结构指第一大股东的持股比例为50%以上，其他股东的持股

比例之和比第一大股东持股比例小很多，即公司拥有一个绝对控股股东，该股东对公司拥有绝对控制权。高度分散的股权结构，即第一大股东持股比例在 20% 以下，这类股权结构中无相对大股东，任何股东对公司的控制权单独地无影响。股权相对集中或相对分散，即第一大股东持股比例为 20%~50%，公司存在一个相对控股股东，同时也有其他大股东的存在。

7.2.2　国外文献回顾

公司价值受不同股权集中度的影响进而公司价值不同，关于股权集中度和公司价值之间的关系研究结论，大致可以分成四类不同的观点。

第一种观点认为股权集中度与公司价值之间存在负相关关系。Thonet 和 Poensgen（1979）研究发现，大股东的存在损害了公司价值。Burkart 等（1997）认为大股东控制降低了经营者积极性和减少了其他专用资产的投资，从而降低了公司价值，从而认为股权集中度与公司业绩存在负相关性。Thomsen 等（2006）发现，在欧洲，控股股东持股比例与企业业绩负相关，进一步的分析揭示，这种相关性只有在控股股东的初始持股水平很高（大于 10%）的公司才显著，这是控股股东与少数股东之间存在利益冲突的一个证据。Tehmina（2005）以 330 个英国大型公司的面板数据为样本，考察了股利与股权结构的关系。结果表明，股利支付率与股权集中度负相关，这个结论与代理模型一致，即股利是较差的股东监督的替代，但也表明控股股东更偏好少支付现金股利。

第二种观点认为股权集中度和企业价值之间没有关系。Demsetz（1983）指出，股权的结构如何是竞争性选择的内在结果，当股权结构被视为内生变量时，利润率与股权集中度没有显著性关系。其中要比较各种成本的利弊，才能使公司组织（结构）达到均衡状态。股权分散，公司资源不能得到有效的配置，利润就不能最大化，公司的价值也不能最大化。但如果股东的选择是分散股权，那么作为一种补偿，换来的是资本兼并的成本降低或者是在其他方面能促进利润的增长。Demsetz 和 Lehn（1985）对 1980 年美国 511 家公司研究表明，公司的会计收益率和股权集中度之间不存在显著的相关关系。Holderness 和 Sheehan（1988）通过对拥有绝对控股股东的上市公司与股权非常分散的上市公司（最大股东持股少于 20%）业绩的比较，即它们的托宾 Q 值与会计利润率的比较，发现它们之间的业绩没有显著的差别，因而认为公司的股权结构与公司业绩之间无相关关系，但这种只比较股权结构极端状态的研究是存在缺陷的。Mehran（1995）发现股权结构与托宾 Q 值和资产收益率均无显著相关关系。Cho（1998）研究了股权结构、投资和企业价值三者之间的关系，最小二乘法回归结果表明，股权结构影响投资，进而影响企业价值，但联立方程回归结果表明，企业价值影响股权结构，但反之不成立。Agrawal 和 Knoeber（1996）的研究也表明公司价值影响了股权结构，而不是相反。Lskavyan 和 Spatareanu（2006）使用英国、捷克和波兰的数据分析了股权集中度与公司业绩的关系，同时解释了敌意接管威胁对这种关系的影响。结果表明，无论是在市场监督机制很弱的转轨国家还是市场监督机制很强的英国，股权集中度对业绩的影响都不显著。

　　第三种观点则认为股权集中度与企业价值是正相关的。Berle 和 Means（1932）最早对股权集中度与公司业绩的关系进行了研究。在公司股权分散的情况下，拥有很少股权的公司经理与分散的小股东之间的利益是有潜在冲突的，此类经理无法使公司的业绩达到最优，即股权越分散，公司业绩越难以达到最优。Jensen 和 Meckling（1976）对公司业绩与股权之间的关系进行研究，他们将股东分成内部股东和外部股东两类，内部股东拥有公司控制权及对经营管理决策的投票权，而外部股东没有控制权及投票权。公司的价值则取决于内部股东所占有的股份的比例，这一比例越大，公司的价值也越高。Grossman 和 Hart（1980）开创性地提出所有权结构对公司业绩有影响，所有权分散将不利于公司业绩的改善。Levy（1986）研究的模型表明在股权结构相对分散的条件下，每个股东获得收益远小于各个股东付出的监督成本，因此单个股东对公司的经营管理缺乏相应的监督经验，也不可能有积极性参加到公司治理的活动中，没有积极的心态促使公司价值的提升。Shleifer 和 Vishny（1986）建立了一个模型，证明一定程度的股权集中有利于并购市场更高效的运作，大股东持股比例上升使监督投入变得有利可图，从而一定程度上纠正了内部人控制对企业价值的损害。但大股东积极作用的充分发挥有赖于一个良好的保护投资者的法律环境，否则，大股东就会利用控制权为自己谋取控制权私人收益（Grossman and Hart，1980）。Jain 和 Kini（1994）发现，美国公司的股权集中度与公司的长期市场收益为显著的正相关关系。Claessens 等（1997）对捷克上市公司的研究表明，股权集中度和该公司的盈利能力及在二级市场上的表现之间存在正相关性。Claessens 等（1997）对东亚和 Lins（2003）对 18 个新兴市场国家的研究均发现，股权集中度与企业价值呈正相关。Perderson 和 Thomsen（2003）考察了欧洲 12 国 435 家大公司后认为，公司股权集中度与公司净资产收益率呈显著正相关。Lins（2003）对 18 个新兴市场国家的公司股权结构研究取得了相似的结果：大股东对公司价值有正面影响，在投资者权益保护的法律制度及其有效性较弱的地区，大股东在公司治理中发挥着积极作用。Gugler 等（2002）对奥地利、Goergen 和 Renneboog（2000）对比利时的研究也发现，大股东对企业业绩具有显著的积极影响。Boubakri 等（2005）以 39 个国家 1980~2001 年的 209 个私有化企业为样本，考察了股权结构与投资者保护在后私有化公司治理中的作用，发现在投资者保护较弱的国家，股权集中度对公司业绩具有更强的正面效应。

第四种观点认为股权集中度与公司价值存在非线性关系。Stulz（1988）建立了一个模型证明公司价值和内部股东持有的股权比例之间存在曲线关系，即公司价值最初随内部股东持股比例的增加而增加，而后开始下降。对于下降，Stulz（1988）解释道，内部股东持股增加达到一定比例时外部接管变得困难，往往以失败告终，外部接管的失效降低了企业价值。Morck 等（1988）发现管理层持股比例与公司盈利及市场表现之间存在反向的"U"形曲线关系，公司内部股东持股比例达到 5%之前，企业价值随内部股东持股比例的增加而增加；当内部股东持股比例为 5%～25%时，企业价值随内部股东持股比例的增加而下降；当内部股东持股比例超过 25%时，企业价值随内部股东持股比例的增加而缓慢增加。Mcconnell 和 Servaes（1990）也证实了管理层持股比例与公司盈利及市场表现之间存在反向的"U"形曲线关系。认为公司价值是公司股权结构的函数，他们通过对 1976 年 1173 个样本公司，以及 1986 年 1093 个样本公司托宾 Q 值与股权结构关系的实证分析，得出一个具有显著性的结论，即企业价值与公司内部股东持股比例具有曲线关系。内部股东持股比例从 0 开始增加，曲线向上倾斜，当这一股权比例达到 40%～50%时，曲线开始向下倾斜。但 Mcconnell 和 Servaes 没有对这一结果进行理论解释，只是提供了一个经验性结论。Shleifer 和 Vishny（1997）研究指出大股东持股比例与公司业绩呈倒"U"形关系，首先随着大股东持股比例的增加，代理成本降低，公司价值随之增加，但是当持股比例超过某一特定点时，大股东几乎掌控了公司的绝对控制权，这时他们可能会利用掌握的控制权谋求个人收益，甚至不惜以牺牲其他股东利益为代价，此时公司价值会随着大股东持股比例的增加而减少。Cho（1998）利用《幸福》杂志中 500 家制造业公司的数据，采用普通最小平方回归的方法，得出了股权结构影响公司投资，进而影响公司价值的经验结论。他认为，在公司股权结构的不同区间上，即内部股东拥有股权在 0～7%、7%～38%，以及 38%～100%三个区间上，公司价值分别随内部股东拥有股权比例的增加而增加、减少和增加。另外，他还得出了公司价值影响公司股权结构的经验证据，因而认为股权结构是一个内生变量。Morck 等（1988）对日本公司的研究发现，当主银行持股比例较低时，公司托宾 Q 值随主银行持股比例上升而下降，当持股比例达到一定程度后，这种负相关逐渐减弱，甚至转变为正相关。Thomsen 和 Pedersen（2015）研究股权结构与公司价值的关系，主要选取欧洲的 365 家公司作为样本：股权集中度越高，股东财富越大，公司的价值也就越高。股东财富主要表现为权益市值与权益账面价值之比，然而公司价值衡量的主要指标是资本报酬率。研究表明：公司价值与股权集中度以及股东财富之间存在一定的正比例关系，但是这种正比例关系并不在任何情况下都保持一致，而且这种正比例关系一般不是呈线性的。当股权集中度超出某一控制点时对公司价值有着相反的影响。

综上所述，国外对股权集中度与公司价值的研究基本上是按这样的思路进行的：股权分散导致两权分离，从而产生代理问题，公司业绩下降，相应地就有理由认为增加内部人持股比例或提高股权集中度会提高公司业绩。

7.2.3　国内文献回顾

国内关于股权集中度和公司价值之间的关系的研究结论，大致也可以分成以下四类不同的研究结论。

第一种观点认为股权集中度与公司价值呈负相关关系。白重恩等（2005）通过对我国上市公司治理结构的实证分析，得出第一大股东持股比例与公司价值负相关，而且两者是呈"U"形关系而不是倒"U"形关系，同时，股权制衡对公司价值有正向影响。胡洁和胡颖（2006）通过回归方法也得出，总体上股权集中度对公司业绩有负相关影响，但不显著。杨德勇和曹永霞（2007）对境内上市的 5 家商业银行研究发现：第一大股东的持股比例与银行业绩显著负相关，前五大股东及前十大股东的持股比例与银行业绩均显著正相关。马辉和金浩（2007）以 2002～2005 年沪、深两市上市公司的面板数据作为研究样本，选出了上市公司在盈利能力、经营效率、成长性和资产管理能力等方面的 10 个财务指标，并应用主成分分析法计算公司综合业绩值，以此作为分析基础。股权集中度和公司业绩存在线性相关关系，即第一大股东持股比例与公司业绩之间存在负相关关系，而前五大股东持股比平方和与公司业绩存在正相关关系。

第二种观点认为股权集中度与公司价值无相关关系。朱武祥和宋勇（2001）通过对中国家电行业上市公司的实证分析得出公司价值与公司股权的集中度无显著相关关系，与公司的股权结构无关。董麓和肖红叶（2001）也认为股权集中度对上市公司业绩没有显著影响。高明华（2001）通过实证分析得出了股权集中度与公司业绩基本不相关这一结论；于东智（2001）也认为，在存在控制变量的情况下，股权集中度与公司业绩相关性不明显，并进一步指出目前对我国上市公司而言，适度的股权集中度可能有利于公司业绩的提高。冯根福（2002）的研究发现，不是股权集中度影响了公司业绩，而是相反，业绩影响了上市公司股权集中度。张宗益和宋增基（2003）以 1996 年在上海证券交易所上市的 123 家工业公司1996～2000 连续 5 年的研究为样本发现，公司股权结构不影响公司业绩，认为中国股市低效的根源并不在于中国公司特有的股权结构。

第三种观点则认为股权集中度与公司价值正相关。许小年和王燕（2000）对1993～1995 年沪、深两市 300 多家上市公司的分析表明：股权集中度与公司业绩正相关，法人股比例与公司业绩正相关，国家股比例与公司业绩负相关，个人股比例对公司业绩无显著影响。张红军（2000）以 1997 年 12 月 31 日以前在沪、深证券交易所上市的 385 家公司为研究对象，用公司权益市场价值与公司负债面值之和除以公司总资产账面价值作为托宾 Q 值比率度量公司业绩的指标，以公司前五大股东持股比例 C5 作为股权集中度衡量指标。结论表明股权集中度与公司业绩存在显著的正相关关系。陈小悦和徐晓东（2001）对深圳证券交易所 1996～1999 年除金融性行业以外的上市公司的实证分析表明：在非保护性行业，第一大股东的持股比例与公司业绩（资产收益率、主营业务利润率、现金流资产收益率）显著正相关，股权结构对公司业绩的影响随行业的不同而变化。苏武康（2003）统计了 1998～2001 年我国上市公司的股权集中度变化，并以 2001 年沪、深所有上市公司作为研究对象，进行回归分析，发现公司业绩与第一大股东的持股比例明显是正相关的，而与其他几大股东的持股比例则是负相关的。朱明秀（2005）以 2013 年 12 月 31 日前上市的我国沪、深两市 A 股共 1056 家上市公司为样本，用净资产收益率作为企业业绩指标。研究得出结论：大股东的控制并未导致其对中小股东利益的侵占，中国上市公司的经验研究支持"利益趋同假说"。我国上市公司第一大股东持股比例占绝对优势，前三大股东以及前十大股东无法形成相互制衡的局面，第一大股东持股比例、前三大股东持股比例、前十大股东持股比例与公司业绩显著正相关。张国林和曾令琪（2005）通过选取沪、深股市 171 家上市公司作为研究样本研究表明，股权集中度较高的公司，越有利于公司的经营决策及监督管理，公司业绩较好，第一大股东的持股比例在一定区间内将有助于提高中国上市公司业绩，当第一大股东持股比例适中而第二大股东、第三大股东持股比例足够大时，这对公司经营业绩的改善将起到较好的作用。刘晓芹（2006）研究表明：大股东的监督作用对公司的业绩发挥了积极的作用，公司价值可能伴随着第一大股东持股比例的增大而增大，也就是说两者之间存在正比例关系，第一大股东所持股份越多，表明第一大股东越有控制权，越能完善公司的治理，越有利于公司价值的提升。徐炜和胡道勇（2006）选取 1997～1999 年连续三年在上海证券交易所挂牌上市的 183 家企业，并利用其 2002 年的财务数据以及市场表现数据作为研究的样本数据，研究得出结论：股权集中度与公司业绩呈显著正相关。徐莉萍等（2006）考察了我国上市公司的股权集中度和股权制衡情况及其对公司经营业绩的影响认为，股权集中度与公司业绩之间有着显著的正向线性关系；杨汉明（2006）以 2004 年我国 A 股上市公司为对象，探讨股权结构与综合业绩的关系后认为，公司业绩与股权集中度正相关。谢军（2006）以筛选的 2003 年 12 月 30 日之前在上海证券交易所上市并且交易的 763 家上市公司作为研究样本，选择市净率作为公司成长性的量化指标来评价公司业绩。研究得出结论，第一大股东持股具有积极的治理功能。较高的持股会激励第一大股东更密切地关注公司业绩，并更积极地实施管理监督和管理改善。股权越集中，大股东参与管理改善的动机和能力就越强。无论控股股东的性质如何，大股东持股都能够强化控股股东改善公司业绩的动机。

第四种观点认为股权集中度与公司业绩呈非线性关系。孙永祥和黄祖辉（1999）以 1993 年底在沪、深证券交易所上市的 176 家公司为样本，通过比较高度集中、高度分散、相对集中三种股权结构得出股权有一定集中度，有相对控股股东，并有其他大股东存在的股权结构，可使公司的业绩最大化。其以 1998 年 12 月 31 日在沪、深证券交易所上市的 503 家 A 股公司为样本，采用第一大股东占全部股份的比例作为衡量股权结构的指标，以公司的市场价值与公司总资产的会计值之比作为托宾 Q 值。研究得出随着公司第一大股东占有公司股权比例的增加，企业价值（托宾 Q 值）先是上升，当该比例达到 50% 左右时，企业价值开始下降，并且较高的股权集中度和股权制衡有利于公司价值的提高，即公司业绩与股权集中度呈倒 "U" 形关系。杜莹和刘立国（2002）以筛选出的 1998 年上市的 96 家公司 1999～2001 年连续 3 年共 288 个观测值作为样本，以会计利润率和市净率作为公司业绩指标实证得出股权的集中度与公司业绩呈显著的倒 "U" 形曲线关系；并且当前五大股东持股比例之和为 53%～55% 时，公司业绩趋于最大化。这说明适度集中的股权结构有利于公司治理机制的发挥，最大化公司治理效率。虽然我们无法通过实证结果得出前五大股东持股比例的具体分布状况，但是我们认为当存在相对控股股东，同时还有其他大股东时股权结构最优。吴淑琨（2002）研究认为：股权集中度（HERF 指数和后九大股东持股比例）、内部持股比例与公司业绩（总资产收益率）呈显著倒 "U" 形关系。孔爱国和王淑庆（2003）选取了 1149 家 A 股上市公司进行研究，发现第一大股东与公司价值之间不存在线性的关系，两者呈现出倒 "U" 形关系。这种倒 "U" 形关系在股权由第一大控股股东（国家）所掌握时表现得更为显著。若第一大股东非国家控股时，经营上可能表现为更高的灵活性，这将有助于公司价值的提升。股权结构一般是随着国家特定环境的改变而改变的。第一大股东拥有股份越多，越能促使公司价值提高，但是两者关系不是一种线性关系，往往呈现的是倒 "U" 形的关系。为了避免股权过于集中在第一大股东手中，可以分散公司的股份，这样更加促使股权分散化，有利于公司价值的提高，使股份集中在法人股和第一大股东的局面有所改善，这对公司价位的提升有显著的意义。徐晓东和陈小悦（2003）以 1997 年以前在中国上市的 508 个上市公司 1997～2000 年 4 年间的 2032 个观察值为样本，将股权结构划分区域后发现，第一大股东的持股比例与企业业绩之间存在扩展的 "M" 形关系。苑德军和郭春丽（2005）认为，仅在法人为第一大股东的上市公司中，股权集中度与公司价值之间存在既符合理论假说又能解释现实情况的倒 "U" 形曲线关系，负债和公司成长性对公司价值的正影响也才可以显现出来，且较高的股权集中度和股权制衡有利于公司价值的提高。谭晶荣和王谦（2005）利用67家民营上市公司作为样本，研究结果表明，股权集中度与公司业绩存在三次方关系。张兆国和张庆（2006）也得出公司业绩与股权集中度存在倒"U"形关系的结论。李平生（2006）用2002年以前在沪、深两地上市交易的1181家上市公司的2002～2004年连续三年数据为样本，选取总资产收益率、权益报酬率、主营业务收益率（return of management，ROM）三个利润率指标反映公司业绩。选取第一大股东持股比例C1（指第一大股东持有股份数占公司总股份数的比率）、前三大股东持股比例C3（指前三大股东持有股份数总和占公司总股份数的比率）、前五大股东持股比例C5（指前五大股东持有股份数总和占公司总股份数的比率），作为股权集中度指标。研究得出：第一大股东持股比例和前五大股东持股比例与公司业绩之间呈现弱的接近于线性的倒"U"形关系，前三大股东持股比例与业绩的关系更接近于线性关系。上市公司第一大股东持股比例、前三大股东持股比例、前五大股东持股比例与公司业绩指标均存在显著的正相关关系，当股权集中程度提高时，公司的整体业绩呈现上升趋势，即股权集中度与公司业绩存在同向变化的关系。黄洁和王宗军（2007）在第一大股东持股比例与公司业绩的关系研究中以2001～2004年在沪、深两市上市的公司的4385个观测值为样本，以主营业务利润/净资产作为衡量公司经营业绩的指标，用第二位至第四位大股东持股比例/第一大股东持股比例作为反映其他大股东的制衡作用的指标，研究了第一大股东持股比例与公司经营业绩的关系。研究发现随着第一大股东持股比例的增加，公司经营业绩经历了四个阶段的变化：上升（Ⅰ）、下降（Ⅱ）、再上升（Ⅲ）、再下降（Ⅳ）四个阶段，并且，Ⅲ和Ⅳ两种相反趋势的分水岭在第一大股东持股比例为30%这个点。就我国目前上市公司股权结构而言，引入股权制衡对提升经营业绩有积极作用。曾晓涛和谢军（2007）的研究表明：第一大股东持股比例与公司业绩呈显著的"N"形相关关系，即在第一大股东持股占据绝对控股地位（40%）之前，第一大股东的持股具有积极的治理功能；超过了这个区间，大股东的持股对公司业绩则具有消极作用；而随着第一大股东持股比率的进一步上升（65%以上），控股股东吸取个人利益的动力又会弱化，大股东股权的增加又会导致公司业绩的增加。曹廷求等（2007）选取2004～2006年三年的数据，同时采用ROA和市净率来衡量公司的业绩，发现第一大股东在考虑中间所有权的情况下，与公司业绩呈显著的非线性关系，具体表现为一个开口向上的抛物线。许冬（2011）以35家福建省上市公司作为样本，用净资产收益率和主营业务总资产收益率作为衡量公司业绩的指标，得出第一大股东与公司业绩呈现显著的倒"U"形关系，一股独大不利于改善公司经营业绩。前三大股东相对集中控股，有利于提高公司业绩，但前几大股东股份如果分布过于均匀，公司会出现股东的多重领导，导致公司的治理效果不佳，可采用第一大股东的持股比例与第二至第五位大股东持股比例之和的比值，作为衡量股权制衡度的指标。股权制衡度与公司业绩呈正相关。第一大股东可能存在一定的损人利己行为，通过其控股地位挪用上市公司的资金把子公司作为自己的棋子，由此导致大股东不断侵犯中小股东的利益。通过少数几个大股东分享其控制权，提高股权制衡度，能减少第一大股东对小股东的利益掠夺，提高企业价值。

综上所述，关于股权集中度对公司业绩的影响，不同的学者提出了不同的理论观点，并进行了大量的实证研究，但还没有形成统一的研究结论。从以上的分析可以看出大多数国内和国外的学者的结论还是上市公司股权集中度与企业价值两者之间是存在一定相关关系的。实证研究结果之所以存在一定程度的分歧，原因在于：首先，选取的样本差异大，不同的学者选择的样本来自不同的国家、不同的行业、不同的时期，不同的时期上市的公司在公司治理和经营业绩方面的差别很大，选取上市时间不同的样本可能得到不同的结论；其次，选取的衡量指标不同，对于公司业绩的衡量，学者分别采用托宾 Q 值、净资产收益率、总资产收益率、市盈率等作为衡量标准，衡量股权集中度的指标有第一大股东持股比例、前五大股东持股比例、前十大股东持股比例等，差别较大；最后，采用的研究方法不同，有的采用描述性统计分析，有的采用回归分析等。对中国上市公司股权集中度与业绩的现有研究多数忽视了行业、地域和时间的影响。而现实中行业的竞争情况和地域的经济属性都会对上市公司业绩产生影响，不同时期的上市公司也会因为政策面和市场面的不同而在公司治理和公司经营方面表现出很大的差别。由于以上这些差别，实证结果存在不一致性。

7.3　理论分析与研究假设

从理论上讲，影响中国亏损上市公司财务价值的因素是多方面的，鉴于以上相关文献综述，以下重点从亏损上市公司的大股东控股地位异质、亏损逆转性两个维度对中国亏损上市公司财务价值的影响展开分析。

7.3.1　大股东控股地位与公司价值

根据 Berle 和 Means（1932）、Shleifer 和 Vishny（1986）、Levy（1986）、谢军（2006）等认为第一股东对公司治理能够发挥监督效应。因为大股东普遍关心利润最大化并拥有足够多的控制权，所以当上市公司处于亏损状态时，大股东有动力去搜集企业的信息并监督公司管理层积极地寻找弥补亏损的途径，使得上市公司能够在亏损后较快地扭亏以及更大程度地发生业绩好转，即第一大股东或控股股东的存在不仅能解决股东和管理者的代理问题，而且可能有助于改善公司业绩，从而有助于公司财务价值的提升。但充分发挥大股东积极作用的前提是有一个良好的保护投资者的法律环境（Shleifer and Vishny，1986）。大股东在追求自身利益最大化的过程中，其控制行为可能会偏离小股东的利益，甚至会通过牺牲小股东的利益换取自身利益。当大股东能够控制公司运作时，就可以更容易地攫取价值。Grossman 和 Hart（1980）、Johnson 等（2000）提出由于控制权的私人利益的存在，控股股东不但有强烈的谋取私人利益的偏好，而且有能力侵占公司的资源或谋取其他股东无法获得的利益。Demsetz 和 Lehn（1985）、Barclay 和 Holderness（1989）认为，控股股东的利益和外部小股东的利益并不一致，控股股东可能以其他股东的利益为代价来追求自身利益。

当上市公司处于亏损状态时，大股东为了减少自身连带责任，很可能会"视而不见"，甚至采取减资、撤资等资产转移方式把上市公司利益通过暗道输送给自己以维护自身利益。这无疑加重了亏损上市公司进行扭亏的难度。在绝对控股的情况下，大股东的行为将缺乏约束，大股东就可能利用自己对上市公司的绝对控制优势，侵占上市公司利益，影响公司经营，从而降低公司财务价值。以下用 Z 指数表示第一大股东持股比例与第二大股东到第五大股东持股比例的比值来表示大股东控股地位的高低。随着第一大股东持股比例的逐渐增加，其他股东进入公司参与决策的机会就越小，不利于形成股东之间的相互监督，很可能降低公司的财务价值。据此，本章可以提出以下假设。

H7.1：大股东控股地位越高，公司价值越低。

7.3.2　大股东控股地位对亏损逆转程度与公司价值关系的影响

由 H7.1 假设可以推断，亏损逆转程度对公司财务价值的提升作用很可能会受到公司股权结构的影响。在亏损企业中，扭亏为盈的企业具有更高的财务价值。但是，股权集中的公司，大股东更加有可能对公司的盈余资源进行占有。大股东的控股地位为大股东侵占公司的资源或谋取其他股东无法获得的利益创造了条件（Johnson et al.，2000）。因此，本章推断，对于其他特性及指标相似的亏损公司，亏损逆转程度对公司财务的价值的提升作用与大股东控股地位呈负相关。据此，本章提出以下假设。

H7.2：在其他条件不变的情况下，大股东控股地位越高，亏损逆转程度对公司财务价值的提升作用越弱。

7.4　研　究　设　计

7.4.1　研究样本选取与数据来源

本章选取 2003～2012 年我国亏损上市公司为研究样本,因为部分变量取下一期的值,所以样本实际跨度区间为 2003～2013 年共 11 个年度。在剔除了金融类上市公司和相关财务数据缺失的样本后,共得到 1234 个亏损上市公司样本(包括沪、深全部 A 股)。样本公司股权质押相关的数据与基础财务数据来源于 CSMAR 数据库、RESSET 数据库。为克服极端值的影响,本章对主要的连续变量进行了上下 1%的缩尾处理。

7.4.2　模型的构建与变量定义

为检验大股东控股地位对亏损公司价值的影响（即 H7.1）,我们构建了如下的回归模型:

$$TOBINQ_{t+1} = \alpha_0 + \alpha_1 Z\_IND + \alpha_2 AGE + \alpha_3 PAY + \alpha_4 FIX + \alpha_5 GROWTH \\ + \alpha_6 DEBT + \sum INDUSTRY + \sum YEAR + \varepsilon \tag{7.1}$$

模型（7.1）中的被解释变量（$TOBINQ_{t+1}$）表示公司价值,用亏损上市公司在亏损后第一年的公司价值度量,解释变量（Z_IND）表示大股东控股地位,用第一大股东持股比例与第二大股东持股比例的比值表示,该比值越大,表示第一大股东控股地位越高,其控制权越大。参考徐向艺和张立达（2008）、曲亮和任国良（2010）的文献,本章还控制了一些变量:AGE 表示上市年龄,用亏损上市公司从上市年份到亏损当年的间隔年份度量;PAY 表示高管薪酬,用公司前三位高管薪酬的自然对数度量;FIX 表示固定资产比率,用固定资产净值与总资产的比率度量;GROWTH 表示公司成长性,用营业收入增长率度量;DEBT 表示公司的资产负债率。此外,我们还控制了年度效应（YEAR）和行业效应（INDUSTRY）。

为检验亏损逆转程度对亏损公司价值的影响（即 H7.2）,我们构建了如下的回归模型:

$$TOBINQ_{t+1} = \alpha_0 + \alpha_1 \Delta ROA + \alpha_2 AGE + \alpha_3 PAY + \alpha_4 FIX + \alpha_5 GROWTH \\ + \alpha_6 DEBT + \sum INDUSTRY + \sum YEAR + \varepsilon \tag{7.2}$$

模型（7.2）中的被解释变量（$TOBINQ_{t+1}$）表示公司价值,用亏损上市公司在亏损后第一年的公司价值度量,解释变量（ΔROA）表示亏损逆转程度,用亏损后第一年的资产报酬率与亏损当年的资产报酬率的差额度量，参考已有文献，本章还控制了一些变量：AGE 表示上市年龄，用亏损上市公司从上市年份到亏损当年的间隔年份度量；PAY 表示高管薪酬，用公司前三位高管薪酬的自然对数度量；FIX 表示固定资产比率，用固定资产净值与总资产的比率度量；GROWTH 表示公司成长性，用营业收入增长率度量；DEBT 表示公司的资产负债率。此外，我们还控制了年度效应（YEAR）和行业效应（INDUSTRY）。

为检验大股东控股地位对亏损逆转程度与亏损公司价值之间关系的调节效应，我们构建了如下的回归模型：

$$\text{TOBINQ}_{t+1} = \alpha_0 + \alpha_1 \Delta \text{ROA} + \alpha_2 \text{Z\_IND} \times \Delta \text{ROA} + \alpha_3 \text{Z\_IND} + \alpha_4 \text{AGE} + \alpha_5 \text{PAY}$$
$$+ \alpha_6 \text{FIX} + \alpha_7 \text{GROWTH} + \alpha_8 \text{DEBT} + \sum \text{INDUSTRY} + \sum \text{YEAR} + \varepsilon$$

$$(7.3)$$

模型（7.3）中在模型（7.2）的基础上增加了大股东控股地位变量（Z_IND）以及大股东控股地位变量与亏损逆转程度变量的交乘项（Z_IND×ΔROA）。在后续进一步拓展性分析中还增加了亏损上市公司第一大股东的产权性质（SOE），设为哑变量，若亏损上市公司第一大股东的属性为国有，则取值为 1，否则为 0。具体变量定义如表 7.1 所示。

表 7.1　具体变量定义

变量类别	变量代码	变量名称	变量定义
被解释变量	TOBINQ$_{t+1}$	公司价值	用亏损上市公司在亏损后第一年的公司价值度量
解释变量	ΔROA	亏损逆转程度	用亏损后第一年的资产报酬率与亏损当年的资产报酬率的差额度量
	Z_IND	大股东控股地位	用第一大股东持股比例与第二大股东持股比例的比值表示
	SOE	产权性质	若亏损上市公司第一大股东的属性为国有，则取值为 1，否则为 0
控制变量	AGE	上市年龄	用亏损上市公司从上市年份到亏损当年的间隔年份度量
	PAY	高管薪酬	用公司前三位高管薪酬的自然对数度量
	FIX	固定资产比率	用固定资产净值与总资产的比率度量
	DEBT	资产负债率	资产负债率等于期末负债除以期末资产
	GROWTH	公司成长性	以营业收入增长率来衡量
	INDUSTRY	行业哑变量	若属于该行业，则取值为 1，否则为 0
	YEAR	年度哑变量	若属于该年度，则取值为 1，否则为 0

7.5　实　证　分　析

7.5.1　描述性统计

从表 7.2 的主要变量的描述性统计结果来看，$TOBINQ_{t+1}$ 的均值为 3.482，远大于中位数 2.129，且标准差为 4.799，说明各家亏损上市公司在亏损后第一年的公司价值差异较大；ΔROA 的均值为 0.096，25%位数为 0.020，表明大部分亏损上市公司在亏损后第一年的业绩有所好转；Z_IND 的均值为 22.39，中位数为4.294，且标准差为 53.91，表明亏损上市公司普遍存在大股东控股现象，而且样本间大股东控股地位差异较大；SOE 的均值为 0.625，表明有 62.5%的亏损上市公司第一大股东为国有性质；AGE 的均值为 9.062，说明亏损上市公司的平均上市年限大约为 9 年；PAY 的均值为 12.94，标准差仅为 0.858，表明各家亏损上市公司在亏损当年的高管薪酬差异不大；FIX 的均值为 0.340，表明样本亏损上市公司的固定资产净值占总资产平均比率为 34%，不足一半的水平；GROWTH 的均值为−0.079，说明样本亏损上市公司总体上在亏损当年的营业收入有所下降；DEBT的均值为0.333，说明样本亏损上市公司在亏损当年的平均资产负债率仅为 33.3%。

表 7.2　主要变量的描述性统计结果

变量	样本量	均值	标准差	最小值	25%分位数	中位数	75%分位数	最大值
$TOBINQ_{t+1}$	1234	3.482	4.799	0.880	1.469	2.129	3.507	36.17
ΔROA	1234	0.096	0.245	−0.669	0.020	0.070	0.146	1.425
Z_IND	1234	22.39	53.91	1.015	1.790	4.294	17.01	381.9
SOE	1234	0.625	0.484	0	0	1	1	1
AGE	1234	9.062	4.014	1	6	9	12	18
PAY	1234	12.94	0.858	10.74	12.39	12.99	13.56	14.76
FIX	1234	0.340	0.178	0.009	0.201	0.320	0.468	0.783
GROWTH	1234	−0.079	0.328	−0.932	−0.258	−0.079	0.098	0.987
DEBT	1234	0.333	0.239	0	0.174	0.307	0.448	1.457

7.5.2　相关性分析

从表 7.3 所示的变量间的相关性分析结果来看，第一大股东控股地位（Z_IND）与亏损后第一年的公司价值（$TOBINQ_{t+1}$）存在显著的负相关性，这初步证明了前面的 H7.1。亏损逆转程度（ΔROA）与亏损后第一年的公司价值（$TOBINQ_{t+1}$）存在显著的正相关性，这初步证明了前面的 H7.2。

表 7.3　变量间的相关性分析结果

变量	$TOBINQ_{t+1}$	ΔROA	Z_IND	SOE	AGE	PAY	FIX	GROWTH	DEBT
$TOBINQ_{t+1}$	—	0.201***	−0.155***	−0.206***	0.163***	−0.113***	−0.097***	−0.128***	−0.093***
ΔROA	0.209***	—	−0.048*	−0.020	0.051*	−0.104***	0.031	−0.079***	0.058**
Z_IND	−0.094***	−0.033	—	0.238***	0.088***	−0.003	0.050*	0.037	0.014
SOE	−0.162***	−0.031	0.194***	—	0.083***	−0.074***	0.127***	0.085***	0.042
AGE	0.130***	0.058**	−0.037	0.084***	—	0.215***	−0.063**	−0.025	−0.007
PAY	−0.161***	−0.093***	−0.116***	−0.081***	0.207***	—	−0.094***	0.059**	−0.037
FIX	−0.048*	0.080***	0.037	0.127***	−0.055*	−0.092***	—	0.102***	0.187***
GROWTH	−0.107***	−0.114***	0.038	0.085***	−0.035	0.062**	0.085***	—	−0.033
DEBT	0.138***	0.284***	−0.022	−0.029	−0.007	−0.099***	0.144***	−0.110***	—

*、**、***分别表示在 10%、5%、1%水平上显著

7.5.3　回归分析

为了进一步验证前面的研究假设，本章分别对模型（7.1）、模型（7.2）、模型（7.3）进行回归分析，大股东控股地位、亏损逆转程度与公司价值的回归分析结果如表 7.4 所示。从表 7.4 第（1）列的回归结果来看，ΔROA 的系数为 2.2449，且在 1%的统计水平上显著，表明在控制其他变量的情况下，亏损上市公司在亏损后发生的亏损逆转程度显著地提升了亏损上市公司在亏损后第一年的公司价值，这就证实了前面的 H7.2。从表 7.4 第（2）列的回归结果来看，Z_IND 的系数为 −0.0052，且在 5%的统计水平上显著，表明在控制其他变量的情况下，第一大股东控股地位显著地降低了亏损上市公司在亏损后第一年的公司价值，这就证实了前面的 H7.1。从表 7.4 第（4）列的回归结果来看，Z_IND×ΔROA 的系数为−0.0364，且在 5%的统计水平上显著，并且 ΔROA 的系数与 Z_IND×ΔROA 的系数之和为 1.9171（1.9535−0.0364 = 1.9171），表明在控制其他变量的情况下，第一大股东控股地位削弱了亏损逆转程度对亏损后第一年的公司价值的提升效应，这就证实了前面的 H7.2。从控制变量的回归结果来看，在三个模型中，AGE 的回归系数都在 1%的统计水平上显著为正，即表明上市年限越长，公司价值越大，与徐向艺和张立达（2008）的研究结论一致。PAY 的回归系数都在 1%的统计水平上显著为负，即表明亏损上市公司高管薪酬支付水平越高，公司价值越低，表明薪酬支付产生的成本效应超过了薪酬激励产生的正面效应，与曲亮和任国良（2010）的结论相

近，可能是因为高管薪酬水平并没有达到足够的激励程度，致使薪酬激励效果不佳，导致了高管的高额在职消费对企业价值的侵蚀。FIX 的回归系数为负，且都通过了一定的显著性水平，表明固定资产比率降低了公司价值。GROWTH 的回归系数为负，说明公司成长性并没有对亏损后第一年公司价值产生明显影响，DEBT 的回归系数显著为正，表明财务杠杆效应在亏损上市公司中发挥了明显作用，这与 Hayn（1995）及 Joos 和 Plesko（2005）的研究结论一致。

表 7.4　大股东控股地位、亏损逆转程度与公司价值的回归分析结果

变量	(1)	(2)	(3)	(4)	(5)
	$TOBINQ_{t+1}$	$TOBINQ_{t+1}$	$TOBINQ_{t+1}$	$TOBINQ_{t+1}$	$TOBINQ_{t+1}$
ΔROA	2.2449*** (4.090)	—	2.2335*** (4.076)	1.9535*** (3.500)	−0.7135 (−0.737)
Z_IND	—	−0.0052** (−2.162)	−0.0051** (−2.136)	−0.0061** (−2.525)	−0.0153*** (−3.381)
Z_IND×ΔROA	—	—	—	−0.0364** (−2.501)	−0.1452*** (−3.220)
SOE×Z_IND×ΔROA	—	—	—	—	0.3419*** (2.912)
SOE×Z_IND	—	—	—	—	0.0319*** (2.780)
SOE×ΔROA	—	—	—	—	2.9515 (1.259)
SOE	—	—	—	—	−0.8400*** (−2.630)
AGE	0.1049*** (2.931)	0.1141*** (3.173)	0.1079*** (3.017)	0.1066*** (2.989)	0.1382*** (3.873)
PAY	−1.4216*** (−7.864)	−1.5251*** (−8.430)	−1.4450*** (−7.991)	−1.4543*** (−8.058)	−1.4882*** (−8.360)
FIX	−1.6494** (−1.980)	−1.4104* (−1.687)	−1.6128* (−1.938)	−1.6821** (−2.025)	−1.4203* (−1.726)
GROWTH	−0.5916 (−1.480)	−0.6773* (−1.689)	−0.5726 (−1.434)	−0.5897 (−1.480)	−0.5067 (−1.288)
DEBT	1.9900*** (3.457)	2.5855*** (4.638)	1.9557*** (3.401)	1.9242*** (3.353)	1.5687*** (2.762)
行业效应	控制	控制	控制	控制	控制
年度效应	控制	控制	控制	控制	控制
_cons	17.4574*** (7.399)	18.7749*** (7.917)	17.9154*** (7.573)	18.1648*** (7.720)	18.7535*** (8.072)
Adj_R^2	0.1676	0.1593	0.1701	0.1737	0.1996
F	8.0931	7.6730	8.0185	8.0050	8.5011
N	1234	1234	1234	1234	1234

*、**、***分别表示在 10%、5%、1%水平上显著

注：括号中数值是 t 统计量

7.6　稳健性检验

7.6.1　行业均值调整

考虑到不随时间变化的公司层面因素或行业层面因素可能会干扰上述各个模型的回归结果，本章将所有连续性变量采用年度行业均值进行调整，以减轻或消除遗漏的、不随时间变化的公司层面因素或行业层面因素所引起的伪回归问题，调整后回归的结果，即稳健性检验如表 7.5 所示。从表 7.5 回归的结果来看，第（2）列～第（4）列的 Z_IND 回归系数仍然在 5%的统计水平上显著为负数，第（1）列、第（3）列和第（4）列的 ΔROA 回归系数仍然在 1%的统计水平上显著为正数，第（4）列和第（5）列的 Z_IND×ΔROA 的回归系数也仍然在 1%的统计水平上显著为负数，这些表明上述结果具有较好的稳健性。

表 7.5　稳健性检验

变量	（1） TOBINQ$_{t+1}$ 均值调整	（2） TOBINQ$_{t+1}$ 均值调整	（3） TOBINQ$_{t+1}$ 均值调整	（4） TOBINQ$_{t+1}$ 均值调整	（5） TOBINQ$_{t+1}$ 均值调整
ΔROA	2.0703*** (4.189)	—	2.0348*** (4.121)	1.7580*** (3.489)	−0.4263 (−0.484)
Z_IND	—	−0.0049** (−2.262)	−0.0046** (−2.136)	−0.0055** (−2.540)	−0.0132*** (−3.213)
Z_IND×ΔROA	—	—	—	−0.0349*** (−2.608)	−0.1320*** (−3.205)
SOE×Z_IND×ΔROA	—	—	—	—	0.2897*** (2.706)
SOE×Z_IND	—	—	—	—	0.0289*** (2.757)
SOE×ΔROA	—	—	—	—	3.7324* (1.748)
SOE	—	—	—	—	−0.8355*** (−2.929)
AGE	0.1019*** (3.461)	0.1107*** (3.752)	0.1015*** (3.451)	0.0995*** (3.390)	0.1182*** (4.052)
PAY	−0.9081*** (−6.540)	−0.9874*** (−7.049)	−0.9428*** (−6.754)	−0.9563*** (−6.862)	−1.0060*** (−7.284)
FIX	−1.2184* (−1.846)	−1.0441 (−1.576)	−1.1783* (−1.788)	−1.2479* (−1.896)	−0.7428 (−1.134)
GROWTH	−0.4568 (−1.277)	−0.5533 (−1.543)	−0.4296 (−1.202)	−0.4467 (−1.252)	−0.3406 (−0.966)
DEBT	1.2744** (2.497)	1.7948*** (3.623)	1.2492** (2.451)	1.2143** (2.387)	0.9599* (1.904)
行业效应	没有控制	没有控制	没有控制	没有控制	没有控制

续表

变量	（1） TOBINQ$_{t+1}$ 均值调整	（2） TOBINQ$_{t+1}$ 均值调整	（3） TOBINQ$_{t+1}$ 均值调整	（4） TOBINQ$_{t+1}$ 均值调整	（5） TOBINQ$_{t+1}$ 均值调整
年度效应	没有控制	没有控制	没有控制	没有控制	没有控制
_cons	10.5792*** （5.831）	11.5937*** （6.306）	11.1355*** （6.084）	11.4422*** （6.289）	11.6627*** （6.467）
Adj_R^2	0.0688	0.0594	0.0715	0.0759	0.1022
F	16.1860	13.9808	14.5661	13.6560	12.6918
N	1234	1234	1234	1234	1234

*、**、***分别表示在 10%、5%、1%水平上显著

注：括号中数值是 t 统计量

7.6.2　关键变量替换

（1）考虑到本章使用的大股东控股地位度量方法可能存在的误差，这里又设置了 Z_IND 的哑变量 DZ_IND 来度量，具体方法是：先计算所有研究样本的 Z_IND 均值，按照各个样本公司的 Z_IND 是否大于所有样本均值对 DZ_IND 进行赋值，大于的样本 DZ_IND 取值为 1，否则为 0。这样赋值后重新对上述模型进行回归，稳健性检验（Ⅲ）结果如表 7.6 所示。从表 7.6 回归的结果来看，第（1）列～第（4）列的 DZ_IND 回归系数仍然在 1%的统计水平上显著为负数，第（2）列和第（3）列的 ΔROA 回归系数仍然在 1%的统计水平上显著为正数，第（3）列和第（4）列的 DZ_IND×ΔROA 的回归系数也仍然在 1%的统计水平上显著为负数，这些表明上述回归结果具有较好的稳健性。

表 7.6　稳健性检验结果

变量	（1） TOBINQ$_{t+1}$	（2） TOBINQ$_{t+1}$	（3） TOBINQ$_{t+1}$	（4） TOBINQ$_{t+1}$
ΔROA	—	2.1803*** （3.980）	1.6344*** （2.942）	0.2907 （0.446）
DZ_IND	−0.9363*** （−2.943）	−0.8830*** （−2.790）	−1.0259*** （−3.254）	−1.1532*** （−3.264）
DZ_IND×ΔROA	—	—	−6.9921*** （−4.673）	−9.9986*** （−4.876）
SOE×DZ_IND×ΔROA	—	—	—	16.5982*** （3.320）
SOE×DZ_IND	—	—	—	1.5104* （1.860）
SOE×ΔROA	—	—	—	0.4337 （0.321）
SOE	—	—	—	−1.0415*** （−3.642）

续表

变量	（1） TOBINQ$_{t+1}$	（2） TOBINQ$_{t+1}$	（3） TOBINQ$_{t+1}$	（4） TOBINQ$_{t+1}$
AGE	0.1175*** （3.270）	0.1111*** （3.108）	0.1084*** （3.059）	0.1369*** （3.856）
PAY	−1.5307*** （−8.477）	−1.4512*** （−8.037）	−1.4813*** （−8.270）	−1.4932*** （−8.421）
FIX	−1.4162* （−1.697）	−1.6149* （−1.944）	−1.8395** （−2.229）	−1.5174* （−1.853）
GROWTH	−0.6776* （−1.693）	−0.5761 （−1.445）	−0.5906 （−1.494）	−0.4847 （−1.241）
DEBT	2.6258*** （4.720）	2.0103*** （3.502）	2.0117*** （3.534）	1.7518*** （3.110）
行业效应	控制	控制	控制	控制
年度效应	控制	控制	控制	控制
_cons	18.8105*** （7.957）	17.9513*** （7.609）	18.4821*** （7.921）	18.7844*** （8.124）
Adj_R^2	0.1620	0.1723	0.1865	0.2086
F	7.8118	8.1290	8.6373	8.9283
N	1234	1234	1234	1234

*、**、***分别表示在 10%、5%、1%水平上显著

注：括号中数值是 t 统计量

（2）为了验证前述结论的稳健性，我们还按照传统的度量方法，对大股东控股地位变量用第一大股东持股比例进行了替换，稳健性检验（Ⅳ）结果如表 7.7 所示。从表 7.7 回归的结果来看，第（1）列和第（3）列的 TOP$_1$ 回归系数仍然在 1%的统计水平上显著为负数，第（2）列的 ΔROA 回归系数仍然在 1%的统计水平上显著为正数，第（3）列和第（4）列的 TOP$_1$×ΔROA 的回归系数也仍然在 1%的统计水平上显著为负数，这些结果基本表明上述回归结果具有较好的稳健性。

表 7.7 稳健性检验（Ⅳ）结果

变量	（1） TOBINQ$_{t+1}$	（2） TOBINQ$_{t+1}$	（3） TOBINQ$_{t+1}$	（4） TOBINQ$_{t+1}$
ΔROA	—	2.1957*** （4.007）	1.3069** （2.259）	0.9373 （1.545）
TOP$_1$	−2.4593*** （−2.622）	−2.3247** （−2.492）	−2.5820*** （−2.785）	−1.5133 （−1.525）
TOP$_1$×ΔROA	—	—	−19.6412*** （−4.487）	−17.2478*** （−3.743）
SOE×TOP$_1$×ΔROA	—	—	—	9.0979 （0.898）

续表

变量	（1）TOBINQ$_{t+1}$	（2）TOBINQ$_{t+1}$	（3）TOBINQ$_{t+1}$	（4）TOBINQ$_{t+1}$
SOE×TOP$_1$	—	—	—	2.3377（1.142）
SOE×ΔROA	—	—	—	−2.0045*（−1.666）
SOE	—	—	—	−1.1844***（−3.983）
AGE	0.0943***（2.587）	0.0892**（2.459）	0.0946***（2.629）	0.1295***（3.504）
PAY	−1.5109***（−8.372）	−1.4320***（−7.937）	−1.4569***（−8.135）	−1.4707***（−8.219）
FIX	−1.5211*（−1.821）	−1.7154**（−2.062）	−1.6434**（−1.991）	−1.4474*（−1.751）
GROWTH	−0.6877*（−1.717）	−0.5848（−1.466）	−0.6345（−1.603）	−0.4911（−1.250）
DEBT	2.6172***（4.701）	1.9978***（3.478）	1.9663***（3.450）	1.7119***（3.020）
行业效应	控制	控制	控制	控制
年度效应	控制	控制	控制	控制
_cons	19.4322***（8.104）	18.5341***（7.743）	18.1721***（7.783）	18.4772***（7.917）
Adj_R^2	0.1608	0.1712	0.1842	0.2005
F	7.7497	8.0751	8.5267	8.5431
N	1234	1234	1234	1234

*、**、***分别表示在 10%、5%、1%水平上显著

注：括号中数值是 t 统计量

7.7　进一步的拓展性分析

7.7.1　考虑产权性质的调节效应

已有文献发现，大股东的国有性质能够提升公司业绩（周业安，1999；于东智，2001）。考虑到大股东的产权性质对大股东控股地位、亏损逆转程度以及公司价值之间关系可能产生的影响，我们设置了哑变量 SOE 来表示产权性质，若亏损上市公司第一大股东的属性为国有，则 SOE 取值为 1，否则 SOE 为 0。将这一变量及其分别与 Z_IND、ΔROA、Z_IND×ΔROA 各自的交乘项分别加入到模型（7.3）中，构成模型（7.4）：

$$TOBINO_{t+1} = \alpha_0 + \alpha_1 \Delta ROA + \alpha_2 Z\_IND \times \Delta ROA + \alpha_3 Z\_IND + \alpha_4 SOE \times Z\_IND \times \Delta ROA$$
$$+ \alpha_5 SOE + \alpha_6 SOE \times Z\_IND + \alpha_7 SOE \times \Delta ROA + \alpha_8 AGE + \alpha_9 PAY + \alpha_{10} FIX$$
$$+ \alpha_{11} GROWTH + \alpha_{12} DEBT + \sum INDUSTRY + \sum YEAR + \varepsilon$$

$$(7.4)$$

对模型（7.4）的回归结果分别见表 7.4～表 7.7 中的最后一列。从各表回归的结果来看，除了表 7.7 最后一列的 $SOE \times Z\_IND \times \Delta ROA$ 系数为正数但不显著，其余的回归结果中 $SOE \times Z\_IND \times \Delta ROA$ 系数都在 1%的统计水平上显著为正数[1]，这表明，在考虑到大股东产权性质差异后，国有产权性质的大股东控股地位对亏损逆转程度与公司价值关系的减弱效应得到了缓解，即表明大股东的国有产权属性对大股东的控股地位在影响亏损逆转程度与公司价值关系的过程中存在替代效应。

7.7.2　考虑产权性质的分组检验

为了检验产权性质对大股东控股地位、亏损逆转程度与公司价值关系影响的可靠性，我们还按照大股东产权性质是否为国有性质对所有样本进行了分组检验，产权性质、大股东控制力、亏损逆转程度与公司价值的回归分析结果如表 7.8 所示。从表 7.8 回归的结果来看，第（1）列国有组中的 $Z\_IND \times \Delta ROA$ 回归系数在 10%的统计水平上显著为负数，且仅为−0.0187，第（2）列非国有组中的 $Z\_IND \times \Delta ROA$ 回归系数在 5%的统计水平上显著为负数，且为−0.3523，可见，非国有组 $Z\_IND \times \Delta ROA$ 回归系数的绝对值明显高于国有组，表明国有样本组中大股东控股地位对亏损逆转程度与公司价值之间的减弱效应明显低于非国有样本组，即表明大股东的国有产权属性对大股东的控股地位在影响亏损逆转程度与公司价值关系的过程中存在替代效应。

表 7.8　产权性质、大股东控制力、亏损逆转程度与公司价值的回归分析结果

变量	(1) $TOBINQ_{t+1}$ 国有	(2) $TOBINQ_{t+1}$ 非国有
ΔROA	1.2015** (2.140)	−3.0818 (−1.023)
Z_IND	−0.0033* (−1.826)	−0.0355** (−2.356)
$Z\_IND \times \Delta ROA$	−0.0187* (−1.721)	−0.3523** (−2.245)

[1] 由于在上述稳健性中分别用 DZ_IND、TOP_1 替代了 Z_IND。所以在表 7.6 和表 7.7 中 $SOE \times Z\_IND \times \Delta ROA$ 分别对应于 $SOE \times DZ\_IND \times \Delta ROA$ 和 $SOE \times TOP_1 \times \Delta ROA$。

变量	（1） TOBINQ$_{t+1}$ 国有	（2） TOBINQ$_{t+1}$ 非国有
AGE	0.1263*** （3.502）	0.1365* （1.896）
PAY	−0.9634*** （−5.854）	−2.4997*** （−6.402）
FIX	−2.5496*** （−3.332）	0.9646 （0.546）
GROWTH	−0.4866 （−1.246）	−0.2105 （−0.271）
DEBT	0.5687 （0.943）	3.2903*** （3.034）
行业效应	控制	控制
年度效应	控制	控制
_cons	12.7877*** （6.132）	31.3733*** （5.836）
Adj_R^2	0.2073	0.2054
F	6.5933	4.2268
N	771	463

*、**、***分别表示在 10%、5%、1%水平上显著

注：括号中数值是 t 统计量

7.8 本 章 小 结

处于亏损状态的公司更有动力和意愿通过大股东来获得各种帮助，然而大股东的控股地位差异会导致其在帮助亏损公司在亏损后发生亏损逆转的动力和能力上存在差异，本章结合亏损上市公司的特征，重点分析大股东控股地位异质、亏损逆转程度与公司价值三者之间的关系。本章的实证结果表明，上市公司在亏损后的亏损逆转程度对公司价值具有提升效应，即亏损逆转程度越高，上市公司在亏损后第一年的公司价值越大；然而，大股东的控股地位对这种提升效应具有抑制作用，即大股东控股地位越高，亏损逆转程度对公司财务价值的提升作用越弱。进一步的拓展性分析发现，考虑到大股东产权性质的差异，大股东的国有产权属性对大股东的控股地位在影响亏损逆转程度与公司价值关系的过程中存在明显的替代效应。

第8章 政治关联、资本结构与亏损逆转程度

8.1 引 言

近些年来，次贷危机、自然灾害的频发给现代企业的生存和发展带来了巨大的挑战。在竞争日趋激烈的市场环境中，各家企业要想提高自身的竞争力和适应能力，就必须积极探索能提高自身价值的有效途径。以充裕的资金为后盾的投资机会的把握无疑是能够提升企业价值的有效途径之一。然而，并不是每家企业都有充裕的现金流，也就是说，资金短缺往往导致企业不得不放弃很好的投资机会。因此，融资是企业在发展壮大的过程中不可避免的问题。企业融资方式主要包括内源融资、外源融资。内源融资是指企业利用自身经营活动产生的现金增量来进行自我补给，因为内源融资具有成本低、速度快等特点，所以成为企业融资的首选方式，但内源融资毕竟以企业盈利规模为前提，数额有限，越来越不能满足企业扩大再生产的需求，因而外源融资成为现代企业融资的主要方式。外源融资包括股权融资和债务融资。随着我国资本市场从无到有、从小到大的飞速发展，无疑给陷入资金困境的企业带来了福音。然而我国企业大多存在"股权融资偏好"，在股票市场飞速发展的同时，债务市场显得相对滞后，资本结构中比例明显偏低（黄少安和张岗，2001）。资本结构反映了企业债务资本和权益资本的比例关系，资本结构权衡理论认为任何企业都存在一个加权平均资本成本最小的最优资本结构，合理的资本结构是公司有效治理的基础，它是影响公司市场价值和经营业绩的关键解释变量，也是连接政治关联和公司发展的重要桥梁。目前我国金融体系逐步完善，银行业快速崛起，形成了以四大国有商业银行为主导、其他商业银行分揽业务的体系。

为了规范我国资本市场秩序，中国证券监督管理委员会1998年颁布（2008年修订）了《关于上市公司状况异常期间的股票特别处理方式的通知》和2001年颁布了《亏损上市公司暂停上市和终止上市实施办法》，使得一旦上市公司陷入亏损状态，特别是那些已经被ST的上市公司，如果不能在短期内实现扭亏为盈，就将面临退市的风险。如何能够使得亏损上市公司尽快扭亏为盈以保住其弥足珍贵的上市资格和实现可持续发展，成为许多公司日益关心和重视的问题。上市公司因为经营不善或者资金短缺陷入财务困境甚至面临破产时，银行的贷款或许将成为改变公司命运的"救命稻草"。为了避免信贷风险，经过谨慎性的

决策,银行往往很难将贷款发放给经营业绩差的公司,特别是已经处于亏损状态的公司。由此,引人深思的问题是:亏损上市公司是否也普遍存在政治关联现象呢?如果存在,政治关联能给亏损上市公司带来融资便利性吗?如果政治关联能为亏损上市公司带来融资便利性,获得更多银行贷款,通过调整资本结构后,会对亏损上市公司的市场价值产生什么影响?带着对这些问题的回答,本章通过对政治关联、资本结构和公司亏损逆转程度三者的关系展开研究,试图在理论分析和实证检验的基础上,为我国亏损上市公司的债务治理效应提供一些经验性的结论。

本章以亏损上市公司为研究对象,分析和检验亏损上市公司的政治关联、资本结构与亏损逆转程度之间的关系,实证结果表明:①我国亏损企业债务融资总体上发挥着正向债务治理作用,资产负债率与亏损逆转程度正相关。②政治关联在我国亏损企业中是普遍存在的,政治关联能缓解企业的融资约束,亏损企业更倾向于采用债务重组、获取政府补助等方式扭亏,因而政治关联能带来亏损企业负债水平的下降,即政治关联与资本结构负相关。③政治关联发挥债务治理正向效应,增加了资本结构与亏损逆转程度的敏感性。④进一步区分政治关联强度和类别后,发现政治关联越强,发挥的债务治理作用越大,同时,政治关联的债务治理作用主要来自地方关联,中央关联影响小。

相比于已有的研究,本章的主要贡献如下:第一,已有文献对政治关联与债务融资、政治关联与企业价值之间的相关研究直接剔除了 ST、*ST 公司,理由是考虑到财务数据的异常性。但现代企业处于变幻莫测的市场环境中,面临着各种不确定性因素,难免会有亏损的情况,亏损公司作为一类特殊的群体越来越频繁地出现在证券市场上,对亏损公司的细分研究能很好地补充政治关联相关理论和企业价值理论。第二,尽管涉及政治关联和企业融资方面的研究很多,但是大多数学者都停留于政治关联给企业带来的经济后果的表象研究,很少有学者深入研究政治关联对企业业绩的影响机理。本章以全新的视角构建了政治关联与企业业绩之间的桥梁——资本结构,明确了政治关联是通过什么样的具体路径来影响企业业绩的,这为进一步完善公司治理理论和资本市场理论提供了经验支持。

8.2　理论分析与研究假设

8.2.1　政治关联对资本结构的影响

利益相关者理论认为,任何一家企业的发展都离不开与企业有关联的各方利益相关者的投入与支持。企业的核心利益相关者包括债权人、股东、管理者、员工、政府部门等，不同的利益相关者对企业管理决策的影响是不一样的（陈宏辉和贾生华，2002）。特别是对于处于转轨时期的中国，各级政府在经济发展中起着主导作用，大量企业都存在政治关联（Fan et al.，2006；吴文锋等，2008）。虽然社会主义市场经济体系已初步建立，但政府仍然在宏观上掌握着大量的稀缺资源、项目审批权和资源配置的决定权等，这些都是制约企业发展的关键资源，资源依赖理论认为企业很容易对政府产生依赖性。大量研究表明，企业与政府建立并保持良好的关系可以帮助企业从政府那儿获得更多融资的便利性，缓解外部融资约束，具体表现为企业更容易获取国有银行贷款（Khwaja and Mian，2005；Cull and Xu，2004；罗党论和甄丽明，2008）、更长的贷款期限（Fan et al.，2006；余明桂和潘红波，2008；李健和陈传明，2013）、更优惠的贷款利率（Sapienza，2004；孙铮等，2005），进而导致公司债务融资的上升，资本结构发生改变，从而增强公司的财务杠杆效应。政治关联作为企业的一项社会资源和一种"政治保护伞"，它能使企业更加容易跨过银行的融资"门槛"，获得融资资源，增加亏损企业用于投资的自由现金流，缓解因资金紧张带来的投资不足问题，一定程度上提升了亏损企业的生存前景。相比于没有政治关联的企业而言，有政治关联的企业更容易获取银行贷款、更长的贷款期限、更优惠的贷款利率、债务减免和政府补助等，这使得有政治关联的企业更倾向于使用债务融资来满足资金的需要。

另外，我国亏损上市公司资产负债率普遍偏高，每期高昂的利息费用和还本压力使得亏损公司面临着较大的破产风险。如果再增加负债融资的比例，对亏损上市公司来说无疑是"雪上加霜"。亏损上市公司为了尽快扭亏为盈以保住其上市资格和实现可持续发展，除了采用减员、增加无形资产、变更高管、削减成本等加强公司内部治理措施，在外部扭亏途径中倾向于使用债务重组、财政补贴、税收减免、资产置换、担保、资产出售与转让等具体措施（杜勇，2011）。齐芬霞和马晨佳（2009）研究发现债务重组有利于*ST 公司摘帽，经营业绩差和资产负债率高的部分*ST 公司通常采用债务重组方式扭亏。王跃堂（2000）和张鸣等（2011）均得出了相同结论。在政治关联与债务重组方面，李传宪（2014）指出具有政治关联的亏损上市公司凭借其与政府间的亲密关系更容易与政府或政府投资主体达成豁免债务或债务重组的优惠条件，使得亏损企业进行债务重组扭亏变成现实。吴晓灵和谢平（1994）指出，相比于不具有政治背景的企业，拥有政治背景的企业在债务重组方面因存在更强有力的背景支持，在债务重组过程中可能获得更优惠的待遇。债务重组使亏损公司在降低负债水平的同时增加利得，负债水平下降，完善了亏损公司资本结构水平，新债务重组准则规定利得直接计入当期损益，增加亏损公司重组当期的净利润。债务重组更符合亏损公司短期内迅速扭亏为盈的使命，所以，相比无政治关联的亏损上市公司，存在政治关联的亏损上市公司因为更倾向于采用债务重组方式进行扭亏，所以负债水平下降。因此，本章提出以下两个对立假设。

H8.1a：相比于无政治关联的亏损企业，有政治关联的企业资产负债率更高。

H8.1b：相比于无政治关联的亏损企业，有政治关联的企业资产负债率更低。

8.2.2　资本结构对亏损逆转程度的影响

委托代理理论指出，基于"理性经济人"的假设，所有者以股东财富最大化为目标，而管理者以谋得自身效用最大化为目标，两者之间的效用函数的不一致引发了代理成本。债务的引入将债权人加入到对管理者的监督约束机制中。公司治理理论认为，按期还本付息是公司的义务，当公司陷入财务困境时，甚至亏损后，其偿债能力将大打折扣，债权人出于自我保护意识，会积极主动地加大对亏损上市公司的监管力度，督促管理者努力工作，促使上市公司尽快扭亏。同时，债务具有按期偿还的硬约束，公司一旦资不抵债，将会成为被接管的对象，控制权将转移到债权人手中，亏损公司将被债务重组或进入破产清算程序，破产对管理者来说成本很高，除了可能使管理者的声誉受到损害，还可能使管理者失去对公司的控制权，甚至被迫离职。因此，债务的增加使企业破产的可能性变大，因而能够激励管理者努力工作，减少在职消费，增加公司的自由现金流，降低代理成本。另外，增加的债务融资可以提高股权集中度，表现为大股东对公司的控制权增大，有条件通过加强对管理人员的监督和约束来改善公司经营状况，使其摆脱亏损状况，从而提升公司价值，即产生"债务治理效应"。

在公司负债规模一定的情况下，债务融资规模越大，企业需额外承担的成本费用就越高。对于亏损公司来说，本身就存在现金流严重不足的困境，每期需多支付的利息费用无疑使亏损公司"雪上加霜"，还本付息压力还限制了公司未来自由现金流投资，对公司扭亏和效益的提升产生不利影响。为了尽快扭亏，管理者倾向于效益好、风险大的项目，这样就形成了一种风险转移行为：若投资成功，债权人不会获得额外的好处，反而管理者会获得更多的收益，而一旦投资失败债权人则要承担公司资不抵债的风险（Jensen and Meckling，1976）。出于资本保全原则，债权人事前会通过借贷协议，限制企业的投资或者增加债务成本，从而阻碍了企业扭亏。同时，债权增加虽然能提高股权集中度，发挥大股东对管理者的监督机制，但是仍然存在"搭便车"问题，分散的中小股东依附于大股东，对管理者的监督流于形式，增加了代理成本，此时又产生了大股东滥用控股权侵害小股东利益的问题，大股东为了获取控制权利益会确保债权人的利益不受损害，因此，债权人可能坐视大股东对小股东的利益侵占行为，甚至与大股东合谋侵害小股东的利益。另外，传统的资本结构理论所追捧的债务融资税盾效应也因亏损公司会计利润小于零、无须缴纳所得税而变得无法发挥功能（杜勇，2011）。资产负债率的提高会因为债务治理机制的失效无法发挥作用，增加亏损上市公司发生亏损逆转的难度，损害公司价值，即产生"债务成本效应"。基于以上的分析，本章提出以下两个对立假设。

　　H8.2a：资产负债率与上市公司亏损逆转程度显著正相关。

　　H8.2b：资产负债率与上市公司亏损逆转程度显著负相关。

8.2.3　政治关联对资本结构与亏损逆转程度敏感性的影响

　　已有研究表明，政治关联可以通过为企业带来融资便利性、降低企业的债务融资成本以及提供的贷款担保更少（Fan et al.，2006；孙铮等，2005；何靖，2011）等途径增强债务治理效应。当企业的负债规模在一定范围内，政治关联带来企业债务利息费用降低，节约了资金支出，会间接地增加企业的现金流，对资金严重不足的亏损上市公司来说，无疑是"雪中送炭"，节约的资金可直接用于弥补当期亏损，或用于扩大再生产，增加投资支出，产生经济效益，进而帮助企业实现扭亏。此外，虽然政治关联可以帮助亏损企业获取更多的成本费用和更低的银行贷款，但政治关联不太可能帮助亏损企业拖欠银行债务（因为拖欠资金一旦形成坏账，涉案的政府官员和银行高层会被严厉问责），所以银行债务对于亏损企业还是具有一定的还本付息的硬约束，这会迫使企业管理者注重经营效率的提高（连军等，2011），从而有助于亏损企业业绩的实质性改善。

　　另外，债务融资按期还本付息硬约束和破产机制的引入，使企业面临较高的破产成本，同时管理者也会因业绩不佳面临被迫离职的境遇，声誉机制的作用使被迫离职经理难以重新受到市场的信任，其以后的职业道路明显受阻。因此，出于自身长远的利益考虑，管理者会努力工作，减少闲暇时间，减少在职奢侈消费，减少过度投资等，企业的经营效率会提高，从而促使企业亏损的扭转。但是，在我国现行体制下，政府往往以"强干预、弱治理"的角色出现，为了实现当地经济发展、维护社会稳定，会干预企业的经营管理活动，包括对公司管理者的任免进行干预。对于高管的解聘和任命，除了考量经营业绩，政治因素也是重要的考量指标。企业高管政治关联程度越高，其因业绩下滑而被迫离职的可能性越小（游家兴等，2010）。另外，在市场化进程快、金融发展水平高的地区，金融市场的竞争越激烈。银行作为自负盈亏的市场参与主体，为了在"优胜劣汰"的竞争中生存，不得不积极追求贷款的收益和避免贷款的风险。因此，在金融发展水平高的地区，出于自身经济利益最大化的考虑，银行通过信贷发挥对企业（管理层）的监督约束作用。在定期还款付息压力和银行监督约束下，企业管理者必然更加注意对借贷资金的使用效率并努力经营，最终会提高企业的经营业绩，对亏损企业扭亏来说无疑是一道"福祉"。我国金融市场虽然经过30多年的发展，但金融体系还不够独立完善，尤其表现为四大国有银行具有政府控股的背景，其信贷决策往往受到政府的干预。当亏损企业存在政治关联时，因为借贷双方（银行和亏损企业）存在类似某种利益共同体，所以银行对亏损企业的外部监督约束机制被极大地削弱。从这个角度来看，政治关联阻碍了亏损企业经营业绩的提升，不利于企业扭亏。

因此，当政治关联发挥债务治理效应时，会增强亏损逆转程度对资本结构的敏感性，增加亏损公司的扭亏业绩。相反，当政治关联发挥债务成本效应时，会降低亏损逆转程度对资本结构的敏感性，阻碍企业扭亏。基于以上分析，本章提出以下假设。

H8.3a：相比于无政治关联的亏损企业，有政治关联的亏损企业的资本结构与亏损逆转程度之间的敏感性更强。

H8.3b：相比于无政治关联的亏损企业，有政治关联的亏损企业的资本结构与亏损逆转程度之间的敏感性更弱。

值得注意的是，上述假设只简单考虑了亏损上市公司是否具有政治关联，而没有考虑因政治关联的本质特征产生的强度差异。这种强度差异主要包括规模性和层级性。规模性主要体现在亏损企业高管具有政治背景的人数，层级性主要指高管的政治背景来自中央还是地方。这些差异可能也会影响到亏损企业的资本结构与亏损逆转程度之间的敏感性。

政治关联比例是指企业高管具有政府或者人大、政协背景的人数与高管总人数之比，政治关联比例越大则说企业与政府间的政治关联程度越高。具有政治关联的高管熟悉政府的运作规则，了解政府的政策动向，与政府部门的"沟通"更为有效，同时还可以凭借其以前或当前在政府部门任职期间积累的人脉关系和社会资源，获得相关政府部门的支持。当公司发生亏损时，那些具有政治背景的高管将发挥出更大的作用，为公司谋取更多的好处。政治关联高管人数越多、比例越高，则说明企业与政府或政府官员的关系越密切，越容易受到政府政策倾斜的支持。政治关联度越高的亏损公司越容易获得融资便利性，如更容易获取银行贷款、更长的贷款期限、更优惠的贷款利率、债务减免和政府补助。基于假设H8.3a、H8.3b，本章提出以下假设。

H8.3c：相比于政治关联度较低的亏损企业，政治关联度较高的亏损企业的资本结构与亏损逆转程度之间的敏感性更强。

H8.3d：相比于政治关联度较低的亏损企业，政治关联度较高的亏损企业的资本结构与亏损逆转程度之间的敏感性更弱。

十一届三中全会以来，我国的经济体制改革取得了重大成效，地方政府在这个过程中获得了更多的发展经济自主权，能因地制宜地发展本地经济，从而推动我国经济的繁荣与发展。中央政府仅控制着部分大型国有企业，更多的中小规模企业都是由地方政府直接管理的，企业的经营活动更多受到地方政府的影响。通过高管的政府背景获取银行贷款、政府补助、税收优惠等也主要与地方政府有关（吴文锋等，2008）。在地方政府、人大和政协有任职经历的高管能通过任职期间累积的人脉关系和社会资源，获得地方政府部门的政策支持。地方政府为了地区经济的发展都会倾向于给予亏损公司更多的融资便利，以帮助亏损公司渡过难关。因此，地方政治关联对亏损公司产生的影响明显大于中央政治关联。基于假设H8.3a、H8.3b，本章提出以下假设。

H8.3e：相比于与中央政府形成政治关联的亏损企业，与地方政府形成的政治关联对亏损企业的资产负债率与亏损逆转程度之间的敏感性更强。

H8.3f：相比于与中央政府形成政治关联的亏损企业，与地方政府形成的政治关联对亏损企业的资产负债率与亏损逆转程度之间的敏感性更弱。

8.3 研 究 设 计

8.3.1 样本来源与数据选取

选取 2009～2012 年我国沪、深两市亏损上市公司为研究样本，因为在计算亏损逆转程度时要用到亏损后一年的财务指标，所以数据的时间跨度为 2009～2013 年。本书根据巨潮资讯网的企业年度财务报表手工搜集整理样本公司政治关联相关数据。政治关联数据从企业年报"董事、监事、高管和员工情况"整理而得。本章其他相关财务数据均来自 CSMAR 数据库。并按照研究惯例剔除一些不符的样本，最终获得 528 个样本公司，其中 2009～2012 年样本分别为 152 个、72 个、111 个、193 个，具体剔除标准为：①剔除相关数据缺失的样本；②剔除金融保险类亏损公司；③剔除存在异常值的样本；④年报中"董事、监事、高级管理人员和员工情况"披露不详的亏损公司。

表 8.1 为亏损样本分布情况。从表 8.1 对我国亏损企业的样本选择情况可看出，2009～2012 年存在政治关联的亏损企业占当年亏损企业总数的比例均超过 70%，说明政治关联普遍存在于我国亏损企业中。同时，相比于中央政治关联，更多的企业建立了地方政治关联，之所以亏损企业热衷于建立政治关联，是因为地方政治关联给企业带来的影响更大。与后面分析一致，这也一定程度上说明了样本选择的合理性。

表 8.1　亏损样本分布情况

年度	2009	2010	2011	2012	合计
有政治关联	117	57	90	141	405
中央	22	12	21	46	101
地方	110	54	86	126	376
无政治关联	35	15	21	52	123
关联高管比例	0.121	0.126	0.129	0.110	—
关联企业占比	0.770	0.792	0.811	0.731	0.767
总样本	152	72	111	193	528

注：因为某些亏损企业同时存在中央政治关联和地方政治关联，所以关联企业样本小于中央政治关联企业与地方政治关联企业样本的简单加总

8.3.2　变量设计

（1）亏损逆转程度。借鉴前面的研究，亏损企业的经营业绩可以用当年的资产报酬率（ROA）作为其替代变量（薛爽，2008），亏损逆转程度用下一年的资产净利率减去当年资产净利率的变化额（ROA_reverse）作为替代变量，当 ROA_reverse≥0 时，说明亏损企业发生了亏损逆转，亏损企业经营业绩有所改善，ROA_reverse 越大，说明企业的扭亏业绩越好；当 ROA_reverse＜0 时，说明亏损上市公司未发生亏损逆转，亏损上市公司经营业绩仍在继续恶化。

（2）政治关联。已有研究对政治关联的定义没有得出统一的结论，借鉴前面研究并根据研究需要，我们将政治关联定义为若公司高层（董事会、监事会和高管）至少有一人满足以下条件，则公司具有政治关联：①现任或前任的政府官员；②现任或前任的人大代表；③现任或前任的政协委员。已有文献对政治关联的度量有三种方法：虚拟变量法（Boubakri et al.，2005）、比例法（余明桂和潘红波，2008）、评分法。设置三个代理变量来衡量亏损公司政治关联，对政治关联进行多维的度量。第一，若亏损公司高管曾经或现在有政府部门任职经历，或担任过人大代表、政协委员，则政治关联（Pol_dum）赋值为1，否则为0。第二，用具有政治背景的高管人数占亏损公司高管总人数的比例来衡量政治关联比例（Pol_ratio），该比例越大，则政治关联程度越高。第三，考虑到行政级别的差异，当企业高管曾任或现任中央的政府官员和全国人大代表、政协委员时，赋值为1，否则为0。

（3）资本结构。借鉴田利辉和张伟（2013）的做法，采用资产负债率（Debt）的账面价值来衡量资本结构。

（4）控制变量。为了控制亏损企业其他特征对被解释变量的影响，在借鉴相关文献基础上，设置了如下控制变量：企业规模（Size）、成长性（Growth）、亏

损当期总资产净利率（ROA_t）、管理层持股比例（Manage_holder）、第一大股东持股比例（Top1_holder）、上期是否亏损（Dum_loss_{t-1}）、产权性质（State）、行业属性（Industry）、年度变量（Year）。变量定义如表 8.2 所示。

表 8.2　变量定义

变量	变量名称	变量符号	变量定义
被解释变量	是否政治关联	Pol_dum	若公司高管曾经或现在有政府部门任职经历，或担任过人大代表、政协委员，则 Pol_dum 为 1，否则为 0
	政治关联比例	Pol_ratio	具有政治背景的高管人数占高管总人数的比例
	中央政治关联	Pol_cen	当企业高管曾任或现任中央的政府官员和全国人大代表、政协委员时，Pol_cen 为 1，否则为 0
	地方政治关联	Pol_loc	当企业高管曾任或现任地方的政府官员和地方人大代表、政协委员时，Pol_loc 为 1，否则为 0
解释变量	资产负债率	Debt	总负债/总资产
	亏损逆转程度	ROA_reverse	下期总资产收益率 ROA_{t+1} 与当期总资产收益率 ROA_t 的差值
控制变量	企业规模	Size	企业总资产的自然对数
	成长性	Growth	营业收入增长额/上年营业收入总额
	管理层持股比例	Manage_holder	高管持股数量占总股数的比例
	第一大股东持股比例	Top1_holder	第一大股东持股数量占总股数的比例
	产权性质	State	若企业控股人为国家，则为 1，否则为 0
	上期是否亏损	Dum_loss_{t-1}	上一期净利润为负，取值为 1，否则为 0
	亏损当期总资产净利率	ROA_t	净利润/总资产
	行业属性	Industry	如果样本属于某行业，取值为 1，否则为 0
	年度变量	Year	如果样本是该年度，取值为 1，否则为 0

注：按照证监会行业分类标准（除了制造业细分为小类，其他行业均以大类划分）共 22 个行业，剔除金融保险类后，模型中共包含 21 个行业，设置了 20 个行业哑变量

8.3.3　模型设计

（1）为了考察政治关联对资本结构的影响，我们设置了以下待检验模型：

$$\mathrm{Debt} = \alpha_1 + \beta_1 \mathrm{Pol\_dum} + \beta_2 \mathrm{Growth} + \beta_3 \mathrm{ROA}_t + \beta_4 \mathrm{Size} + \sum \beta_i \times \mathrm{Industry} + \sum \beta_j \times \mathrm{Year} + \varepsilon \quad (8.1)$$

$$\mathrm{Debt} = \alpha_1 + \beta_1 \mathrm{Pol\_ratio} + \beta_2 \mathrm{Growth} + \beta_3 \mathrm{ROA}_t + \beta_4 \mathrm{Size} + \sum \beta_i \times \mathrm{Industry} + \sum \beta_j \times \mathrm{Year} + \varepsilon \quad (8.2)$$

$$\text{Debt} = \alpha_1 + \beta_1 \text{Pol\_cen} + \beta_2 \text{Pol\_loc} + \beta_3 \text{Growth} + \beta_4 \text{ROA}_t + \beta_5 \text{Size} + \sum \beta_i \times \text{Industry}$$
$$+ \sum \beta_j \times \text{Year} + \varepsilon \tag{8.3}$$

模型（8.1）中：被解释变量为资本结构（Debt），解释变量为是否政治关联（Pol_dum）。模型（8.2）中：被解释变量为资本结构（Debt），解释变量为政治关联比例（Pol_ratio）。模型（8.3）中：被解释变量为资本结构（Debt），解释变量为中央政治关联（Pol_cen）、地方政治关联（Pol_loc）。三个模型控制变量均为企业规模（Size）、成长性（Growth）、亏损当期总资产净利率（ROA$_t$）。

（2）为了检验资本结构与亏损逆转程度之间的关系，我们设置如下回归模型：

$$\text{ROA\_reverse} = \alpha + \beta_1 \text{Debt} + \beta_2 \text{Size} + \beta_3 \text{Growth} + \beta_4 \text{Manage\_holder} + \beta_5 \text{Top1\_holder}$$
$$+ \beta_6 \text{State} + \beta_7 \text{Dum\_loss}_{t-1} + \sum \beta_i \times \text{Industry} + \sum \beta_j \times \text{Year} + \varepsilon \tag{8.4}$$

模型（8.4）被解释变量为亏损逆转程度（ROA_reverse），解释变量为资本结构（Debt），控制变量为企业规模（Size）、成长性（Growth）、管理层持股比例（Manage_holder）、第一大股东持股比例（Top1_holder）、上期是否亏损（Dum_loss$_{t-1}$）、产权性质（State）、行业属性（Industry）、年度变量（Year）。

（3）为了研究政治关联是否对资本结构与亏损逆转程度敏感性带来中介效应，我们构建了以下模型：

$$\text{ROA\_reverse} = \alpha + \beta_1 \text{Pol\_dum} + \beta_2 \text{Debt} + \beta_3 \text{Pol\_dum\_Debt} + \beta_4 \text{Size} + \beta_5 \text{Growth}$$
$$+ \beta_6 \text{Manage\_holder} + \beta_7 \text{Top1 holder} + \beta_6 \text{State} + \beta_9 \text{Dum\_loss}_{t-1}$$
$$+ \sum \beta_i \times \text{Industry} + \sum \beta_j \times \text{Year} + \varepsilon \tag{8.5}$$

$$\text{ROA\_reverse} = \alpha + \beta_1 \text{Pol\_ratio} + \beta_2 \text{Debt} + \beta_3 \text{Pol\_ratio\_Debt} + \beta_4 \text{Size} + \beta_5 \text{Growth}$$
$$+ \beta_6 \text{Manage\_holder} + \beta_7 \text{Top1\_holder} + \beta_8 \text{State} + \beta_9 \text{Dum\_loss}_{t-1}$$
$$+ \sum \beta_i \times \text{Industry} + \sum \beta_j \times \text{Year} + \varepsilon \tag{8.6}$$

$$\text{ROA\_reverse} = \alpha + \beta_1 \text{Pol\_cen} + \beta_2 \text{Pol\_loc} + \beta_3 \text{Debt} + \beta_4 \text{Pol\_cen\_Debt}$$
$$+ \beta_5 \text{Pol\_loc\_Debt} + \beta_6 \text{Size} + \beta_7 \text{Growth} + \beta_8 \text{Manage\_holder}$$
$$+ \beta_9 \text{Top1\_holder} + \beta_{10} \text{State} + \beta_{11} \text{Dum\_loss}_{t-1}$$
$$+ \sum \beta_i \times \text{Industry} + \sum \beta_j \times \text{Year} + \varepsilon \tag{8.7}$$

三个模型的被解释变量均为亏损逆转程度（ROA_reverse）。模型（8.5）的解释变量为是否政治关联（Pol_dum）、资本结构（Debt）、是否政治关联与资本结构的交乘项（Pol_dum_Debt）。模型（8.6）的解释变量为政治关联比例（Pol×ratio）、资本结构（Debt）、政治关联比例与资本结构的交乘项（Pol_ratio×Debt）；模型（8.7）的解释变量为中央政治关联（Pol_cen）、地方政治关联（Pol_loc）、资本结构（Debt）、中央政治关联与资本结构的交乘项（Pol_cen×Debt）、地方政治关联与资本结构的交乘项（Pol_loc×Debt）。控制变量均为企业规模（Size）、成长性（Growth）、管理

层持股比例（Manage_holder）、第一大股东持股比例（Top1_holder）、上期是否亏
损（Dum_loss$_{t-1}$）、产权性质（State）、行业属性（Industry）、年度变量（Year）。

8.4　实　证　检　验

8.4.1　主要变量的描述性统计

根据表 8.3 变量的描述性统计，可以看出是否政治关联（Pol_dum）的均值为
0.767，标准差为 0.423，表明我国亏损上市公司普遍存在政治关联现象，与表 8.1
的判断相一致。政治关联比例（Pol_ratio）的均值为 0.119，标准差为 0.106，表
明亏损企业中具有政治背景的高管人数多，总体来看，亏损企业间具有政治背景
的高管总体差异不大。71.2% 的亏损企业存在地方政治关联（Pol_loc），仅有 19.1%
的亏损企业存在中央政治关联（Pol_cen），说明我国亏损企业更倾向于建立地方
政治关联而非中央政治关联，与假设相一致，且标准差分别为 0.453、0.394，说
明不同亏损企业的政治关联类型差异大。资产负债率（Debt）的均值为 0.778，说
明我国亏损企业普遍存在高负债的特点，标准差为 1.059，说明不同亏损程度的企
业资本结构差别大。成长性（Growth）的平均数为 -0.049，说明我国亏损企业普
遍存在营业收入下降的情况，成长性较差，这也符合大部分亏损企业的特征，标准
差为 0.781，说明不同亏损企业的成长性差异较大。企业规模（Size）自然对数的均
值为 21.236，说明我国亏损企业的规模较大，且不同企业的规模差异大，标准差为
1.272。管理者持股比例（Manage_holder）小，均值为 0.046，而第一大股东持股比
例（Top1_holder）为 0.315，说明我国亏损企业普遍存在控股股东突出的现象，这
也体现了亏损企业因高负债而相对提高了股权集中度，为后面分析大股东监督作用
或"隧道挖掘"效应的发挥奠定了基础。从 Dum_loss$_{t-1}$ 的均值来看，平均 26.3% 的
研究样本上期处于亏损状态，该部分企业本期仍然亏损，若下期还不能扭亏，则面
临被摘牌的厄运。从产权性质（State）可以看出亏损企业中超过 50% 的企业为国有
控股，这也符合我国的国情。

表 8.3　变量的描述性统计

变量	观测数	均值	标准差	中位数	25%分位数	75%分位数
Pol_dum	528	0.767	0.423	1.000	1.000	1.000
Pol_ratio	528	0.119	0.106	0.095	0.048	0.188
Pol_cen	528	0.191	0.394	0.000	0.000	0.000
Pol_loc	528	0.712	0.453	1.000	0.000	1.000

续表

变量	观测数	均值	标准差	中位数	25%分位数	75%分位数
Debt	528	0.778	1.059	0.643	0.480	0.802
ROA_reverse	528	0.145	0.639	0.062	0.022	0.130
ROA_t	528	−0.106	0.189	−0.058	−0.117	−0.027
Growth	528	−0.049	0.781	−0.093	−0.251	0.073
Size	528	21.236	1.272	21.107	20.417	22.033
Manage_holder	528	0.046	0.157	0.000	0.000	0.0002
Top1_holder	528	0.315	0.142	0.292	0.210	0.409
Dum_loss_{t-1}	528	0.263	0.441	0.000	0.000	1.000
State	528	0.549	0.498	0.000	1.000	1.000

8.4.2　政治关联与资本结构的回归分析

表 8.4 第（1）列解释变量 Pol_dum 系数为−0.203，并且在 5%的水平上显著相关，可见政治关联对资本结构是存在显著负向影响的，说明政治关联使亏损企业资产负债率下降，验证了假设 H8.1b，否定了假设 H8.1a。表明相比于无政治关联的亏损企业，政治关联企业的资产负债率更低。该结论与田利辉和张伟（2013）的观点完全相反。不同于普通盈利企业，我国亏损企业普遍存在高资产负债率的特点，新增债务产生的还本付息压力会使亏损企业财务困境"雪上加霜"，为了尽快扭亏为盈，保住上市资格，亏损企业更倾向于采用债务重组、获得政府补助、股权质押等方式进行扭亏（杜勇，2011；齐芬霞和马晨佳，2009），债务重组使企业因债务减免降低了负债水平，同时政治关联有利于促进亏损企业进行债务重组扭亏（李传宪，2014）。从控制变量来看，当期总资产净利率（ROA_t）、企业规模大小与资产负债率呈显著性负相关，表明经营业绩越差、规模越小的亏损企业更倾向于债务融资。成长性系数显著为正，因为成长性越好的企业，发展机会多，需要更多信贷资金的支持，资产负债率则越大。另外，表 8.4 中第（2）列、第（3）列显示，政治关联比例（Pol_ratio）、地方政治关联（Pol_loc）、中央政治关联（Pol_cen）的回归系数都不显著，表明政治关联的强度与层级差异并未对资本结构产生明显的影响。

表 8.4　政治关联与资本结构的普通最小二乘法回归

Debt	（1）	（2）	（3）
Pol_dum	−0.203** （0.040）	—	—
Pol_ratio	—	−0.399 （0.318）	—

续表

Debt	（1）	（2）	（3）
Pol_cen	—	—	−0.075 （0.481）
Pol_loc	—	—	−0.13 （0.161）
ROA_t	−1.747*** （0.000）	−1.734*** （0.000）	−1.745*** （0.000）
Growth	0.214*** （0.000）	0.211*** （0.000）	0.213*** （0.000）
Size	−0.175*** （0.000）	−0.179 （0.000）	−0.175 （0.000）
Industry	控制	控制	控制
Year	控制	控制	控制
_cons	4.657*** （0.000）	4.647*** （0.000）	4.607*** （0.000）
F	9.62	9.37	8.94
Adj_R^2	0.2175	0.2126	0.2133
N	528	528	528

和*分别表示在 5%和 1%水平上显著
注：括号内为 P 值

8.4.3　资本结构与亏损逆转程度的回归分析

为检验资产负债率对亏损逆转程度的影响，我们对假设 H8.2a 与 H8.2b 进行普通最小二乘法回归分析，资产负债率与亏损逆转程度普通最小二乘法回归分析结果见表 8.5。

表 8.5　资产负债率与亏损逆转程度普通最小二乘法回归分析结果

ROA_reverse	（1）
Debt	0.301*** （0.000）
Growth	0.308*** （0.000）
Size	−0.019 （0.310）
Manage_holder	−0.564*** （0.000）
Top1_holder	−0.105 （0.495）

续表

ROA_reverse	（1）
Dum_loss$_{t-1}$	−0.02 （0.685）
State	−0.082* （0.072）
Industry	控制
Year	控制
_cons	0.480 （0.232）
F	26.02
Adj_R^2	0.4871
N	528

*和*** 分别表示在 10%和 1%水平上显著

注：括号内为 P 值

从表 8.5 的回归结果可知，解释变量 Debt 系数在 1%的水平上显著为正，当资产负债率增加 1 个单位时，亏损逆转程度增加 0.301 个单位，该结果证实了 H8.2a，否定了 H8.2b。说明负债在亏损公司中发挥的债务治理正向效应大于债务成本效应，债务水平的提高有利于亏损公司扭亏。控制变量中，成长性对亏损逆转程度存在显著正向作用，成长性越好的亏损企业，越被投资者看好，越容易实现扭亏为盈。管理层持股、产权性质对亏损逆转程度存在显著负向作用，这可能是因为管理层持股比例越小，与大股东合谋掏空小股东利益的动机越小，扭亏程度越大。当企业实际控制人为国有时，更容易受到政府干预，公司治理水平低，扭亏难度大，亏损逆转程度越小。

8.4.4　政治关联、资本结构与亏损逆转程度的回归分析

观察表 8.6 中第（1）列，解释变量 Debt 系数为正，且在 1%水平上显著相关，表明负债更多发挥债务治理效应，资产负债率越大，扭亏程度也越大。解释变量 Pol_dum 系数显著为负，说明政治关联哑变量对亏损逆转程度存在负向作用，相比于无政治关联的亏损企业，政治关联企业的亏损逆转程度越小，这可能是由于行政干预产生的后果（Faccio and Lang，2002；张敏等，2010）。交叉项 Pol_dum×Debt 的系数在 1%水平上显著为正，说明政治关联产生的债务治理正向效应大于它带来的债务治理损害，总体上政治关联对资本结构与亏损逆转程度的敏感性产生一个促进功能，主要体现在资本结构对亏损逆转程度的影响被放大了。当不存在政治关联

时，资本结构提高 1 个单位水平，亏损逆转程度只提高 0.053 个单位水平，而当存在政治关联时，资本结构提高 1 个单位水平，亏损逆转程度提高了 0.693 个单位水平。因此，H8.3a 得到验证，拒绝 H8.3b。从控制变量来看，Growth 系数显著为正，成长性越好，亏损逆转程度越大。Size 系数、Dum_loss$_{t-1}$ 系数显著为负，这可能是由于公司规模越大，内部治理机制越复杂，越难以扭亏；上期已经亏损的企业，本期仍然亏损，表明企业经营状况持续恶化，未来亏损逆转的可能性更低。

表 8.6　政治关联、资本结构与亏损逆转程度普通最小二乘法回归分析结果

ROA_reverse	（1）	（2）	（3）
Pol_dum	−0.481*** (0.000)	—	—
Pol_dum×Debt	0.693*** (0.000)	—	—
Pol_ratio	—	−2.100*** (0.000)	—
Pol_ratio×Debt	—	2.827*** (0.000)	—
Pol_cen	—	—	0.123 (0.103)
Pol_loc	—	—	−0.475*** (0.000)
Pol_cen×Debt	—	—	−0.190* (0.067)
Pol_loc×Debt	—	—	0.704*** (0.000)
Debt	0.053*** (0.003)	0.207*** (0.000)	0.060*** (0.001)
Growth	0.161*** (0.000)	0.261*** (0.000)	0.156*** (0.000)
Size	−0.046*** (0.000)	−0.027 (0.123)	−0.042*** (0.001)
Manage_holder	0.109 (0.261)	−0.337*** (0.010)	−0.124 (0.199)
Top1_holder	−0.009 (0.933)	−0.103 (0.469)	−0.052 (0.617)
Dum_loss$_{t-1}$	−0.064* (0.054)	−0.089** (0.049)	−0.047 (0.151)
State	−0.046 (0.143)	−0.075* (0.078)	−0.046 (0.139)

ROA_reverse	（1）	（2）	（3）
_cons	1.166*** (0.000)	0.737*** (0.009)	1.065*** (0.000)
Industry	控制	控制	控制
Year	控制	控制	控制
F	76.97	31.5	72.36
Adj_R^2	0.7603	0.5601	0.7647
N	528	528	528

*、**、*** 分别表示在 10%、5% 和 1% 水平上显著

注：括号中为 P 值

　　进一步区分政治关联规模和类别后，重新对政治关联、资本结构与亏损逆转程度进行回归分析，结果见表 8.6 中第（2）列、第（3）列。首先，我们来看表 8.6 中第（2）列，Pol_ratio 回归系数显著为负，说明政治关联比例越大，亏损逆转程度越小，因为政治关联比例越大，与政府间的关系则越密切，受政治干预的范围越大，企业扭亏的效果就越差。Debt 系数为 0.207，在 1% 的统计水平上显著，说明负债比例越大，扭亏效果越好。交乘项 Pol_ratio×Debt 系数显著为正，证明了政治关联比例产生了正向债务治理作用，政治关联比例越大，资本结构与亏损逆转程度的敏感性越强，主要体现在 Debt 系数从 0.053 提高到 0.207。因此，我们接受假设 H8.3c，否定假设 H8.3d。同时，Pol_ratio×Debt 系数 2.827 明显大于 Pol_dum×Debt 系数 0.693，说明政治关联度越大，产生的正向债务治理效应也应该越大。

　　表 8.6 中第（3）列为区分中央政治关联与地方政治关联后的回归结果，我们发现，Pol_cen 系数不显著，Pol_loc 系数显著为 -0.475，表明中央政治关联对亏损逆转程度无影响，政治关联对亏损逆转程度的负相关作用主要取决于地方政治关联，这是因为亏损企业的经营活动和公司治理行为常常受到地方政府干预而非中央。交叉项 Pol_cen×Debt 的系数为 -0.190，Pol_loc×Debt 的系数为 0.704，且在统计上显著，说明中央政治关联对资本结构与亏损逆转程度之间的敏感性有小的削弱作用，而地方政治关联对资本结构与亏损逆转程度之间的敏感性有大的促进作用，一正一反抵消后，政治关联总体上对资本结构与亏损逆转程度之间的敏感性存在正向促进作用，这与表 8.6 中第（1）列、第（2）列得到的结论一致。同时，对 Pol_cen×Debt 与 Pol_loc×Debt 进行系数差异 t 检验，发现系数差异为 0，F 值为 66.1，且显著，说明中央政治关联和地方政治关联之间存在明显差异。因此，H8.3e 得到验证，否定假设 H3f。Debt 与 ROA_reverse 仍然显著正相关，与

前面结论一致。从控制变量来看，Growth 系数显著为正，代表成长性越好的企业，扭亏程度越大。Size 系数显著为负，说明亏损企业规模与扭亏程度负相关，规模越大，扭亏程度越小，控制变量结论均与表 8.6 中第（1）列、第（2）列结果保持一致。

8.4.5 稳健性检验

为保证研究结论的稳健性，进行必要的敏感性测试。基于主要探讨政治关联对资本结构与亏损逆转程度敏感性的影响，所以采用变量替换的方法，用下期总资产收益率（ROA_{t+1}）来替换模型的被解释变量亏损逆转程度（ROA_reverse），解释变量（政治关联、资本结构）与控制变量（成长性、公司规模、上期是否亏损、管理层持股比例、第一大股东持股比例、产权性质）保持不变。重新对模型（8.5）、模型（8.6）、模型（8.7）进行普通最小二乘法回归，稳健性检验结果见表 8.7。

表 8.7 稳健性检验结果

ROA_{t+1}	（1）	（2）	（3）
Pol_dum	−0.469*** （0.000）	—	—
Pol_dum×Debt	0.667*** （0.000）	—	—
Pol_ratio	—	−1.933*** （0.000）	—
Pol_ratio×Debt	—	2.693*** （0.000）	—
Pol_cen	—	—	0.204*** （0.002）
Pol_loc	—	—	−0.465*** （0.000）
Pol_cen×Debt	—	—	−0.317*** （0.000）
Pol_loc×Debt	—	—	0.687*** （0.000）
Debt	0.008 （0.593）	0.158*** （0.000）	0.014 （0.343）
Growth	0.138*** （0.000）	0.234*** （0.000）	0.130*** （0.000）
Size	−0.019 （0.100）	−0.001 （0.982）	−0.014 （0.221）

续表

ROA $_{t+1}$	（1）	（2）	（3）
Manage_holder	−0.074 （0.384）	−0.299** （0.014）	−0.090 （0.279）
Top1_holder	0.046 （0.620）	−0.042 （0.747）	−0.008 （0.930）
Dum_loss$_{t-1}$	−0.101*** （0.001）	−0.125*** （0.003）	−0.080*** （0.005）
State	−0.037 （0.181）	−0.065* （0.097）	−0.035 （0.193）
_cons	0.498** （0.041）	0.081 （0.813）	0.376 （0.112）
Industry	控制	控制	控制
Year	控制	控制	控制
F	76.41	26.8	76.5
Adj_R^2	0.7589	0.519	0.775
N	528	528	528

*、**、*** 分别表示在 10%、5%、1%水平上显著

注：括号内为 P 值

8.5　本章小结

8.5.1　研究结论

近年来，我国上市公司亏损现象日益频繁，如何扭亏为盈，保住弥足珍贵的壳资源成为亏损公司的首要任务。为深入探究其内外部治理机制，以为后来者提供经验借鉴，对 2009～2012 年我国 528 家亏损上市公司进行实证研究，得出以下结论。

（1）我国亏损上市公司普遍存在政治关联现象，并且政治关联对亏损逆转程度会产生直接影响。政治关联作为企业一种非正式的外部治理机制，搭建了政企之间的桥梁，使政企之间的沟通更畅通。关联企业可以凭借与政府的亲密关系从政府手中获取影响企业生存和发展的重要资源，如债务重组收益、政府补助、银行贷款等。但企业为了获得政府的支持，也要承担一些税收、就业等社会性责任。从实证分析来看，政治关联对企业扭亏业绩存在显著的负向作用。相比于无政治关联亏损企业，政治关联企业的亏损逆转程度更低，政治关联比例越大，这种负向作用越强。说明过多的行政干预，不仅没有帮助亏损企业走出困境，反而侵害

了亏损企业价值。进一步区分政治关联类别后发现：中央政治关联与亏损逆转程度不相关，地方政治关联与亏损逆转程度呈显著负相关，表明导致负面影响的行政干预主要来自地方。

（2）不同于普通盈利公司，政治关联会降低亏损公司资产负债率。因为我国亏损企业普遍存在高负债的特点，每期高昂的利息费用和还本压力使亏损公司面临财务风险与破产压力。债务水平的提高会增加亏损公司还本付息压力，对亏损上市公司来说无疑是"雪上加霜"。亏损上市公司为了尽快扭亏为盈以保住其上市资格和实现可持续发展，会更倾向于选择债务重组、争取政府补助等方式，因为债务重组利得和政府补助是一种无偿的资金转移，能使亏损企业在短时间内迅速扭亏，逃避证监会的处罚，保住上市资格。具有政治关联的亏损上市公司凭借其与政府间的亲密关系更容易与政府或政府投资主体达成债务重组协议和获得政府补助，从而导致债务水平的下降。

（3）资产负债率与亏损逆转程度正相关，债务融资规模越大，扭亏业绩越好。债务融资对企业来说不仅是一种重要的融资方式，更是一种治理机制。不同的资本结构能发挥不同的公司治理效应，主要体现在债务发挥治理效应或成本效应。经实证研究表明，我国亏损企业债务总体上发挥着正向债务治理作用，具体表现为债务引入债权人监督约束机制、股权集中度提高突出大股东的监督作用。

（4）本章研究的重点内容是考察政治关联、资本结构与亏损逆转程度的关系。回归结果表明政治关联增加了资本结构的扭亏业绩，即相比于无政治关联的亏损企业，政治关联企业的资本结构对亏损逆转程度的敏感性更强。政治关联主要通过影响企业债务治理机制的发挥从而影响资本结构与亏损逆转程度之间的关系。进一步地，政治关联比例越大，政治关联发挥的正向债务治理效应也越大，资本结构的扭亏业绩敏感性越强。区分政治关联为中央和地方类别后，发现政治关联对资本结构的扭亏业绩敏感性促进作用主要来源于地方政治关联，中央政治关联存在微弱的作用，这是因为中央政府仅掌控着部分大规模国有企业，更多中小规模亏损企业的经营活动和公司治理行为主要受到地方政府的影响。

8.5.2　政策性建议

根据本章研究结论，可以看出资本结构是通过发挥债务治理作用继而影响亏损公司扭亏业绩的。因此，完善的资本结构可以最大限度地发挥债务治理作用，实现企业价值最大化，促使企业扭亏。政治关联普遍存在于亏损企业中，政治关联总体上损害了亏损公司价值，使得企业难以完全按照市场化规律做出选择。处理好政企关系，合理地利用政治资源也是亏损企业必须直视的问题。从内外两方面着手，本章提出一些政策性建议，以期对提高亏损企业治理水平，帮助亏损企业脱帽保牌，促进我国资本市场的健康发展提供帮助和支持。具体政策性建议如下所示。

（1）深化市场改革，转变政府职能。在我国经济转轨的背景下，"强政府、弱治理"的现象依然明显，政府掌控着大量稀缺性资源，影响着企业的生存与发展。因此，要积极推进我国市场化进程，营造公平竞争的市场环境，发挥市场在资源配置中的基础性作用，进一步放开政府的经济管理权限。减少政府对企业的行政干预，使企业拥有更多的自主经营权。

（2）提高公司治理，实现自我突破。政治关联能为企业带来融资便利、税收优惠、政府补助、财务困境救助等收益，同时也会为满足政府的社会目标使企业付出代价。企业在考虑是否建立政治关联时应权衡利弊，深思熟虑，以长远的目标看待自身的发展，而不是盯着眼前的短期利益寻求政府的支持。依靠自身实力而不依赖于政府才是企业长治久安的生存之道。把更多的精力与资源投入到企业的日常经营和管理中，完善资本结构，提高公司治理水平，企业才能在纷繁复杂的市场竞争中脱颖而出。

（3）发展金融市场，强化债务治理。市场经济中，银行只有作为自负盈亏的市场参与主体、考虑到自身经济利益最大化时才有较强的动力通过信贷发挥对企业的监督约束作用。而我国银行（尤其是四大国有银行）的信贷决策往往行政干预，难以实现完全的市场化，银行难以充分发挥债权人的监督约束机制，增加了管理层的代理成本。推进我国金融市场发展，充分地发挥银行在公司治理中的作用，为债券市场和金融衍生工具的发展提供一个良好的环境，发展和完善各类融资渠道，使资本市场的品种多样化，更好地满足我国企业发展的需要。

（4）完善破产程序，加大执法力度。完善相关法律法规建设，确保有法可依、有法必依、执法必严、违法必究。我国目前施行 2006 年 8 月份颁布的《中华人民共和国企业破产法》势必给企业管理者带来压力，破产程序的严格执行可以避免政府的过度干预进而保证债务融资能够更好地发挥破产威胁效应，充分保护债权人和投资者的合法权益，为市场竞争提供良好的法治环境，符合我国市场经济发展的要求。同时，中国证券监督管理委员会应加强对亏损企业的监管和处罚力度。总而言之，只有在健康公平的制度环境之下，企业才能够专注于生产和创新，而不用花费心思为企业构建政治联系以克服制度缺陷对企业发展的阻碍，良好的制度环境对企业的发展和国家经济的增长至关重要。

第9章 亏损逆转质量、投资者信心与公司价值

9.1 引　　言

盈利状况作为投资者对公司进行价值判断的重要信息，已被国内外许多学者所证实。一般而言，盈利能力强的公司往往会受到投资者的青睐，而那些盈利能力差的公司往往会被投资者抛弃。然而，在信息和技术飞速发展的今天，仅仅依靠盈利能力对公司进行的价值判断可能并不全面。事实上，网络信息行业、高新技术企业中存在着大量的亏损公司，尽管当前的盈利能力很差，但其发展潜力很大，具有非常广阔的市场前景，如果仅仅依据公司当期的盈利状况对公司做出投资取舍，显然是不合情理的。国外许多学者的研究发现，在医药、通信等技术密集型行业中，传统的会计盈余信息与公司价值之间的相关性逐渐减弱，甚至变为负相关，说明在这些高新技术行业的亏损公司中，传统的盈余信息已经失去了其价值相关性。由此引人深思的问题是：既然传统的盈余信息与公司价值弱相关或者不相关，那么，对于那些被投资者看好的亏损公司，又是哪些因素决定了其公司价值呢？投资者依据什么信息来对这些亏损公司做出投资决策呢？对此，国外一些学者（Chambers，1996；Burgstahler et al.，2002；Joos and Plesko，2005；Kevin，2011）从不同角度提出了自己的见解，其思路主要是从放弃期权价值、研发支出、营销投入以及一次性注销等方面探讨了影响上市公司发生亏损逆转可能性的因素。他们的实证研究结论表明，亏损逆转可能性大的上市公司更容易受到投资者的青睐，更具有投资价值。然而，先前这些学者的研究尽管发现了在发生亏损逆转可能性较高的上市公司中，研发支出、营销投入等会计信息更具有价值相关性，但他们的分析都是基于上市公司是否发生亏损逆转进行的，没有关注到上市公司发生亏损逆转的程度。事实上，发生亏损逆转的上市公司在亏损逆转的程度上存在较大差异，导致投资者对他们的未来发展潜力评估结果各异，从而导致了不同的公司价值判断。特别是在我国现行的退市制度背景下，许多亏损上市公司发生的亏损逆转是出于规避连续三年亏损退市而进行盈余操控的结果，因此，发生亏损逆转的上市公司稳定性普遍较差，往往出现"二一二一"的反复性亏损现象。那么进一步的问题是投资者是如何看待这些亏损逆转情形不同的上市公司的呢？它们的亏损逆转质量差异与投资者信心、公司价值之间又是怎样的关系呢？带着对这些问题的回答，展开亏损逆转质量、投资者信心与公司价值的关系研究。为

了清楚地区分亏损逆转情形不同的上市公司，本章提出亏损逆转质量这一概念，主要用来反映上市公司发生亏损逆转的概率和亏损逆转的程度差异。一般而言，上市公司发生亏损逆转的概率越大、亏损逆转的程度越大，则表明该上市公司的亏损逆转质量越好。

　　本章贡献在于：①提出和界定亏损逆转质量这一概念，从上市公司在亏损以后发生亏损逆转的概率和亏损逆转的程度两个方面较为全面地反映上市公司发生亏损逆转的真实情况，从而在理论上丰富和拓展有关亏损逆转的研究文献，在实践上帮助公司管理层更加清晰地认识到公司的亏损严重程度和亏损原因，从而引导他们采取积极有效的扭亏措施。②就上市公司的亏损逆转质量、投资者信心与公司价值三者之间的关系进行实证检验，深入剖析亏损逆转质量通过投资者信心影响公司价值的内在机理，丰富有关投资者信心和公司价值评估的理论。

9.2　文　献　综　述

　　当前，国内尚无学者对亏损持续性或亏损逆转性进行专门的研究，国外学者则大多是将亏损持续性（逆转性）同公司价值评估问题放在一起进行研究的，重点关注的是公司亏损的持续性或发生亏损逆转的可能性对亏损公司价值产生的影响和亏损逆转性本身的测度研究，下面分别进行介绍。

9.2.1　亏损逆转性对公司价值的影响研究

　　早期涉及亏损持续性研究的文献主要集中于盈余价值相关性的分析中。许多学者的研究发现亏损公司的盈余相关性较低。Hayn（1995）的研究表明，亏损公司的盈余反应系数比盈利公司普遍要低，她将亏损公司的低盈余反应系数解释为股东拥有对亏损公司实行清算的选择权，从而使得亏损不可能持续很久。因此，亏损持续性成为亏损价值评估中放弃期权理论的前提，如果投资者预期亏损会持续下去，他们将会重置或清算公司的资产（Lipe and Bernard，1997；Wysocki，2003）。Sin 和 Watts（2000）拓展了 Hayn（1995）的研究，集中对财务健康型的亏损公司进行了研究，发现 Hayn（1995）提出的清算期权理论只是对于财务困境型亏损公司的低盈余反应系数起到很好的解释作用，对于财务健康型亏损公司，股东对亏损逆转的预期能够更好地解释盈余和股票回报之间的弱相关性。因为对于该类公司而言，投资者可能会给公司管理层一个处理坏消息的机会。公司管理层能够通过削减成本、出售非盈利项目、增加销售额等方式来应对不利消息（John，1993）。另外，一些公司的亏损可能是由管理层通过故意夸大当期负应计项目以清除账面数据而发生的"洗大澡"行为所致的（Guay et al.，1996）。

注意到盈余信息含量与盈余持续性之间的相关性，学者将涉及亏损持续性的研究从盈余价值相关性的研究转移到亏损信息含量的研究上。大量的研究表明，负盈余比正盈余传递的信息含量明显要少些。其原因之一可能是收益或损失的预期持续性有所不同（Barth，1998；Subramanyam and Wild，1996）。Satin（1992）检验了亏损公司的超额报酬与盈余变化之间的相关性，并没有发现亏损公司的盈余变化能够对超额报酬的变动进行解释的证据。Jan 和 Ou（1995）分别将初始回报对正盈余与负盈余水平及其变化进行回归，以此比较收益和亏损的信息含量。他们发现在每一年度研究中正盈余存在明显的信息含量。他们还发现回报对负盈余的相关性明显较弱，18 年中仅有 11 年的盈余变化和 10 年的盈余水平与回报存在显著相关性。Hayn（1995）通过回归的方法检验了亏损的信息含量，并分离了正盈余和负盈余的公司样本。她发现，如果只考虑盈利性的公司，盈余回报的关系会比考虑所有样本公司的情况强得多。如果仅考虑亏损样本公司，几乎很难发现亏损和股价变动之间存在关联。总之，这些研究证实了正盈余和负盈余的信息含量存在明显区别。在每一种情况下，这些研究都试图通过分析正盈余与负盈余在持续性上具有的潜在或明显的差异来解释它们在信息含量上的差异。Chambers（1996）在此基础上进一步检验了负盈余的信息含量即该信息含量与负盈余持续性之间的关系，发现那些仅发生一次亏损的公司的首亏信息含量比那些多次发生亏损的公司要低，首亏的信息含量比随后发生亏损的信息含量要多。此外，他还发现在首亏持续性不同的公司中，亏损的信息含量存在明显区别，首亏盈余变化系数与首亏持续性之间存在正相关性。

进一步的研究表明，亏损持续性或亏损逆转的可能性会影响到亏损公司的价值评估。Collins 等（1999）、Givoly 和 Hayn（2000）的研究均表明，盈余性质的变化会影响亏损的发生频率和价值评估。Burgstahler 等（2002）、Dechow 和 Ge（2006）认为投资者难以根据负的特别项目对未来盈余进行定价。他们的研究发现亏损持续性与特别项目存在负相关性。Ertimur（2004）的研究表明，多次亏损的公司比亏损一次的公司有更多的买卖价差，这表明亏损状态的公司，盈余和账面价值提供了比盈利公司更少的与资本市场相关的信息。Joos 和 Plesko（2005）通过检验亏损逆转模型，发现盈余和非盈余信息在预测亏损公司扭亏为盈的可能性时都是有用的。他们进一步按照亏损逆转的可能性将亏损公司分为持续性亏损和短暂性亏损，发现投资者不会给持续性亏损公司定价，而是非常积极地给短暂性亏损公司定价，并将其解释为"短暂性亏损是由负的应计会计项目引起的，这暗含着该类亏损公司的价格与会计谨慎性原则相符。相比之下，持续性亏损公司表现为巨额负的现金流和巨额的研发支出"。他们的研究表明，投资者并不会给持续性亏损中非研发成分定价，而是对那些在研发支出上产生正收益的持续性亏损公司估价。在持续性亏损公司的价值评估中，随着时间的推移，公司出现负现金流和研发支出成分的频率也在增加。这证实了亏损公司的价值是关于亏损持续性的函数。他们的研究拓展了 Givoly 和 Hayn（2000）得出的"美国公司盈利能力的下降并非与公司同期现金流的下降一致"结论。

上述相关的研究尽管都涉及亏损持续性的研究，但都是将其作为影响因素，视为研究客体，重点放在亏损持续性对盈余价值相关性、盈余信息含量、公司价值的影响等方面，而忽视了对亏损持续性自身的影响因素及其影响机理进行研究，而这些研究对于帮助亏损公司及时止亏、迅速扭亏、引导投资者识别亏损公司的内在价值和进行科学合理的投资决策至关重要，因此，很有必要将亏损持续性（逆转性）单独作为研究主体，对其自身的影响因素及其机理进行深入的研究。

9.2.2　亏损逆转性的测度研究

为了帮助投资者进行科学合理的投资决策，学者意识到对亏损公司的价值进行合理评估的重要性，而大量的研究均表明，亏损持续性是亏损公司价值的重要影响变量，于是，学者又将精力转移到对亏损持续性的测度研究上，而且基本都是从亏损持续性的对立面——亏损逆转性来间接测度亏损持续性的，他们相继提出了以下三种不同的测度方法。

第一种方法是使用指示变量来衡量上市公司是否发生亏损逆转。该种方法也是目前大多数学者（Joos and Plesko，2005；Jiang and Stark，2006）采用的方法。他们都是通过建立两类随机游走模型去预测亏损逆转性的，通常将亏损逆转性设为指示变量，并定义为：当亏损公司在下一期盈利时该变量取值为 1，当其在下一期继续亏损时该变量取值为 0。将亏损逆转性设为指示变量的方法主要关心的是上市公司在发生亏损后的下一会计期间是否会逆转，重点探讨的是亏损后的一个会计期间公司是否能够扭亏为盈，而没有考虑公司在亏损以后的第二期、第三期甚至更长的期间发生亏损逆转的可能性。事实上，许多上市公司发生亏损逆转的时期并不是在亏损以后的第一期，而是亏损以后更远的期间。此外，将亏损逆转性设置为指示变量的做法，仅仅只能识别亏损公司在下一期是否发生亏损逆转，无法对其发生亏损逆转的程度大小进行测度，而实际上，即使是在能够发生亏损逆转的亏损公司类别中，各家公司扭亏为盈的能力大小差异必将导致其各自的亏损逆转程度不同，因此，要深入分析上市公司发生的亏损逆转程度，仅将亏损逆转性设为指示变量的衡量方法显然是不够充分的。

第二种方法是使用所有亏损期盈余之和与首亏年度的亏损额的比值来衡量上

市公司发生亏损逆转的可能性。此方法由 Chambers（1996）提出，他使用上市公司在截止亏损当年的所有亏损期负盈余的现值之和与首亏年度的亏损额之比来表示上市公司首次发生亏损的持续性，其中，亏损期负盈余的现值以恰当的第一年穆迪公司披露的平均长期 A 等级公司的债券利率来进行贴现计算。按照此方法，单一亏损期的首亏持续性等于 1，多次亏损期的首亏持续性大于 1，由此可知，首亏持续性越小，公司发生亏损逆转的程度越大。该类方法尽管同时关注了单一亏损期和多次亏损期的亏损情况，但以所有亏损期负盈余的现值与首亏年度的亏损额之比来表示首次亏损的持续性的方法，更为准确地说其只考虑了那些只发生首次亏损的上市公司和发生多次亏损，但以后的多次亏损是自首次亏损开始连续发生的情形，但如果上市公司的多次亏损是属于自首次亏损以来间断发生的情形，则该衡量方法并不能真实地衡量首次亏损的持续性。事实上，大多数上市公司的多次亏损并非连续发生，而往往是间断发生的（Hayn，1995；Jiang and Stark，2006）。特别是在中国的证券市场上，先前学者（张昕和胡大源，2008；薛爽，2010）的研究表明，因为公司管理层存在强烈的免遭退市的动机和盈余管理行为倾向，上市公司往往是先亏损后盈利再亏损又盈利这样一直往复下去。所以该类方法也并不适合于对中国上市公司的亏损逆转性进行度量。

　　第三种方法是利用未来季度盈余来衡量公司的亏损逆转性。此方法由 Kevin（2011）提出，他选择季度盈余来预测亏损公司未来的盈余，通过预测未来盈余的正负来判断公司的亏损逆转性。他认为，季度盈余预测模型相对于两类随机游走模型和一类假定所有亏损都是短暂的模型所得到的亏损逆转性的结论要好，它显著地减小了预测误差，其原因在于预测的盈余既包含亏损逆转可能性的信息，又包括了亏损和盈利后未来盈余的信息。尽管预测的盈余和被估计的亏损逆转可能性之间存在高度相关性（皮尔逊相关系数为 0.760），但预测的盈余包含了有关亏损公司未来业绩更多的信息。此种方法用季度盈余预测模型预测的下一季度盈余值来判断亏损公司的亏损逆转性，相比于第一种度量亏损逆转性的方法有两点优势：其一，季度盈余预测值的正负能够更为直观地反映上市公司的亏损逆转性，回答了能否逆转的问题；其二，季度盈余预测值的大小本身反映了上市公司发生亏损逆转或亏损持续的程度，如果该预测值为正，则其大小反映了亏损上市公司发生逆转的程度，说明了其扭亏为盈的能力高低；如果该预测值为负，则其大小反映了亏损持续的程度，说明了公司亏损的严重性。而且该预测盈余的方法是采取逐期滚动预测的，弥补了第二种亏损逆转性衡量方法的不足。然而，季度盈余是会计应计制下的计算结果，即会计盈余为正的上市公司可能会存在现金流量的不足，这将导致其因资金匮乏而无法开展正常的投资和经营活动，从而影响到上市公司亏损逆转的真实性。因此，单独使用第三种方法也并不能真实地反映上市公司亏损逆转的质量。

鉴于上述各类方法对亏损逆转质量评价的缺陷，考虑到中国现实的情境，提出同时从亏损逆转的概率和亏损逆转的程度两个维度对中国上市公司在发生亏损以后的亏损逆转质量进行较为全面、合理的评价，其中，亏损逆转的概率以 Logistic 回归后的亏损逆转概率来衡量，亏损逆转的程度大小以亏损后第一年度的资产净利率与亏损当年的资产净利率之差来衡量，综合上述两项指标通过主成分分析方法计算和度量中国亏损上市公司的亏损逆转质量。

9.3　理论分析与研究假设

9.3.1　亏损逆转质量与投资者信心的关系

无论是中央政府还是地方政府，与其所管辖的上市公司有着千丝万缕的关系。许多上市公司不仅是各地政府的重要纳税大户，同时还担负着解决当地的就业人口压力、加快当地的经济增长速度等许多社会功能，因此，上市公司往往会受到地方政府的优先资助。特别是当上市公司处于亏损状态时，地方政府有很强的动力和能力对亏损上市公司实施直接的政府补贴或间接地对亏损上市公司实施债务减免。事实上，在我国现阶段，许多亏损上市公司，特别是那些已经连续两年亏损的上市公司，濒临退市的上市公司更容易受到政府的援助。逯东等（2010）、步丹璐和郁智（2012）的研究都表明，政府补助对亏损上市公司价值有显著的正面影响。与此同时，步丹璐和黄杰（2013）通过对京东方案例分析发现，从市场反应来看，京东方 2007 年第一次获得政府补助 2.17 亿元增强了投资者的信心和预期，对 2009 年与 2011 年京东方分别获得 7 亿元和 6.66 亿元的更高的政府补助，投资者却没有积极的反应，甚至出现个股超额回报率进一步下降。由此看来，我国普遍存在的政府补助尽管短期来看能够帮助亏损上市公司尽快扭亏，特别是对于那些濒临退市的上市公司，通过获得政府补助可以在短期内迅速扭亏而保护其壳资源，但这种短期的亏损逆转质量提升并不对亏损上市公司的长期业绩产生实质性作用，相反，还让许多亏损上市公司对政府的补助产生严重的依赖心理，这引发了逐渐理性的投资者对该类上市公司未来发展前景的担忧，从而导致上市公司的亏损逆转质量越好，投资者信心反而下降的情形。由此，本章提出以下假设。

H9.1：上市公司的亏损逆转质量对投资者信心存在显著的负面影响。

在市场化进程较慢的地区，因为各项监管制度与法律法规尚不健全，企业与政府之间的政治关联成为一种非正式制度，所以在一定程度上弥补了正式制度的不足。那些政治关联较强的上市公司往往能够获得较多的政府补助从而能够在短期内迅速扭亏，但由于政府补助的短暂性和外部性，投资者普遍会认为上市公司在短期内的亏损逆转不会持续太久，从而降低投资者对公司未来发展的信心。按此逻辑，在市场化进程较慢的地区，投资者对公司未来前景的判断会更多地依赖于公司亏损逆转质量，即亏损逆转质量较好的上市公司会向投资者传递公司逆转并非实质性好转的信号，从而降低投资者对其未来持续好转的信心。相比之下，在市场化进程较快的地区，较为健全和执行力较高的各项监管制度与法律法规在一定程度上限制了亏损上市公司依赖于政府补助进行扭亏的机会和能力，这时，较好的亏损逆转质量更令投资者相信上市公司是依靠真实的业绩扭转取得的，因而削弱了亏损逆转质量对投资者信心的负面影响，甚至有可能增强投资者对公司未来发展的信心。由此本章提出以下假设。

H9.2：市场化进程较慢地区的上市公司亏损逆转质量对投资者信心的负面影响明显高于市场化进程较快地区的上市公司。

9.3.2　投资者信心与公司价值的关系

金融市场的运行规律表明，投资者信心的增强对于促进资本市场的稳定健康发展、提升上市公司的市场价值起到了非常重要的作用。许多学者（Baker and Wurgler，2007；伍燕然和韩立岩，2007）在对投资者情绪和股票收益关系的研究中发现，投资者信心是影响投资者情绪的一个关键因素，投资者情绪能够对股票市场的风险收益和股票均衡价格产生显著影响。王春和徐龙炳（2009）认为，作为投资者自身存在的一种心理特征——投资者信心的变化会改变投资者的信念和决策行为，从而引起公司股票交易量和交易价格发生变化，最终对公司价值产生一定的影响。雷光勇等（2012）的研究表明，证券市场是一个期望自我满足的市场，其活跃程度取决于市场参与者的信心。投资者对股票市场信心的增强会点燃他们高涨的投资情绪，从而引发他们强烈的投资欲望，受到利益驱动机制的影响，投资者自然会增强对其看好的股票持有量，导致带来大量的股票买入，从而引起股价上升；反之，投资者信心的散失会使投资者情绪低落，降低他们参与股票交易的活跃程度，此时，出于担心股票下跌而自己的财富受损的考虑，投资者大多选择出仓止损，股票的抛售最终引起股价下跌。由此本章提出以下假设。

H9.3：上市公司投资者信心与公司价值之间存在显著的正相关性。

9.3.3　亏损逆转质量、投资者信心与公司价值的关系

在中国现行的财政分权制度和地方政府面临经济竞争压力的情景下，地方政府往往会给其所辖的上市公司更多的扶持。特别是当地方政府所辖的上市公司出

现亏损时，为了让上市公司能够持续地为当地经济发展、就业增长以及财政税收等方面做出贡献，地方政府官员会采取财政补贴、税收优惠以及贷款担保等方式对亏损上市公司进行扶持，这使得亏损上市公司在短期内呈现出亏损逆转质量较高（即亏损逆转的概率较高、亏损逆转程度较大）的状态。然而，这种短期亏损逆转质量的提升并非公司业绩实质性好转所致，不具有持续性。在投资者看来，这些亏损逆转质量较好的上市公司价值可能更多地受到当地政府行政干预的影响，因而投资者信心与公司价值之间的相关性可能较弱。相反，对于那些亏损逆转可能性较小、亏损逆转程度较差（即短期内亏损逆转质量较差）的上市公司，其公司价值更多地取决于公司真实的业绩，投资者认为它们的亏损逆转质量更能够真实地反映公司的经营状况，因而其公司价值更多地受到公司财务信息的影响，此时，以财务信息为基础建立的投资者信心与公司价值之间的相关性较强。由此来看，尽管投资者信心的强弱在一定条件下决定了投资者对公司投资价值的青睐程度，然而，这种关系会受到上市公司在短期内的亏损逆转质量高低的影响。由此，本章提出以下假设。

H9.4：与亏损逆转质量较高的公司相比，亏损逆转质量较低的公司投资者信心与公司价值之间的正相关性得到增强。

9.4　研 究 设 计

9.4.1　样本的选择

考虑到中国证监会于 2003 年 3 月 18 日颁布并实施了《关于执行＜亏损上市公司暂停上市和终止上市实施办法（修订）＞的补充规定》，这些补充规定对亏损股本身在当年及以后年度造成的影响较大，因此，选择了从 2003 年以后发生亏损的 A 股上市公司作为研究总样本，另外，因为在计算亏损逆转质量变量时要用到亏损后第一年度的数据，所以选择了从 2003～2011 年发生亏损的上市公司作为研究总样本，实际在计算各变量时跨越了从 2003～2012 年的十个会计年度的亏损上市公司数据。为确保财务数据的完整性和准确性，剔除了金融保险行业以及各项财务指标数据异常的公司样本。经过上述处理之后，研究最终保留了 1233 家公司样本。

9.4.2　变量的设计

1. 亏损逆转质量的度量

鉴于上述各类方法对亏损逆转质量评价的缺陷，考虑到中国现实的情境，本章提出同时从亏损逆转的概率和亏损逆转的程度两个维度对中国上市公司在发生亏损以后的亏损逆转质量进行较为全面、合理的评价，其中，亏损逆转的概率以 Logistic 回归后的亏损逆转概率来衡量，亏损逆转的程度大小以亏损后第一年度的资产净利率与亏损当年的资产净利率之差来衡量，综合上述两项指标通过主成分分析法设计计算和度量中国亏损上市公司的亏损逆转质量。

2. 投资者信心的度量

现有的文献中对投资者信心的衡量主要采用股票年换手率（Beaver，1968；史金艳等，2011），这一指标尽管能够很好地度量市场投资者情绪，但由于噪声交易者的存在该指标并不能完全反映投资者信心，考虑到投资者信心与投资者情绪之间的区别和联系，在借鉴雷光勇等（2012）方法的基础上，利用主成分分析法对亏损后第一年的机构投资者持股比率、主营业务收入增长率、股票年换手率三个指标进行合成，并通过计算其主成分综合得分来度量上市公司投资者信心的高低。

3. 公司价值的度量

关于上市公司价值的度量，目前最为普遍使用的就是市盈率指标，但在实际使用中存在难以区分同行业上市公司之间的差异和测量静态、动态以及预测市盈率较难等缺陷，因此，利用上市公司在亏损后第一年的每股内涵价值来表示亏损上市公司价值的高低。其中，每股内涵价值 =(股票市值 + 净债务)/期末普通股股数，净债务 = 负债总额–应付工资–应付福利费–应付股利–应交税金–其他应交款–预提费用–递延税款贷项。

4. 控制变量

考虑到除了亏损逆转质量的其他变量也可能对投资者信心、上市公司价值产生影响，在借鉴先前有关文献的基础上设置了如表 9.1 所示的主要控制变量定义。

表 9.1　主要控制变量定义

变量类型	变量名称	变量代码	变量定义
被解释变量	公司价值	VALU	利用上市公司在亏损后第一年的每股内涵价值表示公司价值的高低。其中，每股内涵价值 =(股票市值 + 净债务)/期末普通股股数，净债务 = 负债总额–应付工资–应付福利费–应付股利–应交税金–其他应交款–预提费用–递延税款贷项
	投资者信心	INCO	用亏损后第一年的机构投资者持股比率、主营业务收入增长率、股票年换手率三个指标的主成分综合得分来表示

续表

变量类型	变量名称	变量代码	变量定义
解释变量	亏损逆转质量	NZZL	先根据样本公司在亏损后第一年与亏损当年的财务指标变化情况用内容分析法分别对亏损逆转速度、亏损逆转程度两个方面进行判断和识别，再将亏损逆转速度、亏损逆转程度两个指标运用主成分分析法合成一个指标，以此表示亏损逆转质量。稳健性检验时用传统的亏损逆转速度（即亏损后第一年是否扭亏）来度量亏损逆转质量
	亏损逆转质量虚拟变量	NZZL_dummy	将衡量亏损逆转质量变量按照中位数设置虚拟变量，大于中位数设置为1，表明亏损逆转质量较好；否则设置为0，表明亏损逆转质量较差
控制变量	是否非首次亏损	SFSK	哑变量，上市公司在亏损当年是否是非首次发生亏损，如果是，取值为1，否则为0
	现金充裕性	XJCY	取本样公司在亏损当年的每股现金净流量表示
	资产负债率	DEBT	用公司当年的负债/总资产的比率表示
	资产规模	SIZE	取该样本在亏损当年年末总资产的自然对数表示
	年度变量	YEAR	如果样本是该年度，取值为1，否则为0
	行业变量	INDU	如果样本是该行业（其中制造业按照所属明细行业进行分类），取值为1，否则为0

9.4.3 模型的设计

为了考察亏损逆转质量、投资者信心与公司价值三者之间的关系，分别设置了两种回归模型，如下所示：

$$\text{INCO}_{i,t} = \alpha_0 + \alpha_1 \text{NZZL}_{i,t} + \alpha_2 \text{SFSK}_{i,t} + \alpha_3 \text{SIZE}_{i,t} + \alpha_4 \text{DEBT}_{i,t} + \sum \text{YEAR}$$
$$+ \sum \text{INDU} + \varepsilon_{i,t}$$

（9.1）

$$\text{VALU}_{i,t} = \beta_0 + \beta_1 \text{INCO}_{i,t} + \beta_2 \text{NZZL\_dummy}_{i,t} + \beta_3 \text{NZZL\_dummy}_{i,t} \times \text{INCO}_{i,t}$$
$$+ \beta_4 \text{SFSK}_{i,t} + \beta_5 \text{SIZE}_{i,t} + \beta_6 \text{DEBT}_{i,t} + \sum \text{YEAR} + \sum \text{INDU} + \varepsilon_{i,t}$$

（9.2）

其中，$\text{VALU}_{i,t}$ 表示第 i 家上市公司在第 t 年末的公司价值，$\text{NZZL}_{i,t}$ 表示第 i 家上市公司在第 t 年末的亏损逆转质量，$\text{INCO}_{i,t}$ 表示第 i 家上市公司在第 t 年末的投资者信心，$\text{NZZL\_dummy}_{i,t}$ 表示亏损逆转质量虚拟变量，此外，根据已有文献研究，还设置了上市公司是否非首次亏损（SFSK）、资产规模（SIZE）、资产负债率（DEBT）、年度和行业等控制变量，$\varepsilon_{i,t}$ 表示模型的扰动项。模型（9.1）用来验证亏损逆转质量对上市公司投资者信心的驱动效应。模型（9.2）用来验证亏损逆转质量对上市公司价值以及对投资者信心与上市公司价值之间关系的影响效应。

9.4.4　描述性统计分析

全样本各个主要回归变量的描述性统计结果如表 9.2 所示。

表 9.2　全样本各个主要回归变量的描述性统计结果

变量名称	变量代码	样本数	均值	中位数	最小值	最大值	标准差
公司价值	VALU	1233	10.659	8.962	1.174	75.901	7.110
投资者信心	INCO	1233	0	−0.112	−14.184	3.969	0.999
亏损逆转质量	NZZL	1233	0	0.063	−4.592	13.224	1.000
是否非首次亏损	SFSK	1233	0.683	1.000	0	1.000	0.466
现金充裕性	XJCY	1233	−0.134	−0.032	−4.195	3.829	0.531
资产负债率	DEBT	1233	0.798	0.645	0.000	9.290	0.910
资产规模	SIZE	1233	20.852	20.822	16.831	25.404	1.083

从表 9.2 中可以看到，上市公司的公司价值最小为 1.174，最大为 75.901，且标准差达到 7.110，表明各家上市公司的每股内涵价值相差较大，市场对不同类型的亏损公司价值判断存在较大差异。投资者信心由采用主成分分析计算的综合得分表示，得分为负数表示投资者信心较弱，得分为正数表示投资者信心较强，其均值为 0 表示投资者信心的强弱是相对于整个样本公司的平均值而言，并且投资者信心中位数为−0.112，表明投资者对大多数亏损上市公司表现出信心不足。亏损逆转质量同样采用主成分分析计算，其得分负数表示亏损逆转质量较差，得分正数表示亏损逆转质量较好，其均值为 0 表示亏损逆转质量的好坏是相对于整个样本公司的平均值而言，并且亏损逆转质量的中位数为 0.063，表明大部分亏损上市公司在亏损后第一年的逆转质量较好。是否非首次亏损均值为 0.683，表示仅有 31.7%的上市公司是首次亏损，即大部分上市公司在样本当年之前至少已经发生过一次亏损。现金充裕性均值为−0.134，中位数为−0.032，表明样本公司整体上都存在现金流量不足的情形。资产负债率最高达到 9.290，均值为 0.798，表明上市公司的资产负债率处于较高水平。资产规模均值为 20.852，标准差为 1.083，表示各家上市公司规模存在一定的差异。

9.5　实　证　分　析

9.5.1　模型回归结果及分析

首先，利用全样本对模型（9.1）进行回归分析，其结果见表 9.3。从表 9.3 显示的回归结果来看，利用全样本和按照市场化进程快慢的分组进行模型回归的检验结果显示，F 值均在 1% 的统计水平上显著，说明各个线性回归模型拟合的效果均较好，表明此模型不存在严重的一阶序列相关性。

全样本下面左列为各变量回归系数，全样本右边这列下面所有数值都要加上括号（　），表示回归系数对应的双边 t 检验值。同样的处理，市场化进程较快（较慢）的地区下面右列的数值都要加括号，表 9.4 中类似。

表 9.3　模型（9.1）各变量关系模型的回归结果

变量	全样本		市场化进程较快的地区		市场化进程较慢的地区	
Constant	0.294	(0.479)	0.125	(0.127)	0.821	(1.294)
NZZL	−0.046	(−1.366)	−0.028	(−0.528)	−0.067[*]	(−1.777)
SFSK	−0.044	(−0.765)	−0.095	(−0.943)	−0.006	(−0.102)
XJCY	−0.079	(−1.624)	−0.074	(−0.890)	−0.107[**]	(−2.162)
DEBT	−0.093[***]	(−3.034)	−0.078	(−1.561)	−0.105[***]	(−3.038)
SIZE	−0.005	(−0.190)	0.009	(0.194)	−0.035	(−1.193)
YEAR	控制		控制		控制	
INDU	控制		控制		控制	
N	1233		617		616	
F	13.246[***]		4.162[***]		15.682[***]	
Adj_R^2	0.241		0.141		0.433	

*、**和***分别表示在 10%、5%和 1%的水平上显著

注：（1）括号中数字为相应的双边 t 检验值

（2）年度、行业虚拟变量中的"控制"代表参与了相应模型的回归过程，由于篇幅所限，没有将年度、行业虚拟变量的检验结果列出来

表 9.3 的实证检验结果表明，全样本公司的亏损逆转质量回归系数为负数，但并不显著，表明全样本公司的亏损逆转质量并没有对投资者信心产生明显的负

面影响，这就无法证实前面的假设 H9.1。进一步地，按照样本公司所在地区的市场化进程速度进行区分后，重新对模型（9.1）进行回归分析的结果显示，在市场化进程较慢的地区，样本公司的亏损逆转质量（NZZL）回归系数为-0.067，且在 10% 的统计水平上显著；而在市场化进程较快的地区，样本公司的亏损逆转质量（NZZL）回归系数为-0.028，但不显著，这表明市场化进程较慢地区的公司亏损逆转质量对投资者信心的负面影响高于市场化进程较快地区的公司，也就证实了前面的假设 H9.2。这些结果表明，上市公司的亏损逆转质量对投资者信心的负面影响程度与公司所在地区的市场进程化程度有关。

其次，利用全样本对模型（9.2）进行回归分析，其结果见表 9.4。从表 9.4 显示的回归结果来看，三个模型的全样本数据回归的检验结果 F 值在 1% 的水平上显著，说明线性回归模型拟合的效果较好。由于各个模型的测试变量和控制变量的方差膨胀因子最大值都在 5 以内，说明各自变量之间不存在严重的多重共线性问题。这些检验确保了用多元线性模型进行变量回归分析的合理性。表 9.4 的实证检验结果表明，当用亏损后第一年股票内涵价值表示公司价值时，投资者信心（INCO）的回归系数为正，且在 5% 的统计水平上显著，表明投资者信心越强，公司价值越高，即证实了假设 H9.3。参照通常的做法，将衡量亏损逆转质量变量按照中位数设置虚拟变量，大于中位数设置为 1，否则设置为 0，以此衡量上市公司亏损逆转质量对投资者信心与公司价值之间关系的影响。表 9.4 的回归结果显示，亏损逆转质量虚拟变量与投资者信心变量的交叉项回归系数（NZZL×INCO）尽管为负，但不显著，表明亏损逆转质量的优劣对投资者信心与亏损上市公司价值之间的关系并无明显的影响，这就无法证实前面的假设 H9.4。其原因可能有二：其一，我国资本市场处于尚不成熟的阶段，亏损上市公司发生亏损逆转的原因比较复杂，政府干预的程度较为严重，使得投资者对上市公司在短期内的亏损逆转质量的高低并不十分看重，他们更多地看重公司是否存在重大事件（如并购重组、重大关联方交易等），加上庄家操纵、信息噪声的存在，导致亏损逆转质量对投资者信心与公司价值关系的影响并不明显。其二，上市公司的亏损逆转质量之所以可能降低投资者信心与公司价值之间的正相关性，是因为投资者认为政府对亏损上市公司实施的财政补贴、债务减免、贷款担保等扶持行为仅仅是短暂的，不可持续的，但如果亏损上市公司发生连续几年亏损的局面，地方政府官员很有可能在其后续的亏损年份继续给予上市公司进行补贴和债务减免，特别是那些濒临破产的上市公司，地方政府对其扶持的意愿和力度可能会更大，这样原本不可持续、一次性的政府扶持变得可持续了。事实上，即便一些上市公司已经扭亏为盈了，但仍然可能受到地方政府或中央政府的支持，特别是一些受到国家宏观调控重点扶持领域的上市公司，可能会连续多年都获得财政补贴或税收减免。在上述的情形下，投资者信心与公司价值之间的相关性就不会受到亏损逆转质量的显著影响。

表 9.4　模型（9.2）各变量关系模型的回归结果

变量	全样本		市场化进程较快的地区		市场化进程较慢的地区	
Constant	−16.418***	(−3.962)	−11.429**	(−2.054)	−19.116***	(−3.000)
INCO	0.805**	(2.528)	0.801*	(1.931)	0.710	(1.433)
NZZL	1.198***	(2.653)	1.778***	(2.826)	0.355	(0.541)
NZZL×INCO	−0.541	(−1.442)	−0.555	(−1.179)	−0.443	(−0.663)
SFSK	−1.443***	(−3.624)	−1.692***	(−3.069)	−1.137**	(−1.927)
XJCY	−0.143	(−0.428)	1.424***	(3.123)	−2.085***	(4.286)
DEBT	−0.364*	(−1.713)	0.351	(1.286)	0.218	(0.635)
SIZE	1.399***	(7.530)	1.185***	(4.775)	1.573***	(5.530)
INDU	控制		控制		控制	
YEAR	控制		控制		控制	
N	1233		617		616	
F	16.134***		5.372***		9.674***	
Adj_R²	0.295		0.363		0.324	

*、**和***分别表示在 10%、5%和 1%的水平上显著

注：（1）括号中数字为相应的双边 t 检验值

（2）年度虚拟变量中的"控制"代表参与了相应模型的回归过程，由于篇幅所限，没有将年度虚拟变量的检验结果列出来

9.5.2　稳健性检验

为了考察上述研究结果的可靠性，做了以下几种稳健性检验：①为了保证上述亏损上市公司亏损逆转质量度量方法的可靠性，用传统的亏损逆转速度（即亏损后第一年是否扭亏）来表示亏损逆转质量，结果表明，除了模型（9.1）个别变量的回归系数显著性水平增强、模型（9.2）中个别变量的回归系数显著性水平有所减弱但仍然显著，其余变量的回归系数显著性都保持不变，说明原有的研究结论不存在测量误差导致的内生性问题。②用机构投资者持股比例替换投资者信心的度量指标，对上述模型重新进行了回归分析。③考虑到2005年开始的股权分置改革可能会干扰上述的实证研究结论，这里删去了2003～2005年的亏损样本公司，对2006～2011年的亏损样本公司进行了重新回归分析。所有这些稳健性检验的结果基本保持了与原有结果的一致性，从而证实了上述研究结论的可靠性。

9.6 本 章 小 结

首先结合公司价值评估理论和投资者市场情绪理论对亏损逆转质量、投资者信心与公司价值三者之间的关系进行了理论分析,然后以 2003～2011 年发生亏损的上市公司作为研究总样本,利用多元线性回归模型实证检验了亏损逆转质量、投资者信心与公司价值三者之间的逻辑关系。实证结果表明,与市场化进程较快的地区相比,市场化进程较慢地区的上市公司在短期内的亏损逆转质量对投资者信心存在显著的负面影响,投资者信心对上市公司价值存在显著的正面影响,但亏损逆转质量并没有对投资者信心与公司价值之间的相关性产生明显的影响。

本章研究在理论上突破了传统的仅仅停留在就会计盈余与上市公司价值关系的表层分析,通过引入外部资本市场的投资者信心因素,揭示了亏损逆转质量影响上市公司价值的内在机理和驱动路径,这为投资者认识亏损逆转质量与上市公司价值之间的真实关系提供了重要的经验证据,同时也进一步丰富了公司价值评估理论。在实践中,研究结论引导政府在对亏损上市公司进行监管时,不仅要关注亏损上市公司盈余信息变化的方向,还要关注其盈余信息变化的幅度、盈余信息变化的及时性、真实性以及变化后的稳定性等方面的具体情况,为此,政府监管部门要建立相应的长效考核和监督机制,对上市公司在亏损前、亏损中以及扭亏后的具体信息进行全方位跟踪监控和评价。

本章研究的不足在于:尽管用亏损逆转的概率和亏损逆转的程度两个指标度量了亏损逆转质量,但是这两个指标只能反映亏损后第一年上市公司发生亏损逆转的情况,即仅仅衡量了短期亏损逆转质量,没有从长期的视角去关注上市公司亏损逆转的稳定状况,如果能够观察亏损后连续几年的逆转情况,将更为全面地评价上市公司的亏损逆转质量。这也是作者今后计划进一步深入研究的方向和内容。

第10章 研究结论与政策建议

10.1 研　究　结　论

10.1.1 已有关于大股东与亏损逆转问题研究存在的缺陷

本书通过对国内外文献的梳理发现，尚未有学者就股东异质性对上市公司亏损逆转的影响展开专门的研究，仅有一篇文章《控股股东性质、利益输送与盈余管理幅度——来自中国 A 股公司首次亏损年度的经验证据》（雷光勇和刘慧龙，2007）涉及了控股股东性质与上市公司首次亏损年度负向盈余管理幅度之间的关系，该文尽管讨论了股东性质与上市公司扭亏能力之间的关系，但重点分析的是第一大股东身份与亏损公司获取大股东利益输送机会及负向盈余管理幅度的关系，并未直接研究股东异质性对上市公司亏损逆转的影响，而且其对股东性质的划分角度过于狭窄，没有考虑到其他控股股东和非控股股东的性质差异。而且先前学者对亏损逆转问题的研究仅仅关注的是亏损上市公司是否会在以后发生亏损逆转的情形，忽视了其发生亏损逆转的真实性和亏损逆转的程度大小，也没有考虑到不同性质的大股东在亏损偏好程度、扭亏动机和支持程度以及扭亏途径的选择上存在的差异。

10.1.2 大股东影响力异质性对上市公司亏损逆转质量的影响

鉴于先前学者对亏损逆转问题的研究没有考虑到不同产权性质的大股东在对待亏损的态度、扭亏动机和支持程度以及扭亏途径选择上存在差异，本书考虑到亏损上市公司第一大股东在股权影响力、政府影响力以及控制影响力等方面的异质性，分析了这些异质性特征对上市公司在亏损以后发生亏损逆转的可能性带来的影响，再结合中国证券市场上 2003~2010 年（跨越了 2003~2013 年的 11 个会计年度）发生亏损的 1149 家上市公司作为样本数据，依据其第一大股东持股是否是控股股东、第一大股东是否具有国有属性以及两权分离度将其进行了分组研究。本书的研究结果表明，第一大股东在上市公司亏损后增持股票的比例越高，上市公司在短期内发生亏损逆转的可能性越大，但扭亏后第二年、第三年更有可能再次发生亏损。第一大股东为国有身份的样本组在短期内亏损逆转的可能性上明显

高于第一大股东为其他身份的样本组。第一大股东的两权分离度越大，上市公司
在短期内发生亏损逆转可能性越小，但第一大股东的产权性质和两权分离度并没
有对上市公司扭亏后第二年、第三年再次发生亏损的可能性产生影响。此外，本
书的研究还表明，公司是否是首次发生亏损、公司规模、公司的债务负担以及公
司的成长性等因素均对亏损上市公司在亏损后第一年发生亏损逆转的可能性存在
显著影响。

10.1.3　大股东股权质押特征对上市公司亏损逆转质量的影响

本书考虑了上市公司的盈亏状况，结合亏损上市公司的财务特征，分析了股
权质押对亏损上市公司在亏损以后发生亏损逆转程度的影响。本书选取我国
2003～2012 年发生亏损的上市公司为研究对象，首先比较了产权性质不同的亏损
上市公司发生股权质押行为的差异，然后分析了股权质押行为对亏损上市公司发
生亏损逆转程度的影响，并进一步分析了产权性质对股权质押行为与亏损上市公
司亏损逆转程度关系的调节效应。本书研究结果表明：相对于国有亏损上市公
司而言，非国有亏损上市公司发生股权质押的比例更大（股权质押的次数更多）。
亏损上市公司发生股权质押的比例（次数）越大，公司在亏损后第一年发生亏
损逆转的程度越小（即扭亏业绩越差）。相对于国有亏损上市公司，非国有
上市公司的股权质押（包括股权质押比例和质押次数）对公司亏损逆转程度的负
面影响更明显。

10.1.4　大股东产权异质性对上市公司亏损逆转质量的影响

已有的关于大股东产权性质与公司业绩或价值的文献都没有考虑到上市公司
所处的盈亏状态，或者干脆排除了亏损公司，仅仅分析不同产权性质的大股东对
盈利公司业绩或价值的影响，忽视了亏损公司。事实上，处于亏损状态的公司更
有动力和意愿通过大股东来获得各种帮助，此时，国有产权性质的大股东与民营
产权性质的大股东在帮助亏损公司在亏损后发生亏损逆转的动力和能力上都可能
存在明显差异，因此，本书结合了亏损上市公司的财务特征，对大股东产权性质、
亏损逆转程度与公司价值三者之间的关系进行了理论分析与实证研究。本书的实
证结果表明，上市公司在亏损后第一年发生的亏损逆转程度越高，其公司价值越
大。考虑到大股东产权性质的差异，相比非国有大股东，国有大股东所在的公司
亏损逆转程度对公司价值的正向影响明显减弱。本书的研究表明，在对亏损上市
公司的价值进行评估时，要关注公司大股东的产权性质，注意区分国有与非国有
身份的差异。对于国有大股东身份的上市公司，要尽量降低其对企业经营决策的

过度干预，减少企业对政府补助、政策优惠上的过度依赖。政府部门应该进一步规范财政补贴的选择标准和实施条件，要维护正常的交易关系，引导公司管理层将更多的精力集中于对自身产品结构的调整和竞争能力的培育上，避免公司管理者将自身精力与企业资源过多地用于建立和维护与政府、银行等相关利益主体的关系上，杜绝利用不正当手段套取政府公共资源。

10.1.5　大股东控股地位异质性对上市公司亏损逆转质量的影响

处于亏损状态的公司更有动力和意愿通过大股东来获得各种帮助，然而大股东的控股地位差异会导致其在帮助亏损公司在亏损后发生亏损逆转的动力和能力上存在差异，本书将结合亏损上市公司的特征，重点分析大股东控股地位异质、亏损逆转程度与公司价值三者之间的关系。本书的实证结果表明，上市公司在亏损后的亏损逆转程度对公司价值具有提升效应，即亏损逆转程度越高，上市公司在亏损后第一年的公司价值越大。然而，大股东的控股地位对这种提升效应具有抑制作用，即大股东控股地位越高，亏损逆转程度对公司财务价值的提升作用越弱。进一步的拓展性分析发现，考虑到大股东产权性质的差异，大股东的国有产权属性对大股东的控股地位在影响亏损逆转程度与公司价值关系的过程中存在明显的替代效应。

10.2　政策建议与启示

10.2.1　制定股权质押政策方面的启示

本书的研究表明，对于亏损上市公司，股权质押更有可能是控股股东掏空上市公司的手段。尽管从表面来看股权质押会给亏损上市公司带来银行贷款，能够缓解公司的现金流紧张，但实质上这些资金可能被公司的控股股东或大股东以各种方式侵占，进而对亏损上市公司业绩产生恶化的后果。这就要求政府在制定股权质押资格条件时区分上市公司的盈亏状况和公司的产权性质差异，分门别类地设置股权质押的最高比例和股权质押的最大累计次数，并且对股权质押取得的资金要实施追踪监控，防止股权质押资金被控股股东或大股东占用的现象发生。此外，为了降低管理层将股权质押后又掏空公司，最后给银行带来的高风险，有必要进一步完善公司法，对上市公司在股权质押的情况下做出不允许破产清算的限制条件，使得他们放弃以合法方式便股权质押公司破产进而推卸责任套取股权质押金的观念和做法。同时，也要加大银行对股权质押风险的识别和评估，力争将股权质押贷款的风险控制在合理的范围内。

10.2.2　关注大股东影响力方面的启示

本书的研究结论证实了大股东特质对亏损上市公司扭亏绩效的影响效果。从短期来看，大股东在股权影响力、政府影响力以及控制影响力三个方面的特质对上市公司发生亏损逆转的可能性产生显著影响，但长期来看这种影响并不明显，说明大股东特质对亏损上市公司的业绩改善并不能持续。因此，要从根本上改善上市公司业绩、保持上市公司亏损逆转的持续性，必须从公司内部运营上下功夫，而不能一味地依赖于大股东的支持。具体而言，从公司自身角度来讲，在争取大股东通过关联交易、资产注入、债务豁免等方式帮助上市公司扭亏的同时，必须要积极调整自身的经营业务、重组资产结构、增强研发能力从而实现自身业绩的实质性好转。从大股东（特别是政府部门）角度来看，在向上市公司注入资产、提供税收减免的同时，必须注重从政策制定上引导上市公司将获得的政府资源用在增强公司的盈利能力上，鼓励它们充分挖掘自身潜力、用好公共资源，同时要做好对财政补贴款在补前发放过程中的资格审核和在补后使用过程中的跟踪监督。

10.2.3　关注大股东产权性质方面的启示

已有的关于大股东产权性质与公司绩效或价值的文献都没有考虑到上市公司所处的盈亏状态，或者干脆排除了亏损公司，仅仅分析不同产权性质的大股东对盈利公司业绩或价值的影响，忽视了亏损公司。事实上，处于亏损状态的公司更有动力和意愿通过大股东来获得各种帮助，此时，国有产权性质的大股东与民营产权性质的大股东在帮助亏损公司在亏损后发生亏损逆转的动力和能力上都可能存在明显差异，因此，本书结合了亏损上市公司的财务特征，对大股东产权性质、亏损逆转程度与公司价值三者之间的关系进行了理论分析与实证研究。本书的实证结果表明，上市公司在亏损后第一年发生的亏损逆转程度越高，其公司价值越大。考虑到大股东产权性质的差异，相比非国有大股东，国有大股东所在的公司亏损逆转程度对公司价值的正向影响明显减弱。本书的研究表明，在对亏损上市公司的价值进行评估时，要关注公司大股东的产权性质，注意区分国有与非国有身份的差异。对于国有大股东身份的上市公司，要尽量降低其对企业经营决策的过度干预，减少企业对政府补助、政策优惠上的过度依赖。政府部门应该进一步规范财政补贴的选择标准和实施条件，要维护正常的交易关系，引导公司管理层将更多的精力集中于对自身产品结构的调整和竞争能力的培育上，避免公司管理者将自身精力与企业资源过多地用于建立和维护与政府、银行等相关利益主体的关系上，杜绝利用不正当手段套取政府公共资源。

10.2.4　关注大股东控股地位方面的启示

本书的实证结果表明，大股东的控股地位对上市公司在亏损后的亏损逆转程度对公司价值的提升效应具有抑制作用，即大股东控股地位越高，亏损逆转程度对价值的提升作用越弱。进一步的拓展性分析发现，考虑到大股东产权性质的差异，大股东的国有产权属性对大股东的控股地位在影响亏损逆转程度与公司价值关系的过程中存在明显的替代效应。这些研究结论对监管部门、亏损公司和资本市场参与者均具有一定的实践指导意义。首先，对于监管部门，现有的法律制度对投资者保护程度较差，对控制地位高的大股东的约束较弱。大股东为了自保而无视公司亏损状况甚至掏空公司的行为得不到有效遏制。监管部门可以通过加大对中小投资者的保护力度提高大股东治理的积极性。尤其是对于控股地位越高的大股东，其行为越需要靠法律法规进行约束。其次，亏损公司在进行扭亏活动时，不仅应该关心外部性扭亏途径，更应该多考虑内部性扭亏途径，真正地帮助企业扭转亏损，在提高企业亏损逆转质量的同时，也能更好地促进企业价值的增长。最后，对于资本市场参与者，不仅需要考虑企业是否能在亏损后迅速扭亏，更应该关心企业亏损逆转程度。在企业处于亏损状态时，识别出更有潜力扭亏的企业；在企业成功扭亏后，识别出扭亏质量更好的企业。投资者在考虑亏损企业占控制地位的大股东对企业扭亏程度与价值的影响时，需要考虑大股东的产权性质。

10.3　研究局限性

本书重点从大股东股权质押异质、产权性质异质、控股地位异质等方面分析了大股东对上市公司的亏损逆转性及其公司价值进行了分析，尽管得出了一些有意义的结论，但还存在以下不足。

（1）由于亏损样本数量过少，在分析第一大股东异质性对上市公司亏损逆转性的影响时没有对国有控股股东的具体类别进行更详细的划分。事实上，如果依据国有产权的性质可以对国有控股的亏损上市公司进行更为细致的划分，分为国有企业控股的亏损上市公司和国有资产管理机构控股的亏损上市公司，由于国有企业控股和国有资产管理机构控股股东在亏损偏好程度、扭亏动机和能力及对公司价值驱动效应等方面同样可能存在差异，导致国有企业控股的亏损上市公司和国有资产管理机构控股的亏损上市公司在亏损逆转的可能性上也可能会有所不同。

（2）由于时间和精力有限，本书在选择控制变量时，没有将对亏损逆转程度可能存在影响的经济周期、地区差异等变量纳入控制范围，这可能会对本书的研究结论造成一定的影响。此外，也没有全面考虑如货币政策、信贷政策、地区经济发展等可能对亏损上市公司价值产生的影响。

克服上述研究局限性可能会使本书的研究结论更有参考价值，对于完善我国的亏损公司治理制度、资本市场可能更有意义，弥补这些不足也是今后进一步研究的方向和内容。

参 考 文 献

艾大力, 王斌. 2012. 论大股东股权质押与上市公司财务: 影响机理与市场反应[J]. 北京工商大学学报 (社会科学版), 27 (4): 72-76.

白重恩, 刘俏, 陆洲, 等. 2005. 中国上市公司治理结构的实证研究[J]. 经济研究, (2): 81-91.

宾国强, 舒元. 2003. 股权分割、公司业绩与投资者保护[J]. 管理世界, (5): 101-108.

步丹璐, 黄杰. 2013. 企业寻租与政府的利益输送——基于京东方的案例分析[J]. 中国工业经济, (6): 135-147.

步丹璐, 郁智. 2012. 政府补助给了谁: 分布特征实证分析——基于2007~2010年中国上市公司的相关数据[J]. 财政研究, (8): 58-63.

曹廷求, 杨丽秀, 孙宇光. 2007. 股权结构与公司绩效: 度量方法和内生性[J]. 经济研究, (10): 126-137.

曹裕, 陈晓红, 马跃如. 2010. 基于企业生命周期的智力资本与企业绩效关系[J]. 系统工程理论与实践, 30 (4): 577-586.

陈共荣, 徐巍. 2011. 大股东特征与企业投资效率关系的实证研究[J]. 会计之友, 1: 99-104.

陈珩, 贡文竹. 2010. 股权结构与公司绩效的实证研究——基于沪市制造业上市公司的数据[J]. 财会通讯, (24): 40-42.

陈宏辉, 贾生华. 2002. 利益相关者理论与企业伦理管理的新发展[J]. 社会科学, (6): 53-57.

陈金龙, 戴五七, 吴泽福. 2011. 盈余持续性综合指标体系的测度研究——以A股制造业上市公司为例[J]. 厦门理工学院学报, 19 (3): 79-84.

陈小悦, 徐晓东. 2001. 股权结构、企业绩效与投资者利益保护[J]. 经济研究, (11): 3-11.

陈晓, 江东. 2000. 股权多元化, 公司业绩与行业竞争性[J]. 经济研究, (8): 28-35.

戴德明, 邓璠. 2007. 亏损企业经营业绩改善措施及有效性研究——以上市公司为例[J]. 管理世界, (7): 129-135.

邓德军, 周仁俊. 2007. 公司最终所有权结构与绩效关系研究综述[J]. 外国经济与管理, 29 (4): 18-23.

邓德强. 2011. 金字塔结构与内部控制信息披露——来自沪市上市公司的经验证据[J]. 东北财经大学学报, (4): 20-27.

董麓, 肖红叶. 2001. 上市公司股权结构与公司业绩关系的实证分析[J]. 统计研究, 18 (11): 28-30.

杜莹, 刘立国. 2002. 股权结构与公司治理效率: 中国上市公司的实证分析[J]. 管理世界, (11): 124-133.

杜勇, 陈建英, 权小锋, 等. 2015. 第一大股东特征、影响力异质与公司亏损逆转性[J]. 审计与经济研究, (6): 69-79.

杜勇, 陈建英, 鄢波. 2009. 亏损上市公司价值评估模型的演变与启示[J]. 上海立信会计学院学报, 23 (5): 48-56.

杜勇,陈建英,鄢波.2012. 资本结构、亏损逆转性与公司财务价值[J]. 财经理论与实践,33(4)：62-68.

杜勇,陈建英,鄢波.2013. 上市公司亏损逆转质量评价指标体系的构建与检验[J]. 软科学,27(1)：123-127.

杜勇,陈建英.2016. 政治关联、慈善捐赠与政府补助——来自中国亏损上市公司的经验证据[J]. 财经研究,(5)：4-14.

杜勇,干胜道,杜军.2008. 亏损上市公司的价值评估：理论综述与启示[J]. 财贸研究,(3)：131-135.

杜勇,刘龙峰,鄢波.2018. 机构投资者增持、高管激励与亏损公司未来业绩[J]. 中央财经大学学报,(1)：53-67.

杜勇,刘星,干胜道.2014. 市场化进程、股权结构特征与亏损逆转程度[J]. 财经理论与实践,(7)：61-68.

杜勇,刘星.2009. 基于 Logistic 回归的上市公司亏损逆转识别模型研究[J]. 技术经济,28(12)：58-65.

杜勇,鄢波,陈建英.2009. 亏损上市公司价值评估模型的演变与启示[J]. 上海立信会计学院学报,23(5)：48-56.

杜勇,鄢波,张欢,等.2015. 慈善捐赠、政府补助与扭亏绩效——基于中国亏损上市公司的经验证据[J]. 经济科学,(4)：81-94.

杜勇,张欢,陈建英.2017. 金融化对实体企业未来主业发展的影响：促进还是抑制[J]. 中国工业经济,(12)：113-131.

杜勇,张欢,陈建英.2018.CEO 海外经历与企业盈余管理[J]. 会计研究,(2)：27-33.

杜勇,张欢,杜军,等.2018. 控股股东股权质押能帮助公司扭亏吗？——来自中国亏损上市公司的证据[J]. 上海财经大学学报,(6)：77-93.

杜勇,张欢.2017. 高管薪酬倒挂与监管体系：2003～2015 年 A 股上市公司样本[J]. 改革,(2)：116-125.

杜勇.2011. 控股股东特质与亏损上市公司扭亏途径及效果[J]. 山西财经大学学报,(7)：83-91.

杜勇.2017. 高管政治资本、政府补助与亏损公司未来价值[J]. 商业经济与管理,(5)：77-88.

方芳,闫晓彤.2004. 上市公司控股股东变更对公司绩效的影响[J]. 经济理论与经济管理,5(4)：36-40.

费方域.1996. 控制内部人控制：国企改革中的治理机制研究[J]. 经济研究,(6)：31-39.

冯根福.2002. 双重委托代理理论：上市公司治理的另一种分析框架——兼论进一步完善中国上市公司治理的新思路[J]. 经济研究,(12)：16-25.

傅继波,杨朝军.2005. 多元化经营与公司绩效——来自中国证券市场的证据[J]. 太原理工大学学报（社会科学版）,(3)：197-198.

干胜道,孙维章.2013. 长期亏损上市公司的掏空与支持行为研究——基于*ST 松辽的案例分析[J]. 会计论坛,(1)：13-21.

高明华,初蕾.2004. 大股东持股适度区间与公司绩效——对我国民营上市公司股权结构的实证分析[J]. 齐鲁学刊,(4)：79-83.

高明华,杨静.2002. 中国上市公司治理绩效的影响因素分析[J]. 国际金融研究,(11)：54-58.

高明华.2001. 中国企业经营者行为内部制衡与经营绩效的相关性分析——以上市公司为例[J].

南开管理评论，4（5）：6-13.

郭春丽. 2002. 上市公司股权结构与公司治理结构关系的实证研究[J]. 东北财经大学学报，24（5）：
　　60-63.

郭剑花，杜兴强. 2011. 政治联系、预算软约束与政府补助的配置效率——基于中国民营上市公
　　司的经验研究[J]. 金融研究，（2）：114-128.

韩立岩，伍燕然. 2007. 投资者情绪与 ipos 之谜——抑价或者溢价[J]. 管理世界，（3）：51-61.

韩亮亮，李凯. 2007. 民营上市公司终极股东控制与资本结构决策[J]. 管理科学，20（5）：22-30.

韩忠伟，杨朝军. 2007. 国有银行会计利润失真与股权定价模型的修正[J]. 金融研究，（5a）：
　　78-86.

韩忠雪，程蕾. 2011. 控制权收购、多元化经营与公司财富效应[J]. 山西财经大学学报，（10）：
　　96-104.

郝项超，梁琪. 2009. 最终控制人股权质押损害公司价值么？[J]. 会计研究，（7）：57-63.

何靖. 2011. 政治关系、金融发展和民营信贷成本歧视[J]. 山西财经大学学报，（6）：36-45.

洪道麟，熊德华，刘力. 2007. 所有权性质、多元化和资本结构内生性[J]. 经济学（季刊），6（4）：
　　1165-1184.

侯晓红. 2006. 大股东对上市公司掏空与支持的经济学分析[J]. 中南财经政法大学学报，（5）：
　　120-125.

胡洁，胡颖. 2006. 上市公司股权结构与公司绩效关系的实证分析[J]. 管理世界，（3）：124.

胡旭阳，吴秋瑾. 2004. 股权属性、公司治理机制与股票价值——来自中国 ipos 市场的经验证据[J].
　　管理世界，（5）：140-142.

黄贵海，宋敏. 2004. 资本结构的决定因素——来自中国的证据[J]. 经济学，3（1）：395-414.

黄洁，王宗军. 2007. 第一大股东持股比例与公司业绩的关系研究[J]. 华东经济管理，21（2）：
　　26-30.

黄俊，李增泉，张汉荣. 2007. 多元化经营的价值效应——来自我国上市公司的经验证据[J].中
　　国会计与财务研究，3：1-46.

黄平，程青英. 2004. 也谈对直接和间接控股下合并财务报表问题[J]. 财务与会计，（5）：28-30.

黄山，宗其俊，蓝海林. 2008. 中国企业集团行业多元化与绩效关系的实证检验——对 dp 关系
　　模型的修正[J]. 科学学与科学技术管理，29（5）：128-134.

黄少安，张岗. 2001. 中国上市公司股权融资偏好分析[J]. 经济研究，（11）：12-20.

黄蕙舟. 2011. 股权性质、股权集中度、股权制衡与公司绩效——以新疆上市公司为例[J]. 特区
　　经济，（4）：118-120.

姜付秀，陆正飞. 2006. 多元化与资本成本的关系——来自中国股票市场的证据[J]. 会计研究，
　　（6）：48-55.

姜金香，李增泉，李磊. 2005. 两种准则下会计业绩的契约有用性评价——基于 B 股公司经理人
　　员变更的实证分析[J]. 财经研究，31（8）：124-133.

金晓斌，陈代云，路颖，等. 2002. 公司特质、市场激励与上市公司多元化经营[J]. 经济研究，
　　（9）：67-73.

孔爱国，王淑庆. 2003. 股权结构对公司业绩的影响——基于中国上市公司的实证分析[J]. 复旦
　　学报（社会科学版），（5）：26-33.

郎咸平. 2004. 毛利率极低缺乏竞争力，通路费致使经营退化[J]. 经营者，（7）：80.

雷光勇, 刘慧龙. 2007. 控股股东性质、利益输送与盈余管理幅度——来自中国 A 股公司首次 亏损年度的经验证据[J]. 中国工业经济, (8): 90-97.

雷光勇, 王文, 金鑫. 2012. 公司治理质量、投资者信心与股票收益[J]. 会计研究, (2): 79-86.

黎米芳. 2005. 商业伦理诚信义务与不道德控制——鸿仪系掏空上市公司的案例研究[J]. 会计 研究, (11): 8-14.

李传宪. 2014. 政治关联、债务重组扭亏与公司投资效率[J]. 审计与经济研究, 29 (2): 76-84.

李国平. 2008. 控股股东性质与中国上市公司业绩的实证研究[J]. 经济与管理研究, (11): 39-43.

李健, 陈传明. 2013. 企业家政治关联、所有制与企业债务期限结构——基于转型经济制度背景 的实证研究[J]. 金融研究, (3): 157-169.

李旎, 郑国坚. 2015. 市值管理动机下的控股股东股权质押融资与利益侵占[J]. 会计研究, (5): 42-49.

李平生, 史煜筠. 2006. 上市公司第一大股东性质、股权比例与公司绩效关系的实证研究[J]. 技 术经济与管理研究, (4): 33-34.

李平生, 史煜筠. 上市公司第一大股东性质、股权比例与公司绩效关系的实证研究[J]. 技术经 济与管理研究, 2006, 4: 33-34.

李涛. 2002. 混合所有制公司中的国有股权: 论国有股减持的理论基础[J]. 经济研究, (8): 19-27.

李涛. 2005. 国有股权、经营风险、预算软约束与公司业绩: 中国上市公司的实证发现[J]. 经济 研究, (7): 77-89.

李先瑞. 2008. 股东的异质性对传统公司治理理论的挑战[J]. 北京联合大学学报 (人文社会科学版), 6 (3): 115-118.

李先瑞. 2009. 我国上市公司控制性股东实施"隧道挖掘"行为的分析[J]. 财会月刊, (35): 81-82.

李祥茂, 朱静. 2012. 国有垄断企业多元化经营绩效问题研究[J]. 经济体制改革, (6): 119-122.

李向荣. 2014. 大股东身份、融资结构与公司绩效——基于动态内生性视角的经验证据[J]. 浙江 学刊, (4): 161-165.

李永伟, 李若山. 2007. 上市公司股权质押下的"隧道挖掘"——明星电力资金黑洞案例分析[J]. 财务与会计, (2): 39-42.

连军, 刘星, 杨晋渝. 2011. 政治联系、银行贷款与公司价值[J]. 南开管理评论, 14 (5): 48-57.

林建秀. 2007. 第一大股东性质、控制模式与公司业绩[J]. 证券市场导报, (10): 49-54.

林晓辉, 吴世农. 2008. 股权结构、多元化与公司绩效关系的研究[J]. 证券市场导报, (1): 56-63.

刘红娟, 唐齐鸣. 2004. 公司内部控制权的配置状态、寻租主体及治理机制分析[J]. 南开管理评论, 7 (5): 63-69.

刘锦, 陈志辉. 2004. 中国上市公司的多元化、相关性与绩效[J]. 经济管理, (6): 56-64.

刘力. 1997. 多元化经营及其对企业价值的影响[J]. 经济科学, (3): 68-74.

刘立国, 杜莹. 2002. 我国上市公司盈余管理的动因及治理[J]. 审计文汇, (1): 26-27.

刘芍佳, 刘乃全. 2002. 中国上市企业的创值能力分析[J]. 财经研究, 28 (6): 11-18.

刘芍佳, 孙霈, 刘乃全. 2003. 终极产权论、股权结构及公司绩效[J]. 经济研究, (4): 51-62.

刘少波, 邓可斌. 2015. 大股东控股比例、控制权收益与公司可持续发展[J]. 金融评论, 2 (5): 46-60.

刘少波. 2007. 控制权收益悖论与超控制权收益——对大股东侵害小股东利益的一个新的理论 解释[J]. 经济研究, (2): 85-96.

刘晓芹. 2006. 上市公司股权结构与公司绩效的实证分析[J]. 广西财经学院学报，19（5）：33-39.

逯东，孟子平，杨丹. 2010. 政府补贴、成长性和亏损公司定价[J]. 南开管理评论，13（2）：97-104.

逯东，王运陈，付鹏. 2014. CEO 激励提高了内部控制有效性吗？——来自国有上市公司的经验
证据[J]. 会计研究，（6）：66-72.

罗党论，甄丽明. 2008. 民营控制、政治关系与企业融资约束——基于中国民营上市公司的经验
证据[J]. 金融研究，（12）：164-178.

吕长江，肖成民. 2006. 民营上市公司所有权安排与掏空行为——基于阳光集团的案例研究[J].
管理世界，（10）：128-138.

马辉，金浩. 2007. 上市公司股权集中度与公司绩效的关系研究[J]. 财会月刊，（35）：26-27.

孟焰，袁淳. 2005. 亏损上市公司会计盈余价值相关性实证研究[J]. 会计研究，（5）：42-46.

倪昌红，张洁慧. 2012. 稀土企业社会责任：基于利益相关者视角[J]. 有色金属科学与工程，（5）：
105-110.

倪昌红. 2012. 管理者的社会关系对企业绩效的影响研究[M]. 北京：经济科学出版社.

彭韶兵，黄益建，赵根. 2008. 信息可靠性、企业成长性与会计盈余持续性[J]. 会计研究，（3）：
43-50.

齐芬霞，马晨佳. 2009. 基于新债务重组准则的盈余管理实证研究[J]. 经济问题，（11）：112-115.

钱爱民，张新民，周子元. 2009. 盈利结构质量、核心盈利能力与盈利持续性——来自我国 A
股制造业上市公司的经验证据[J]. 中国软科学，（8）：108-118.

钱爱民，张新民. 2011. 企业财务状况质量三维综合评价体系的构建与检验——来自我国 A
股制造业上市公司的经验证据[J]. 中国工业经济，（3）：88-98.

青木昌彦，钱颖一. 1995. 转轨经济中的公司治理结构——内部人控制和银行的作用[M]. 北京：
中国经济出版社.

曲亮，任国良. 2010. 高管薪酬激励、股权激励与企业价值相关性的实证检验[J]. 当代经济科学，
32（5）：73-79.

曲亮，任国良. 2012. 高管政治关系对国有企业绩效的影响——兼论国有企业去行政化改革[J].
经济管理，（1）：50-59.

史金艳，刘芳芳. 2010. 投资者情绪与股价波动溢出效应研究——基于中国证券市场的经验证据[J].
工业技术经济，29（2）：154-158.

史金艳，孙秀婷，刘芳芳. 2011. 投资者过度自信与企业投资行为——基于 2006-2008 年中国上
市公司的实证研究[J]. 东北大学学报（社会科学版），13（1）：33-37.

宋建波，田悦. 2012. 管理层持股的利益趋同效应研究——基于中国 A 股上市公司盈余持续性
的检验[J]. 经济理论与经济管理，32（12）：99-109.

苏冬蔚. 2005. 多元化经营与企业价值：我国上市公司多元化溢价的实证分析[J]. 经济学（季刊），
4（S1）：139-162.

苏武康. 2003. 中国上市公司股权集中度与公司绩效实证研究[J]. 经济体制改革，（3）：111-114.

孙容. 2012. 上市公司大股东支持行为与效果的实证研究[D]. 北京：首都经济贸易大学.

孙永祥，黄祖辉. 1999. 上市公司的股权结构与价值[J]. 经济研究，5（12）：23-29.

孙铮，刘凤委，汪辉. 2005. 债务、公司治理与会计稳健性[J]. 中国会计与财务研究，（2）：112-173.

谭晶荣，王谦. 2005. 民营上市公司股权结构与经营绩效的实证研究[J]. 商业经济与管理，（8）：
74-79.

谭燕，吴静. 2013. 股权质押具有治理效用吗？——来自中国上市公司的经验证据[J]. 会计研究，（2）：45-53.

汤小华. 2007. 家族直接控股上市公司股权集中度与公司绩效关系的实证分析[J]. 经济研究参考，（68）：17-21.

唐清泉，何怡忠，钟伊梅. 2007. 高新技术产业项目的绩效管理——基于软件项目管理的实证研究[J]. 当代经济管理，29（3）：19-24.

唐宗明，蒋位. 2002. 中国上市公司大股东侵害度实证分析[J]. 经济研究，（4）：44-50.

田利辉，张伟. 2013. 政治关联影响我国上市公司长期绩效的三大效应[J]. 经济研究，（11）：71-86.

田利辉. 2005. 国有产权、预算软约束和中国上市公司杠杆治理[J]. 管理世界，（7）：123-128.

田利辉. 2005. 国有股权对上市公司绩效影响的 U 型曲线和政府股东两手论[J]. 经济研究，（10）：48-58.

佟岩，程小可. 2007. 关联交易利益流向与中国上市公司盈余质量[J]. 管理世界，（11）：127-138.

汪平，王雪梅，李阳阳. 2012. 国家控股、控制层级与股权资本成本[J]. 理论经济研究，（3）：14-21.

王斌，蔡安辉，冯洋. 2013. 大股东股权质押、控制权转移风险与公司业绩[J]. 系统工程理论与实践，33（7）：1762-1773.

王斌，何林渠. 2008. 控股股东性质差异与剥夺行为[J]. 经济与管理研究，（3）：17-24.

王春，徐龙炳. 2009. 投资者关注研究新进展[J]. 上海财经大学学报，11（5）：90-96.

王福胜，程富. 吉姗姗. 2013. 阈值处的盈余分布断层：盈余管理解释的实证检验[J]. 会计研究，（5）：19-26.

王婧，吴贵生，汪涛. 2018. 所有制视角下服务资源、动态能力和竞争优势：基于中国科技服务业的实证研究[J]. 科研管理，39（2）：38-45.

王力军，童盼. 2008. 民营上市公司控制类型、多元化经营与企业绩效[J]. 南开管理评论，11（5）：31-39.

王亮，姚益龙. 2010. 企业特征、关联交易与大股东支持——来自中国上市公司的经验证据[J]. 南方经济，28（11）：34-46.

王鹏，秦宛顺. 2006. 控股股东类型与公司绩效——基于中国上市公司的证据[J]. 统计研究，23（7）：36-40.

王永海，毛洪安. 2006. 股权结构、行业特征与公司绩效[J]. 财会通讯（学术版），（1）：3-7.

王永顺. 2002. 公司治理理论与我国公司治理结构改革[J]. 内蒙古工业大学学报（社会科学版），11（1）：36-39.

王跃堂. 2000. 会计政策选择的经济动机——基于沪深股市的实证研究[J]. 会计研究，（12）：31-187.

魏锋，陈丽蓉. 2011. 业务多元化、国际多元化与公司业绩[J]. 山西财经大学学报，（9）：83-89.

魏锋. 2007. 公司治理视角下的多元化经营与公司绩效[J]. 管理科学，20（6）：2-10.

翁维，刘静. 2010. 管理层持股对公司绩效影响的实证研究[J]. 管理纵横，（12）：107-108.

吴刚，刘丹. 2008. 控股股东类型与公司价值：来自上市公司的证据[J]. 证券市场导报，（8）：65-72.

吴联生. 2009. 国有股权、税收优惠与公司税负[J]. 经济研究，（10）：109-120.

吴少凡，夏新平. 2004. 国有股和法人股对公司业绩的影响——公用事业型上市公司的实证研究[J].

南开管理评论，7（1）：69-73.

吴世农. 2005. 我国上市公司股权结构、董事会独立性与公司价值的理论分析[J]. 学术月刊，
（2）：109-115.

吴淑琨. 2002. 股权结构与公司绩效的 U 型关系研究——1997～2000 年上市公司的实证研究[J].
中国工业经济，1（1）：80-86.

吴文锋，吴冲锋，刘晓薇. 2008. 中国民营上市公司高管的政府背景与公司价值[J]. 经济研究，
（7）：130-141.

吴晓灵，谢平. 1994. 中国国有企业——银行债务重组的设想[J]. 财贸经济，（12）：13-17.

伍燕然，韩立岩. 2007. 不完全理性、投资者情绪与封闭式基金之谜[J]. 管理世界，（3）：117-129.

肖华，张国清. 2013. 内部控制质量、盈余持续性与公司价值[J]. 会计研究，（5）：73-80.

肖兴志，王伊攀. 2014. 政府补贴与企业社会资本投资决策——来自战略性新兴产业的经验证据[J].
中国工业经济，（9）：148-160.

肖作平. 2003. 股权结构、资本结构与公司价值的实证研究[J]. 证券市场导报，（1）：71-76.

谢军. 2006. 第一大股东、股权集中度和公司绩效[J]. 经济评论，（1）：70-75.

辛曌. 2003. 多元化经营与多元化折价——企业多元化研究的新进展[J]. 中国工业经济，（12）：
72-78.

徐二明，王智慧. 2000. 我国上市公司治理结构与战略绩效的相关性研究[J]. 南开管理评论，
3（4）：4-14.

徐莉萍，龚光明. 2006. 会计学视角下高等教育成本计量研究[J]. 江苏高教，（4）：30-32.

徐莉萍，辛宇，陈工孟. 2006. 股权集中度和股权制衡及其对公司经营绩效的影响[J]. 经济研究，
（1）：90-99.

徐炜，胡道勇. 2006. 股权结构与公司绩效——相对托宾 Q 视角下的实证研究[J]. 南京师大学报
（社会科学版），1（1）：59-63.

徐向艺，王俊. 2005. 股权结构与公司治理绩效实证分析[J]. 中国工业经济，（6）：112-119.

徐向艺，张立达. 2008. 上市公司股权结构与公司价值关系研究——一个分组检验的结果[J]. 中
国工业经济，（4）：102-109.

徐晓东，陈小悦. 2003. 第一大股东对公司治理、企业业绩的影响分析[J]. 经济研究，（2）：64-74.

许冬. 上市公司股权结构与公司绩效关系的实证研究——以福建省为例[J]. 中共福建省委党校
学报，2011，10：112-117.

许小年，王燕. 2000. 中国上市公司的所有制结构与公司治理[M]. 北京：中国人民大学出版社：
120-130.

许小年. 1997. 以法人机构为主体建立公司治理机制和资本市场[J]. 改革，（5）：28-30.

薛爽. 2008. 经济周期、行业景气度与亏损公司定价[J]. 管理世界，（7）：145-150.

薛爽. 2010. 经济周期与亏损公司定价——理论与实证研究[M]. 上海：上海财经大学出版社.

鄢波，杜勇. 2011. 大股东异质性对上市公司亏损逆转性的影响[J]. 财会月刊，（19）：3-5.

杨德勇，曹永霞. 2007. 中国上市银行股权结构与绩效的实证研究[J]. 金融研究，（5）：87-97.

杨汉明. 2006. 股权结构与公司综合业绩的实证研究[J]. 中南财经政法大学学报，（2）：109-114.

杨松令，刘亭立. 2009. 基于共生理论的上市公司股东行为研究——一个研究框架及设想[J]. 会
计研究，（1）：81-87.

叶祥松. 2002. 内部人控制与公司治理结构的失效——基于转轨时期我国国有公司治理结构失

效的特殊原因剖析[J]. 西北大学学报（哲学社会科学版），32（3）：9-15.

游家兴，徐盼盼，陈淑敏. 2010. 政治关联、职位壕沟与高管变更——来自中国财务困境上市公司的经验证据[J]. 金融研究，（4）：128-143.

于东智. 2001. 股权结构、治理效率与公司绩效[J]. 中国工业经济，（5）：54-62.

余明桂，潘红波. 2008. 政府干预、法治、金融发展与国有企业银行贷款[J]. 金融研究，（9）：1-22.

余鹏翼，李善民，张晓斌. 2005. 上市公司股权结构、多元化经营与公司绩效问题研究[J]. 管理科学，18（1）：79-83.

袁卫秋. 2008. 债务融资具有积极治理效应吗？[J]. 河北经贸大学学报，29（4）：62-67.

苑德军，郭春丽. 2005. 股权集中度与上市公司价值关系的实证研究[J]. 财贸经济，（9）：62-67.

张国林，曾令琪. 2005. 股权结构与公司业绩、治理效率关系的实证[J]. 重庆大学学报（自然科学版），28（7）：140-144.

张红军，2000. 中国上市公司股权结构与公司绩效的理论及实证分析[J]. 经济科学，22（4）：34-44.

张宏. 2009. 第一大股东的类型与公司业绩——基于国有上市公司的实证分析[J]. 工业技术经济，28（7）：134-137.

张美霞，李增泉. 2014. 财务困境、退市监管与审计意见——基于我国连续亏损上市公司的经验证据[J]. 中国会计评论，（1）：17-42.

张敏，张胜，申慧慧，等. 2010. 政治关联与信贷资源配置效率——来自我国民营上市公司的经验证据[J]. 管理世界，22（11）：143-153.

张鸣，陈全，聂晶. 2011. 债务重组、退市压力与审计意见[J]. 中国会计评论，（1）：43-54.

张天舒，黄俊，崔鸳. 2014. 股权性质、市场化进程与政府补助——基于 ST 公司的经验证据[J]. 投资研究，（1）：35-45.

张彤玉，丁业震. 2010. 我国 ST 公司资产重组绩效的实证研究[J]. 理论导刊，（3）：53-57.

张晓倩，张习鹏. 2006. 基于外部股东性质的股权制衡与公司价值关系研究[J]. 当代经理人，（21）：1526-1527.

张昕，胡大源. 2008. 亏损上市公司是否会在第四季度平滑利润？[J]. 中国会计评论，（3）：309-320.

张昕，姜艳. 2010. 亏损上市公司盈余管理手段分析——基于第四季度报表数据[J]. 财经科学，（6）：33-40.

张翼，刘巍，龚六堂. 2005. 中国上市公司多元化与公司业绩的实证研究[J]. 金融研究，（9）：122-136.

张远飞，贺小刚，连燕玲. 2013. "富则思安"吗？——基于中国民营上市公司的实证分析[J]. 管理世界，（7）：130-144.

张兆国，张庆. 2006. 我国上市公司资本结构治理效应的实证分析[J]. 管理世界，（3）：140-141.

张宗益，宋增基. 2003. 上市公司股权结构与公司绩效实证研究[J]. 数量经济技术经济研究，20（1）：128-132.

章卫东，张洪辉，邹斌. 2012. 政府干预、大股东资产注入：支持抑或掏空[J]. 会计研究，（8）：34-40.

赵秀芝. 2003. 信息不对称与会计信息的信号传递功能[J]. 云南财贸学院学报（社会科学版），18（5）：99-101.

赵英林，周在霞. 2006. 我国上市公司盈余管理的审计质量实证分析[J]. 经济与管理评论，22（6）：94-97.

郑国坚，林东杰，林斌. 2014. 大股东股权质押、占款与企业价值[J]. 管理科学学报，17（9）：72-87.

郑国坚，林东杰，张飞达. 2013. 大股东财务困境、掏空与公司治理的有效性——来自大股东财务数据的证据[J]. 管理世界，（5）：157-168.

周黎安. 2004. 晋升博弈中政府官员的激励与合作——兼论我国地方保护主义和重复建设问题长期存在的原因[J]. 经济研究，（6）：33-40.

周晓苏，张继袖，王健. 2007. 中国上市公司赢利持续性研究[J]. 管理科学，20（1）：75-81.

周业安. 1999. 金融抑制对中国企业融资能力影响的实证研究[J]. 经济研究，（2）：13-20.

朱江. 1999. 我国上市公司的多元化战略和经营业绩[J]. 经济研究，（11）：54-61.

朱明秀. 2005. 我国上市公司股权结构与股利政策关系的实证研究[J]. 审计与经济研究，20（3）：87-90.

朱松，陈运森. 2009. 政府补贴决策、盈余管理动机与上市公司扭亏[J]. 中国会计与财务研究，（3）：92-140.

朱武祥，宋勇. 2001. 股权结构与企业价值——对家电行业上市公司的实证分析[J]. 经济研究，（12）：66-72.

曾晓涛，谢军. 2007. 第一大股东持股的区间效应——基于上市公司的实证分析[J]. 广东金融学院学报，22（4）：69-75.

Agrawal A，Knoeber C R. 1996. Firm performance and mechanisms to control agency problems between managers and shareholders[J]. Journal of Financial & Quantitative Analysis, 31（3）：377-397.

Alchian A A. 1965. Some economics of property rights[J]. Politico，30（4）：816-829.

Alchian A A. 1969. Information costs，pricing，and resource unemployment [J]. Western Economic Journal，7：109-128.

Amihud Y，Lev B. 1981. Risk reduction as a managerial motive for conglomerate mergers [J]. Journal of Economics，12（2）：605-617.

Amir E，Lev B. 1996. Value-relevance of nonfinancial information：The wireless communications industry[J]. Social Science Electronic Publishing，22（1-3）：3-30.

Anup A，Charles R K. 2001. Do some outside directors play a political role？[J]. Journal of Laws & Economics，44（1）：179-198.

Baker M，Wurgler J. 2007. Investor sentiment in the stock market[J]. Journal of Economic Perspectives，21（2）：129-151.

Barclay M J，Holderness C G，Sheehan D P. 2007. Private placements and managerial entrenchment [J]. Journal of Corporate Finance，13（4）：461-484.

Barclay M J，Holderness C G. 1989. Private benefits from control public corporations[J]. Journal of Financial Economics，25（2）：371-395.

Barth B. 1998. Relative Valuation Roles of Equity Book Value in the New Business Landscape[M]. New York：New York University Press.

Basu S. 1997. The conservatism principle and the asymmetric timeliness of earnings[J]. Journal of

Accounting and Economics, 24: 3-37.

Beaver W H. 1968. Market prices, financial ratios, and the prediction of failure [J]. Journal of Accounting Research: 6 (2): 179-192.

Bennedsen M, Fosgerau M, Nielsen K. 2003. The strategic choice of control allocation and ownaership distribution in closely held corporations[D]. Copenhagen: Copenhagen Business School.

Bennedsen M, Wolfenzon D. 2000. The balance of power in closely held corporation[J]. Journal of Financial Economics, 58 (1/2): 113-139.

Berle A A, Means G C. 1932. The Morden Corporate and Private Property [M]. New York: MacMillan.

Bolton P, Scharfstein D S. 1998. Corporate finance, the theory of the firm, and organizations [J]. Journal of Economic Perspectives, 12 (4): 95-114.

Boubakri N, Cosset J C, Guedhami O. 2005. Post privatization corporate governance: The role of ownership structure and investor protection[J]. Journal of Financial Economics, 76 (2): 369-399.

Boubakri N, Cosset J C, Guedhami O. 2009. From state to private ownership: Issues from strategic industries[J]. Journal of Banking & Finance, 33 (2): 367-379.

Brandt L, Li H. 2003. Bank discrimination in transition economies: Ideology, information, or incentives? [J]. Journal of Comparative Economics, 31 (3): 387-413.

Burgstahler D C, Dichev I D. 1997. Earnings, adaptation and equity value[J]. Accounting Review, 72 (2): 187-215.

Burgstahler D, Jiambalvo J, Shevlin T. 2002. Do stock prices fully reflect the implications of special items for future earnings? [J]. Journal of Accounting Research, 40 (1): 585-612.

Burkart M, Gromb D, Panunzi F. 1997. Shareholders, monitoring and the value of the firm[J]. Quarterly Journal of Economics, 112 (3): 693-728.

Campbell A, Luchs K S. 1992. Strategic Synergy[M]. Oxford: Butterworth-Heiremann.

Chambers D J. 1996. The information content of negative earnings and its relation with initial-loss persistence[R]. Urbana: University of Illinois Working Paper.

Cho M H. 1998. Ownership structure, investment, and the corporate value: An empirical analysis [J]. Journal of Financial Economics, 47 (1): 103-121.

Claessens C A M F, Djankov S, Fan J, et al. 2002. Expropriation of minority shareholders in east asia. (renamed disentangling the incentive and entrenchment effects of large shareholdings) [J]. Journal of Finance, 57 (6): 2741-2771.

Claessens S, Djankov S, Joseph P H, et al. 1997. Ownership and corporate governance: Evidence from the Czech Republics [J]. World Bank Working Paper, 12: 15-17.

Collins D W, Kothari S P. 1989. An analysis of intertemporal and cross-sectional determinants of earnings response coefficients[J]. Journal of Accounting Economics, 11 (2): 143-181.

Collins D W, Pincus M, Xie H. 1999. Equity valuation and negative earnings: The role of book value of equity[J]. The Accounting Review, 33 (4): 29-61.

Cooney J J W, Kalay A. 1993. Positive information from equity issue announcements[J]. Journal of

Financial Economics，33（2）：149-172.

Core J E，Schrand C M. 1999. The effect of accounting-based debt covenants on equity valuation [J]. Journal of Accounting Economics，27（1）：1-34.

Cremer H，Marchand M，Pestieau P. 1995. The optimal level of unemployment insurance benefits in a model of employment mismatch[J]. Labour Economics，2（4）：407-420.

Cronqvist H，Fahlenbrach R. 2009. Large shareholders and corporate policies [J]. Review of Financial Studies，22（10）：3941-3976.

Cull R，Xu L C. 2004. Who gets credit？ The behavior of bureaucrats and state banks in allocating credit to Chinese state-owned enterprises[J]. Journal of Development Economics，71（2）：533-559.

Darrough M，Ye J. 2007. Valuation of loss firms in a knowledge-based economy[J]. Review of Accounting Studies，12（1）：61-93.

Deangelo H，Deangelo L，Skinner D J. 1992. Dividends and losses [J]. Journal of Finance，47（5）：1837-1863.

Dechow P M，Ge W. 2006. The persistence of earnings and cash flows and the role of special items：Implications for the accrual anomaly [J]. Review of Accounting Studies，49（11）：253-296.

Demset Z H. 1983. The structure of ownership and the theory of the firm[J]. Journal of Law and Economics，26（2）：375-390.

Demsetz H，Lehn K. 1985. The structure of corporate ownership：Causes and consequences[J]. Journal of Political Economy，93（6）：1155-1177.

Denis D K，Mcconnell J J，Ovtchinnikov A V，et al. 2003. S&p 500 index additions and earnings expectations [J]. Journal of Finance，58（5）：1821-1840.

Dhaliwal D S，Kaplan S E，Laux R C，et al. 2013. The information content of tax expense for firms reporting losses[J]. Journal of Accounting Research，51：135-164.

Dyck A，Zingales L. 2004. Control premiums and the effectiveness of corporate governance systems[J]. Journal of Applied Corporate Finance，16（213）：51-72.

Easton P D，Zmijewski M E. 1989. Cross-sectional variation in the stock market response to accounting earnings announcements[J]. Journal of Accounting & Economics，11（2）：117-141.

Eli O. 1993. Capital structure and firm response to poor performance：An empirical analysis[J]. Journal of Financial Economics，34（4）：3-30.

Ertimur Y. 2004. Accounting numbers and information asymmetry：Evidence from loss firms[R]. Working Paper. Duke：Duke University.

Faccio M，Lang L H P，Young L. 2001. Dividends and expropriation[J]. American Economic Review，91（1）：54-78.

Faccio M，Lang L H. 2002. The ultimate ownership of Western European corporations[J]. Journal of Financial Economics，65（3）：365-395.

Fan J P H，Morck R，Huang J，et al. 2007. Institutional determinants of vertical integration：Evidence from China[J]. Social Science Electronic Publishing，31（2）：377-396.

Fan J P H，Rui O M，Zhao M. 2006. Rent seeking and corporate finance：Evidence from corruption cases[C]. China International Conference in Finance，Xian.

Fisman R. 2001. Estimating the value of political connections[J]. American Economic Review，91（4）：

1095-1102.

Friedman E, Johnson S, Mitton T. 2003. Propping and tunneling[J]. Journal of Comparative Economics, 31 (4): 732-750.

Givoly D, Carla H, Lehavy R. 2000. The quality of Analysts' cash flow forecasts [J]. Journal of Accounting and Economics, 84 (6): 1877-1911.

Givoly D, Hayn C. 2000. The changing time-series properties of earnings, cash flows and accruals: Has financial reporting become more conservative? [J]. Journal of Accounting and Economics, 29 (3): 287-320.

Goergen M, Renneboog L. 2000. Insider control by large investor groups and managerial disciplining in listed Belgian companies[J]. Managerial Finance, 26 (10): 22-41.

Grossman S, Hart O. 1980. Takeover bids, the free-rider problem, and the theory of the corporation[J]. Bell Journal of Economics, 11 (1): 42-64.

Guay W R, Kothari S P, Watts R L. 1996. A market-based evaluation of discretionary accrual models[J]. Journal of Accounting Research, 34 (9): 83-105.

Gugler K, Kalss S, Stomper A, et al. 2002. The Separation of Ownership and Control in Austria[M]. The Control of Corporate Europe: 46-71.

Hand J R. 2005. The value relevance of financial statements within and across private and public equity markets[J]. The Accounting Review, 80 (2): 613-648.

Harris D, Cadilhac D A, Hankey G J, et al. 2010. National stroke audit: The australian experience [J]. Clinical Audit, 2: 25-31.

Harry D A, Linda D A, Douglas J S. 1992. Dividends and losses[J]. Journal of Finance, 47 (5): 1837-1863.

Hayn C. 1995. The information content of losses[J]. Journal of Accounting and Economics, 20 (2): 125-153.

Hellman J, Schankerman M. 2000. Intervention, corruption and capture: The nexus between enterprises and the state[J]. Economics of Transition, 8 (3): 545-576.

Holderness C G, Dennis P S. 1988. The role of majority shareholders in publicly held corporations[J]. Journal of Financial Economics, 20: 317-346.

Holderness C G, Sheehan D P. 1988. The role of majority shareholders in publicly held corporations: An exploratory analysis[J]. Journal of Financial Economics, 20 (1/2): 317-346.

Inderst R, Muller H M. 2001. Corporate borrowing and financing constraints [J]. Cepr Discussion Papers, 2784.

Jackson T, Ding C, Yuan D. 2014. Linking perceived organizational support with employee work outcomes in a Chinese context: Organizational identification as a mediator [J]. European Management Journal, 32 (3): 406-412.

Jain B A, Kini O. 1994. The post-issue operating performance of ipo firms[J]. Journal of Finance, 49 (5): 1699-1726.

Jan C, Ou J. 1995. The role of negative earnings in the valuation of equity stocks[D]. New York: New York University.

Jensen M C, Meckling W H. 1976. Theory of the firm: Managerial behavior, agency costs, and ownership structure [J]. Journal of Financial Economics，（3）：305-360.

Jensen M C，Murphy K J. 1990. Ceo incentives-its not how much you pay，but how [J]. Harvard Business Review，68（3）：138-149.

Jensen M C. 1986. Agency costs of free cash flow，corporate finance，and takeovers[J]. American Economic Review，76（3）：323-329.

Jian M，Wong T J. 2010. Propping through related party transactions[J]. Review of Accounting Studies，15（1）：70-105.

Jiang W，Stark A W. 2006. Factors affecting the valuation of loss-relative to profit-making firms in the UK [R]. Working Papers.

Jiang W，Stark A W. 2011. Accounting and economic determinants of loss reversals[J]. Ssrn Electronic Journal.

John T A. 1993. Accounting measures of corporate liquidity，leverage，and costs of financial distress[J]. Journal of the Financial Management Association，22（3）：91-100.

Johnson S，Porta R L，Lopez-De-Silanes F. 2000. Tunneling [J]. American Economic Review，90（2）：22-27.

Johnson S，Porta R L，Shleifer A. 2000. Tunneling[J]. American Economic Review，90（2）：22-27.

Joos P，Plesko G A. 2005. Valuing loss firms [J]. Accounting Review，80（3）：847-870.

Kaisis G. 2008. A thesis submitted for the degree of masters of philosophy[D]. Brunel：School of Social Sciences，Brunel University.

Kevin K L. 2011. How well do investors understand loss persistence？[J]. Review of Accounting Studies，16（6）：630-667.

Khan T. 2005. Company dividends and ownership structure：Evidence from UK panel data [J]. The Economic Journal，116（3）：172-189.

Khwaja A I，Mian A. 2005. Unchecked intermediaries：Price manipulation in an emerging stock market [J]. Journal of Financial Economics，78（1）：203-241.

Klein A，Marquardt C A. 2006. Fundamentals of accounting losses [J]. Accounting Review，81（1）：179-206.

Klein A，Zur E. 2009. Entrepreneurial shareholder activism：Hedge funds and other private investors [J]. Journal of Finance，64（1）：187-229.

Koh P S. 2003. On the association between institutional ownership and aggressive corporate earnings management in australia[J]. British Accounting Review，35（2）：105-128.

La Porta R，Lopez-de-Silanes F，Shleifer A，et al. 2002. Investor protection and corporate valuation[J]. The Journal of Finance，57（3）：1147-1170.

La Porta R，Lopez-De-Silanes F，Shleifer A. 1999. Corporate ownership around the world[J]. Journal of Finance，54（2）：471-517.

Lamont O. 1997. Cash flow and investment：Evidence from internal capital markets[J]. Journal of Finance，52：83-110.

Lang H P，John K，Netter J. 1992. Voluntary restructuring of large firms in response to performance decline[J]. Journal of Finance，47（5）：891-917.

Lee C，Xiao X. 2002. Cash dividends and shareholder expropriation in China[D]. Beijing：Tsinghua

University.

Levy J. 1986. The effect of shareholding dispersion on the degree of control[J]. Economic Journal, 93（2）: 351-369.

Lewellen W G. 1971. Executive compensation patterns[J]. Academy of Management Executive, 20（1）: 25-44.

Lins K. 2003. Equity ownership and firm value in emerging markets[J]. Journal of Financial and Quantitative Analysis, 38（1）: 159-184.

Lipe R C, Bernard V L. 1997. Differences between interim and fourth quarter earnings: Tests of noise, nonlinearity and losses [R]. Oklahoma: University of Oklahoma.

Lskavyan V, Spatareanu M. 2006. Ownership concentration, market monitoring and performance: Evidence from the UK, the Czech republic and Poland[J]. Working Papers Rutgers University Newark, 9（1）: 91-104.

Lucas D J, Mcdonald R L. 1998. Shareholder heterogeneity, adverse selection, and payout policy [J]. Journal of Financial & Quantitative Analysis, 33（2）: 233-253.

Maceachern W A. 1975. Managerial Control and Performance[M]. Lexington: Lexington Books.

Masako D, Jianming Y. 2007. Valuation of loss firms in a knowledge-based economy[J]. Review of Accounting Studies, 12（1）: 61-93.

Maury B, Pajuste A. 2005. Multiple large shareholders and firm value[J]. Journal of Banking & Finance, 29（7）: 1813-1834.

Mcconnell J J, Servaes H. 1990. Additional evidence on equity ownership and corporate value [J]. Journal of Financial Economics, 27（2）: 595-612.

Mehran H. 1995. Executive compensation structure, ownership an firm performance [J]. Journal of Financial Economics, （38）: 11-24.

Mello A S, Parsons J E. 1998. Going public and the owenership structure of the film[J]. Journal of Financial Economics, 49（1）: 79-109.

Meyer J P, Gellatly I R. 1992. The effects of goal difficulty on physiological arousal, cognition, and task performance [J]. Journal of Applied Psychology, 77（5）: 694-704.

Morck R, Shleifer A, Vishny R W. 1988. Management ownership and corporate performance: An empirical analysis[J]. Journal of Financial Economics, 3: 292-315.

Nickell S, Nicolitsas D, Dryden N. 1997. What makes firms perform well? [J]. European Economic Review, 41: 783-796.

Ozbas O, Scharfstein D S. 2010. Evidence on the dark side of internal capital markets [J]. Review of Financial Studies, 23（2）: 581-599.

Pagano M, Roell A. 1998. The choice of stock ownership structure: Agency costs, monitoring, and the decision to go public[J]. Quarterly Journal of Economics, 113（1）: 187-225.

Panzarasa P, Jennings N R, Norman T J. 2001. Going public and the sale of shares with heterogeneous investors: Agent-based computational modelling and computer simulations[J]. Group Decision & Negotiation, 10（5）: 423-470.

Pedersen T, Thomsen S. 2003. Ownership structure and value of the largest european firms: the importance of owner identity[J]. Journal of Management & Governance, 7（1）: 27-55.

Pinnuck M，Lillis A M. 2007. Profits versus losses：Does reporting an accounting loss act as a heuristic trigger to exercise the abandonment option and divest employees ?[J]. Accounting Review，82（4）：1031-1053.

Pope P F，Wang P. 2005. Earnings components，accounting bias and equity valuation [J]. Review of Accounting Studies，10（4）：387-407.

Rajan R G，Servaes H，Zingales L. 2000. The cost of diversity：The diversification discount and inefficient investment[J]. Journal of Finance，55：35-80.

Ramakrishnan R，Thomas J K. 1998. Valuation of permanent，transitory，and price-irrelevant components of reported earnings[J]. Journal of Accounting，Auditing，and Finance，13：301-336.

Randall M. 2000. The information content of stock markets：Why do emerging markets have synchronous stock price movements？[J]. Journal of Financial Economics，58：215-260.

Rayburn J. 1986. The association of operating cash flow and accruals with security returns[J]. Journal of Accounting Research Supplement，24（1）：112-133.

Richardson S，Sloan R，Soliman M，et al. 2004. Accrual reliability，earnings persistence and stock prices[J]. Journal of Accounting & Economics，39（3）：437-485.

Riyanto Y E，Toolsema L A. 2008. Tunneling and propping：A justification for pyramidal ownership[J]. Journal of Banking & Finance，32（10）：2178-2187.

Sapienza P. 2004. The effects of government ownership on bank lending[J]. Journal of Financial Economics，72（2）：357-384.

Satin D. 1992. Accounting information and the valuation of loss firms[D]. Berkeley：University of California.

Scharfstein D S，Stein J C，2000. The dark side of internal capital markets：Divisional rent-seeking and inefficient investment[J]. Journal of Finance，55：2537-2564.

Scharfstein D S. 1998. The dark side of internal capital markets II：Evidence from diversified conglomerates[J]. Working Paper.

Shin H，Stulz R. 1998. Are internal capital markets efficient？[J]. Quarterly Journal of Economics，113：531-552.

Shirley M，Walsh P. 2000. Public versus private ownership：The current state of the debate[J]. Policy Research Working Paper，10（5）：1178-1191.

Shleifer A，Vishny R W. 1986. Large shareholders and corporate control[J]. Journal of Political Economy，94（3）：461-488.

Shleifer A，Vishny R W. 1997. A survey of corporate governance[J]. Journal of Finance，（52）：737-783.

Shleifer A. 1998. The Grabbing Hand：Government Pathologies and Their Cures[M]. Harvard University Press.

Shleifer M A，Vishny R W. 1988. Management ownership and market valuation：An empirical analysis [J]. Journal of Financial Economics，20：293-315.

Sin S，Watts E. 2000. The information content of losses：Shareholder liquidation option and earnings reversals[J]. Australian Journal of Management，11（2）：327-338.

Sloan R G. 1996. Do stock prices fully reflect information in accruals and cash flows about future earnings[J]. Accounting Review，71（3）：289-315.

Stein J C. 1997. Internal capital markets and the competition for corporate resources[J]. The Journal of Finance，52（1）：111-133.

Stulz R. 1988. Managerial control of voting rights：Financing policies and the market for corporate control [J]. Journal of Financial Economics，20：461-492.

Stulz R. 1990. Managerial discretion and optimal financing policies [J]. Journal of Financial Economics，26（1）：3-27.

Subramanyam K R，Wild J J. 1996. Going-concern status，earnings persistence，and information of earnings[J]. Contemporary Accounting Research，22（1）：251-273.

Sun Q，Tong W H S. 2003. China share issue privatization：The extent of its success[J]. Journal of financial economics，70（2）：183-222.

Teece D J. 1980. Economies of scope and the scope of the enterprise[J]. Journal of Economic Behavior & Organization，1（3）：223-247.

Tehmina K. 2005. Company dividends and ownership structure：Evidence from UK panel data[J]. The Economic Journal，116（510）：172-189.

Teppo M，JuhaPekka K，Jukka P. 1997. Finnish earnings response coefficients：The information content of losses[J]. European Accounting Review，6（1）：69-81.

Thomsen S，Pedersen T，Kvist H K. 2006. Blockholder ownership：Effects on firm value in market and control based governance systems [J]. Journal of Corporate Finance，12（2）：246-269.

Thomsen S，Pedersen T. 2015. Ownership structure and economic performance in the largest european companies[J]. Strategic Management Journal，21（6）：689-705.

Thomsen S. 1999. Business systems and corporate governance[J]. International Studies of Management & Organization，29（2）：43-59.

Thonet P J，Poensgen O H. 1979. Managerial control and economic performance in western germany[J]. Journal of Industrial Economics，28（1）：23-37.

Wei S J，Gelos R G. 2005. Transparency and international portfolio holdings [J]. Journal of Finance，60（6）：2987-3020.

Wei Z，Xie F，Zhang S. 2005. Ownership structure and firm value in China's privatized firms：1991-2001[J]. Journal of Financial and Quantitative Analysis，40（1）：87-108.

Williamson J. 1985. Inflation and indexation：Argentina，Brazil，and Israel[J]. Bulletin of Latin American Research，6（1）：124.

Williamson O E. 1975. Markets and Hierarchies：Analysis and Antitrust Implications：A Study of Internal Organization[M]. New York：The Free Press.

Wulf J. 2002. Internal capital markets and firm-level compensation incentives for division managers[J]. Journal of Labour Economics，20（2）：219-262.

Wysocki P D. 2003. Earnings management and investor protection：An international comparison[J]. Journal of Financial Economics，69（2）：505-527.

Xu X，Wang Y. 1999. Ownership structure and corporate governance in Chinese stock companies[J]. China Economic Review，10（1）：75-98.

Yeh Y H，Ko C E，Su Y H. 2003. Ultimate control and expropriation of minority shareholders：New evidence from Taiwan[J]. Academia Economic Papers，31（3）：263-299.